中国政府管理与政策研究丛书

政府职能转变的
制度逻辑

基于 ／ 交易成本 ／ 政治学视角

THE INSTITUTIONAL LOGIC OF
GOVERNMENT FUNCTION TRANSFER

FROM THE PERSPECTIVE OF TRANSACTION COST POLITICS

蔡长昆 著

社会科学文献出版社
SOCIAL SCIENCES ACADEMIC PRESS (CHINA)

　　本书系国家社科基金青年项目"我国公共服务供给的公私合作制度研究"（17CGL053）阶段性成果

目 录

图目录

表目录

第1章 导论

1.1 大转型与政府职能变革

1.1.1 转型中国

经过近 40 年的改革开放、市场经济的推进，我国经济发展取得了举世瞩目的成就，但是，经济的迅速发展并没有在根本上解决我国社会发展和政治发展问题。一方面，经济总量的增加并没有带来财富分配的公平化，相反，社会不公加剧、社会矛盾激化；另一方面，政治改革和社会改革远远落后于经济体制改革进程。于是，随着改革开放的推进，有些学者对转型中国的未来存在焦虑。[1] 对中国转型未来的持续讨论（秦晖，2003）[2]，在学界形成了一系列针锋相对的观点：在民主演变者眼中，我国经济增长和市场体制改革将推动政治改革，政治体制的民主化将是可能的；而崩溃论者则担心，社会不公和社会矛盾激化可能导致政治社会的崩溃；折中论者则以弹性威权主义者为代表，他们认为"中国模式"具有特殊性，中国可以通过制度创新适应全球化和经济变革的挑战（Florini，Lai & Tan，2012）。

即便这些观点非常分散，无论是乐观还是悲观，有一点可以确定，我国社会转型过程确实面临重重困境——中国已经陷入"转型陷阱"。经济体制改革确实带来了经济增长，但是，经济增长导致的社会分配不公已经十分严重。有

---

1 例如，丁元竹（2004）早在 2004 年就专门对这一问题进行了问卷调研。

2 即便在 21 世纪初，仍有学者在构建"21 世纪"的现代化议程（例如：喻希来，2001）。

学者认为，我国经济体制改革并没有完成，而所谓的"权贵资本主义"和改革共识的破裂可能正在耗蚀我国经济体制改革的空间（李朝晖，2003）。从社会改革来看，激化的社会矛盾和社会冲突有可能逐渐撕裂中国社会。从政治改革来看，虽然政治改革有所进步，但整体而言，相较于经济体制改革，我国政治改革进展相对较慢。总体来看，无论是经济改革还是政治改革和社会改革，中国都已经处在十字路口（Florini，Lai & Tan，2012）；对于中国的未来而言，深化改革成为唯一的出路。

对于中国来说，深化改革的关键在于政府改革。然而，总体而言，我国的经济社会危机则似乎与我国的经济发展拥有着同一根源（黄宗智，2009），即我国特殊的政府改革历程。一方面，经济社会的发展本就来源于政府改革的进程：经济发展来源于政府的权力下放和市场体制建构，社会组织和公共领域等的出现也与政府的社会分权高度相关。但另一方面，诸多经济社会问题的出现都与政府制度安排的政策选择高度相关，或者说，与政府职能转变"不到位"有关。对此有学者认为：社会分配不公与我国经济部门的"权力化"以及不同经济部门的制度变革历程高度相关（Wang，2008），政府权力改革亦被视为进一步改革经济体制的关键（李朝晖，2003）；经济体制改革陷入的"改革困境"与我国政府 – 市场之间的制度性共谋（或有人称之为"密友资本主义"）高度相关（萧滨，2002；徐贲，2004；岳健勇，2011）；社会体制改革推进的迟缓与社会领域可能存在的政治风险高度相关，社会管理体制改革的动力不足。所以，理解我国政府改革的逻辑，对于理解转型中国的历史逻辑具有非常关键的意义；而要理解中国未来可能的走向，深入挖掘转型中国的历史逻辑也是较为根本的。

1.1.2 政府改革与政府职能转变

一直以来，我国面临的诸多社会问题都与政府改革存在一定的关系。但是，由于我国特殊的制度历史，政府改革包含着非常多样化的意义。总体而言，我国的政府改革主要包括两方面的内容：其一，政府改革是指行政改革，主要是针对政府的组织变革，对于中国而言，这仅仅是整体政府改革序列上的"末端"；其二，更多的学者将政府改革的范围扩大到政治改革的范畴，将政府改革视为整体政治改革的关键部分。从这一视角来看，政府改革包含非常多样化的内容，包括机构改革、纵向的行政体系改革、编制改革等。其中，在整体的序列中，政府职能是基础，是政治改革与行政改革的基本承接点，构成了理解我国政府改革的"支点"。

为什么"政府职能"会成为理解我国政治 - 行政体制改革的关键？从这一概念的内涵来看，政府职能的本质是政治 - 经济 / 社会权能领域的划分，这几乎构成了我国政府改革的最为本质的问题。从理论上来看，在我国"行政吸纳政治"以及"政治行政化"的前提下，很多问题都变成了行政学问题（康晓光，2002）；进一步，行政问题最终又被视为一种解决政治问题的终极方案。于是，在政治与行政之间，在当下视野之内，或许没有什么比"政府职能转变"更能切中我国政治 - 行政体制改革的所有筋络了（江濡山，2002）。而从当下的研究来看，一方面，针对政府职能转变之政治意义和政治效能的研究恰处于最为核心的地位，即便在"国家治理体系现代化"这一"盖子"之下，政府职能转变仍然扮演着最为核心的角色（薛澜、李宇环，2014）。另外，我国对于政治改革的研究倾向于在"权力 - 权利"概念之间进行思辨分析，没能在经验层次上系统地切割我国政府的边界；同时，针对我国整体改革历程的研究又主要是在政治、经济、社会等分割的领域进行的，并且，谈转型必谈经济，这样的研究压缩了转型中国的经验边界。无论是对政治改革之经验的整体承接，还是对分割的转型领域的经验性整合，政府职能转变都是一个非常关键的经验性概念。于是，政府职能转变成为理解我国社会转型和政治改革的关键节点，成为探寻未来中国前景的灯塔。如是，理解我国政府职能转变的过程和逻辑，对于理解我国整个改革面临的困境和未来都是至关重要的。

这样的学术关切也在与现实的交会中得到了国家政策的响应：1984 年，

《中共中央关于经济体制改革的决议》中明确提出"实行政企职责分开，正确发挥政府管理经济的职能"（中共中央文献研究室，1997）。虽然这一提法有特定的经济局限，但"政府……职能"首次写进中央文件，也说明了对这一界定的认可。政府职能转变是承接政府与市场 – 社会关系的节点，对于理解我国政治经济社会变革都具有核心意义，所以，转变政府职能这一问题在各种张力下迅速成为学界的研究焦点。基于此，研究我国政府职能转变的动力机制和核心逻辑，对于理解我国政府职能转变的历程，预测我国政府职能转变的方向等都具有非常重要的价值。

1.1.3 塞壬（Siren）与"咬尾蛇"：政府职能转变的悖论

如上所言，我国政府职能转变是在"行政管理体制改革"的视角下提出的，于是，我国政府职能变革也是被纳入最为基本的行政改革序列之中的。对于我国政府职能变革的研究，人们要么将其视为一个回应危机的过程，将其视为经济社会变革的"映射"；要么将其视为一种推进我国政治改革的"工具"，以此界定政治改革的理想方向。最终，无论是概念内涵还是理论分析，政府职能转变的内部理论机制都没有得到深入的关切。但是，政府职能转变在本质上仍然是一个政治学问题，其涉及的是政府权力范围的划分，这种转变是一个权力分配的过程，而不是一个社会收益最大化的功能性过程。所以，从本质上而言，政府职能转变的历史从来都不是一个单纯的危机回应 – 问题解决或社会收益最大化的过程，而是一个权力转移的过程，这一过程伴随着非常多样化的权力运作策略、权力协商甚至暴力冲突。

如果将政府职能转变视为权力转移的过程，那么，其必须面对一个核心的问题——也是我国政府职能转变研究中经常讨论的问题：政府职能变革的动力机制。这与我国政府职能变革——或者说整体改革的制度历程——有关：我国是从"全能主义"政府模式开始的，在起点上，政府包揽了几乎所有的经济社会治理事务。国家已经建构了一套涵盖市场和社会的层级控制体系，居于市场和社会之上，从而在根本上构建了政府变革的基本障碍，作为超组织实体存在的政府持续保持着自身的强势。但从当下来看，无论对政府职能转变的程度持悲观或乐观的态度，我国政府职能确实发生了重要的转变，政府不仅将诸多的经济事务治理权交给了市场，即便在具备一定政治威胁的社会领域，政府权力的下放也是显著的。那么，这样的动力机制从何而来？为什么拥有权力的主体愿意将权力转移给其他主体？

在古希腊神话中，没有一个水手可以从塞壬岛走出——海妖塞壬会利用歌声魅惑水手，使其失去心智，让船只触礁。古希腊勇士奥德修斯为了通过塞壬岛，命令自己的手下用铁链将自己捆绑在桅杆上，以逃避塞壬的魔歌。[1]奥德修斯之所以愿意自缚双手，在于对未来危机的理性预期。这也是解释西方国家政府职能转变的关键。西方国家政府职能转变的过程在很大程度上是一个权力冲突和争夺的过程，无论是现代西方国家的构建，还是针对这一利维坦的约束体系的建构——特别是宪政 - 民主体系的构建，抑或对国家边界和范围的界定，都是一个政治冲突的过程。要么通过暴力冲突和革命重新界定政府边界，要么政府感知到社会环境的压力——且这种压力可以通过制度机制传导到政府的手中，所以，西方国家政府边界的界定几乎可以理解为"奥德修斯的自缚双手"。[2]而这样的自缚双手则是通过一系列外在的制度性机制确保的。

这种解释逻辑也渗透到针对我国政府职能转变的研究中。在这些学者看来，我国政府边界之所以发生改变，正是因为"塞壬"的存在——所谓"危机是改革最大的推动力"（裴敏欣，2004）。但与西方国家政府职能改革过程不同，一方面，西方国家政府职能更多的是向社会"要权"，而我国政府职能转变的过

1　这个故事已经成为政治经济学讨论得非常多的案例。例如，乔恩·埃尔斯特（2009）利用这个案例讨论过有关"跨期收益"的承诺问题，而托马斯·谢林（2006）则通过这个案例讨论过"多重人格之间的自我协商问题"。

2　例如，西方国家建设的过程中，对于"征税权"的滥用，以及对于经济治理权力的"放手"，就与战争压力高度相关（迈克尔·曼，2007；Tilly, 1992）。

程则是向国家"要权";另一方面,西方国家的政府职能转变过程充满了暴力冲突,我国虽然也存在一定的社会冲突,但其政治性非常有限——甚至可以说,我国政府职能转变的过程具有非常强的主动放权特性,甚至是自上而下的强制性放权。这一过程是否有强大的"塞壬"似乎很难界定;即便有"塞壬"的存在,其影响政府职能转变的理论机制也需要更为精细的分析。更重要的是,一方面是主动放权,另一方面,在很多学者看来,无论是深化改革还是政府职能转变,"最大阻力来自政府自身"(张志敏,2009)——广泛存在的利益黏滞和路径依赖(龚益鸣,2003;吴国光,2004;锁利铭,2007;于宁,2008),这比"塞壬论"更符合我国改革以及政府职能转变的经验事实。[1]政府作为追求自身利益最大化的主体,政府职能转变的过程本就是"自我革命"的过程。于是,我国政府职能转变的过程更像是一只"咬尾蛇"——即便"塞壬"如此强大,但如果需要奥德修斯自断双臂(所谓"壮士断腕")甚至自取灭亡,这样的政府职能转变逻辑就可能充满张力和悖论。

在这样的悖论之下,我国政府职能转变的动力机制是什么?如果,政府职能转变的核心变量来自"塞壬",即一系列来自经济社会的环境危机和压力,那么,这一影响的理论机制是什么?特别是当其面临"咬尾蛇"问题时,其影响会怎样被政府的自我利益追逐所协调?如果我国政府职能变革的核心动力来自"自我革命",那么,在"咬尾蛇"逻辑之下,是什么因素,通过什么样的理论机制,导致政府愿意转变自身的职能?或者说,这些因素可能确实促使政府"以变图强",但其更可能"顽固不化"(康晓光,1999),那么,这种转变逻辑所促成的政府职能转变的边界是什么?这种政府职能转变会体现什么样的特点,并最终导向什么方向呢?

1　即便承认"危机"是中国改革的重大推力,这些学者也基本认识到,在"咬尾蛇"逻辑的作用下,"需要更深刻的危机"才能打破当下的利益均衡,促成改革的进一步发展(裴敏欣,2004)。

1.2 中国政府职能转变：需要解释什么？

1.2.1 政府职能的界定

1.2.1.1 政府职能的理论界定：反思

任何科学的经验研究都是从对概念的明确界定开始的，它不仅界定了研究的对象，也界定了研究的视角。那么，对于我国政府职能转变的研究，当学者们在讨论政府职能或政府职能转变时，他们在讨论什么？总体来看，由于研究视角的差异，不同学者对我国政府职能的概念以及内容的界定都存在着非常大的差异。很多学者基本上是在规范性意义上界定政府职能的，即"政府之作用"，讨论的是政府在公共事务治理中"应该做什么，不应该做什么"（张国庆，2000）。如是，政府职能是指"政府在行使行政权的过程中管理职责与功能的统一"（沈荣华，1999；侯保疆，2002），其主要包括四个方面：政治职能、经济职能、社会管理职能和文化职能（沈荣华，1999）。在此基础上，"政府职能转变就是指政府的职责与功能的转换、重组与优化"（沈荣华，1999；侯保疆，2007）。这包括狭义的和广义的转变，"狭义的仅指政府职能范围的转变"，广义的转变"还包括政府职能实施工具和政策手段的转变，即政府管理方式的转变"（张志敏，2009）。一般而言，广义的政府职能转变被讨论得更多，即"政府职能总量的调适变化、政府职能结构的调整和政府职能实现手段的变化"，具体包括"政府与企业、政府与市场、政府与社会、经济政策工具和政府机构改革"五个方面（黄庆杰，2003）。

可见，从当下有关政府职能的界定来看，多是在行政学的范围内界定的，具有规范性和功能性特点：将政府职能视为政府"应该做什么"，并且，其可以"通过多种表达形式实现彼此价值观念和利益关系的契合"（张国庆，2000），而这些价值观念就包括一系列的政府规范和政治功能，如"法治政府、责任政府、服务政府"等（杨鸿台，2004）。所以，当下对于政府职能以及政府职能转变的界定包括了非常复杂的政治诉求和价值诉求，政府职能的内涵、规范性价值和意义、政府职能设置的原则等是其直接体现（章文光，2005）。而在政府职能转变中，这些价值和原则确定了政府职能转变的"方向"，于是，政府职能转变就被视为趋向理论内涵和价值诉求——例如公共性，达到"职责与功能的转换、重组与优化"的过程（罗峰，2011；王浦劬，2015）。

1.2.1.2 政府权能视角下的政府职能界定

但是，这种规范性的政府职能界定由于将更多的政治价值和规范性逻辑嫁接于特定的经验概念之上，使得其很难追踪政府职能转变的经验事实，这也与我国政府职能研究的理论逻辑和研究脉络有关。本研究则认为，政府职能在本质上是一个经验性问题，所以对于政府职能的界定也应该是经验性的界定。其实，从经验上看，这些概念对于政府职能的界定是一致的：其"存在于社会公共事务这一特定的范围领域"[1]，是指"政府在实施政治统治、社会管理和公共服务过程中所承担的职责和发挥的作用"（沈亚平、王骚，2005）。并且，其"反映了该国政府与市场、国家与社会的关系"（李丹阳，2008）。

在这些具备一致性的经验基础上，本研究将政府职能界定为在经济社会事务治理中政府权能的分配。整体而言，这一界定体现在三个方面。首先，这一概念是在系统层次上界定的，其包含三个相对独立的领域：政府领域、市场领域以及社会领域，政府职能在本质上体现了相对于市场领域和社会领域的边界。[2]其次，本研究是在"治理权能"这一概念的基础上界定政府职能的。所谓治理权能，是指针对特定经济社会事务的制度性权力。所谓制度性权力，是指针对特定经济社会事务治理制度安排的权力。这一制定制度规则的权力主体既可能是政府，可能是任何经济社会组织，也可能是个人；同时，与"产权"概念类

1　但是，接下来，作者就指出"社会公共事务范围领域的划分就成为界定政府行政职责和行政功能的基本依据"，则显示出典型的规范性研究的色彩（侯保疆，2007）。

2　这也是当下有关政府职能转变研究所认可的最为基本的假设。

似，治理权能的分配体现为一种制度关系，并且具有"无限细分"的属性，[1] 即特定经济社会事务的治理权能可能存在非常多样化的权能范畴，[2] 被不同的主体共享，而治理权能则是这些关系的制度化。与功能主义假设相似，经济社会事务的治理需要强力的制度机制实现制度性规制。但是，与功能主义者不同，任何独立的经济事务治理系统或社会事务治理系统，其治理权能可能存在非常重大的差异，这种差异主要体现在两个方面：一是治理权能的主体存在差异，二是治理能力的差异。对于特定政府职能的界定来说，只有当特定经济社会事务治理的权能被赋予具有强制性色彩的政府时，我们才说，特定的经济社会事务治理权能是"政府职能"。这也意味着，本书的概念界定将对特定"政府职能"之下的"治理能力"问题保持开放和经验的态度。[3] 最后，给定经济社会事务治理权能的多主体性，政府职能是相对于社会领域和经济领域而言的。一旦政府将某一项经济社会事务的治理权能纳入政府职能范畴，一般意味着特定治理权能转变为政府职能，反之亦然。

于是，根据"政府－市场－社会"三个领域的相互关系，在政府权能的视角之下，可以清晰地界定政府职能了：政府－市场－社会领域界定了基本的经济社会事务的治理范畴，而治理权能则界定了特定经济社会事务治理权在三个主体之间的制度性分配状况。进一步，对于政府内部的治理来说，政府的"触

1　例如，产权就被视为一种"关系产权"（周雪光，2005）。在"关系产权"视野下，产权被界定为对契约明确规定之外的资产（或组织活动）的控制权，"政府组织结构可以看作是各种控制权的分配形式，而这些分配形式为宪章、法律或传统所决定"（Tirole，1994：16），可见，"政府的内部的控制权分配"也是一种有关产权的制度安排，可以在内部进行纵向分割（周雪光、练宏，2012）。

2　例如，在公司治理中，就存在非常多样化的权力范畴，包括投资决策、人事决策、战略制定等，这些"治理权能"是在非常多样化的主体之间划分的，这意味着，几乎任何特定的治理权能都可以划分为一系列具体的权能，这种划分体现了特定的权能分配状况。

3　所以，将特定经济社会事务的治理权能交给政府是否有更高的治理绩效，这是一个经验问题，与政府职能的界定没有任何关系。同时，政府是否基于"相对效率"进行职能转移，这也是经验问题（有关制度变革－效率问题，可以进一步参见本书第二章的讨论）。但是，当下的研究往往坚持这样的假设（金太军，1998）。

角",即政府权力向下延伸的程度也是政府权能的重要组成部分（基层社区在大的范畴之内也是政府与社会/市场之间关系的组成部分），所以，整体政府职能是三个领域的制度性互动的结果（参见图1.1）。从治理权能来看，特定经济社会事务的治理制度至少存在三个层次：微观管理层次、中观政策安排层次以及宏观制度框架层次。[1]所以，给定经济社会事务治理领域，其治理权能的制度安排是多主体以及多层次的。这一体系也与当下有关政府职能转变研究所界定的政府职能关系体系相对应：几乎所有有关政府职能转变的研究都强调政府与市场/社会的关系界定了政府职能的基础；同时，这一研究也与治理理论，以及治理体系现代化的研究视角具有经验上的契合性——治理体系现代化的核心就是建构政府与市场/社会的制度性边界，并针对特定领域建构制度性安排（李文良，2003：135-178；杨欣，2008；王连伟，2014；王浦劬，2014；陈慧荣，2014；王臻荣，2014）[2]；从更为广泛的政治社会学研究来看，这一划分也是基本的（吉登斯，1998；康晓光，1999）。

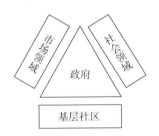

图 1.1 政府职能界定的基本框架

1 治理制度的层次化问题，主要参考于制度经济学理论中有关制度层次的讨论（Ostrom，1990；2005；North, Wallis & Weingast, 2009；Simon, 1969）。

2 但是，这里最大的区别在于，本研究的界定仅仅是给出一种经验图谱，而没有预设任何的有关经济社会治理权能应该分配给任何一个主体，这不是本研究的初衷。该图谱的提出只是为分析我国政府职能转变的基本状况和逻辑提供一个经验性的划分方法，且仅仅是一种"纯粹类型"，无论是中国、其他转型国家，抑或"西方"，都存在某一种组合关系。它更像是一个标尺，可以为我们定位每一个国家的政府职能转变制定基本的"经验刻度"。而无论是政府职能转变的研究，还是治理体系现代化的研究，都在此基础上假设了"政府职能"清单。这特别体现在政府的经济职能上（王绍光，1994；余晖，2002），也体现在其他构建更为宏观的"职能清单"的研究中（徐宇珊，2010）。但是，这样的规范性研究视角是本研究所反对的。

其中，从经济治理来看，宏观层次的经济治理权能主要是指基本市场制度安排；中观层次的经济治理权能主要包括一系列具体的产业政策和经济政策（包括货币制度和财政制度等），也包括一系列解决市场经济带来的社会风险的制度安排，如社会保障；微观层次的治理权能主要是指有关市场主体（主要是企业）的运作和决策规则，以及基本的消费和生产规则。从社会治理来看，宏观层次的社会治理权能主要包括有关政府 – 社会关系的基本制度结构，其与"权力 – 权利"关系有关；中观层次的社会治理权能包括一系列社会事业（科教文卫事业）、协调社会关系的制度安排等；微观层次的社会治理权能包括微观的社会组织运作的规则（包括社会组织的资格认定等）、结社规则等。从基层社区领域来看，宏观治理权能包括相对于上级政府之权利地位的法律基础；中观层次的基层社区权能主要包括地方公共事务的决策权；微观层次的社区权能甚至包括基本的生活决策规则，包括生育、消费、结社等规则。可见，从总体上而言，通过对"治理权能"的制度层次划分，可以在三个领域之内构建一个基本的"纯粹类型"图谱（参见表 1.1），从而在整体上为不同的政府职能划定一定的"经验尺度"。

表 1.1　治理权能的纯粹类型

	市场治理权能	社会治理权能	基层社区治理权能
宏观制度层次	产权制度体系	公民权利体系	地方权力制度结构
中观制度层次	经济运作制度（财政制度和货币制度）、产业制度	社会事务治理权能、社会关系协调权能	公共事务治理权能
微观制度层次	生产决策（企业组织层次）、消费决策（个人层次）	结社规则、社会组织运作规则	基层组织运作规则、家庭决策规则（生育、消费、劳动）

1.2.1.3　政府职能转变

给定特定经济社会事务治理制度安排的层次性和复杂性、治理权能主体的多样性，任何经济社会事务的特定治理权能的分配就具有非常多样性的特点；同样，特定国家的经济社会事务治理权能的制度性分配的历史也存在非常大的差异。所以，所谓政府职能转变，是指特定经济社会事务的治理权能主体的变化：在特定的经济社会事务治理领域之内，任何层次的治理制度决策权的转移就可以被视为政府职能转变。一旦治理权能的转变被制度化，也是特定经济社会事务的治理权能的分配被制度化，则政府职能转变就完成了。[1]

于是，总体来看，政府职能转变至少包括两个方向，即"破"和"立"（张志敏，2009）。"破"是指特定的经济社会事务治理权能向经济社会组织的转移，这也是我国最为常见的政府职能转移路径，例如，在计划经济体制之下，政府针对国有企业拥有所有的经济权力，对国有企业的"放权让利"则将经济事务的决策权让予国有企业，"抓大放小"则将小型国有企业的所有权等都让渡给了市场主体——这被视为彻底的"职能转移"。这种转变形式还有一种比较特殊的形式，即政府将经济社会事务治理的权力让渡出去，但并没有特定的经济社会组织承接，这被称为"甩包袱"，或者说，特定经济社会治理权能被重新放置于"公域"。例如，家庭联产承包责任制之后，国家逐渐撤出了基层公共服务的供给，但并没有特定的经济社会组织承接这一权能，这一权能最后被置于"公域"。"立"是特定的经济社会事务治理权能从特定的经济社会主体转移到政府手中。例如，原有的针对农村的教育决策，地方政府和社区拥有非常大的决策权和资金筹措的责任，但是，随着义务教育职责的强化，基层教育的治理权能被转移给了国家。向政府转移还有一种情形，即原有的经济社会事务治理权能并没有明确的主体，但最终被政府聚合，从而构建了新的政府职能。例如，2003 年 SARS 之后，政府将危机治理的职能进行了非常大幅度的提升；同样，随着环境问题逐渐出现，

1　如上所言，特定的政府职能本身就体现了特定经济社会事务的治理权的制度性分配状况，即针对特定的经济社会事务，政府与市场－社会等多主体达成的制度性治理结构。如是，政府职能的转变就是针对特定的经济社会事务治理权能的再分配，一旦这样的再分配被制度化，就可以视为政府职能发生了转变。

环境治理权能也逐渐上升。

需要说明的是，由于我国特殊的制度环境，很多源自西方的分析概念对于分析我国的经验事实存在一定的困难。对于政府职能，无论是"政府"还是"政府职能"，都存在较为严重的概念对接问题。上文已经对政府职能以及政府职能转变的概念内涵进行了深入的分析，但仍需要对"政府"这一概念进行更为明确的界定。本书的政府主要是指作为组织的整体政府，这与中国意义上的政府存在差异。[1] 所以，本研究的政府职能转变是在整体角度分析的，这意味着，我们将政府整体上视为一个组织，讨论其整体的政府职能转变的逻辑和方向。既然将政府本身视为一个组织，那么，政府内部的组织权能的划分则是政府内部的治理结构问题，这也是本研究的核心关切对象。所以，本研究主要关注的是政府权能的纵向和横向转移的逻辑（参见图 1.1），重点关注政府与市场－社会之间边界的移动。这也意味着，基层分权和政府内部的权力下放是非常不同的。但是，既然政府本身是多目标的、横向多条线以及纵向多层级的，我们仍然需要对这一问题保持警惕：任何给定的政府权能状态在不同的地区是有差异的，在不同的政府层次也是存在差异的。这样的差异本身就意味着政府职能转变的多重逻辑的可能性，而在整体上则更可能意味着需要对整合性的最终状况进行深入的理论探讨，特别是中国的"地方试验"式的制度变革路径。[2] 同样，由于我国对于国家和政府概念的界定存在一定模糊性（项飚，2010），本研究主要讨论的对象是行政体系的职能，[3] 而不是整体的"国家层次"的职能。这意味着，有关党政关系问题、司法系统以及人民代表大会等主体并不在本研究的范围内。但是，由于我国"政治－

1　对于"政府"这一概念的复杂意义，可参见何艳玲和汪广龙（2012）。根据这一界定，本书中的"政府"，是指在西方语境下相对狭义的"行政部门"。

2　这也是本研究构建研究框架的基础性预设，或者说，政府内部关系被视为研究的基本假设而不是研究的对象（具体参见第 2 章有关理论框架的分析）。

3　即便是"行政改革"，在众多的发展中国家，其内涵也存在非常巨大的差异（Farazmand，2002）。

行政"关系的特殊性，国家恰恰是作为一个制度环境概念，即一个变量（包括党政关系、司法系统等），进入整体的分析框架之中的。[1]

1.2.2　政府职能变迁：经验困惑

从"治理权能"的视角来看，政府职能转变所包含的经验事实非常复杂（黄庆杰，2003）。那么，我国政府职能发生了哪些转变呢？为了回答这一问题，笔者对 1979 ～ 2015 年的国务院政府工作报告进行了文本分析，通过国务院政府工作报告追溯我国政府职能转变的历程，[2] 以分析我国政府职能转变的特点，并进一步提出本研究需要深入解释的问题。一般而言，近 40 年来，政府工作报告的基本结构变化并不大：主要包括过去工作回顾和未来工作的重点安排，其中，工作回顾的内容基本上对应于上一阶段的工作安排，且相对简略。所以，主要的追踪政府行为的内容是有关未来政府工作安排的部分。其中，未来工作安排主要包括两个部分："国内工作安排"以及"国家统一、国际形势"。由于本书主要讨论的是我国经济社会事务治理权能的变化，所以，笔者删除了国家统一、国际形势部分，得到了有关国内政府工作安排的文本。总体来看，这些文本主要包括三个部分：经济安排、社会事业安排以及民主法治建设和政府建设。

根据我国的政府工作报告的主体框架，以及上文所界定的经济社会事务治理权能清单，本研究将分别讨论在政府工作报告中，政府在经济社会治理事务

1　这也是当下有关国家研究的重要趋势（Migdal，2001），在中国，"地方性国家"概念的提出，也是这一路径的体现（杨雪冬、赖海榕，2009），更为具体的分析，参见第 2 章。完全区分二者可能很难，例如党政干部可能就会被视为一个行动者，所以，对于具体案例和领域的分析，本研究会做进一步的经验识别。

2　这种研究方法已经逐渐得到应用，例如，从中央层次来看，张涛（2003）通过对比"一五"计划和"十五"计划文本来追溯我国"政府角色"的转变，吕志奎（2013）通过对改革开放以来的"政府工作报告"进行文本分析讨论"中国政府转型"。从地方政府职能研究来看，王佃利和吕俊平（2011）通过市长文稿的文本分析讨论"城市政府职能的实现"，杨君和王珺（2014）则利用"城市政府工作报告"研究了"地方官员政治承诺可信度"问题。

中扮演角色的变迁。笔者对特定的政府职能的重要性以特定经济社会事务的治理权能在政府工作报告的字数所占整体字数的比例进行分析，发现：我国政府职能转变的整体历程确实经历了从注重经济职能逐渐转向对社会职能的关注。随着"可持续发展"、"和谐社会"以及"着力保证和改善民生"等理念的提出，我国社会职能的地位逐渐上升（蒋健、刘艳、杜琼，2009；姜承红，2009）（参见图 1.2）。但是，这没有改变我国政府职能偏重经济职能及其改革的事实。一方面，我国经济体制改革的过程经历了从微观经济管理职能的彻底"放权"，中观经济职能的深入改革以及宏观制度结构的初步建构，其程度之深是社会领域改革无法企及的，社会领域的改革内容和程度都相对零散。另一方面，经济领域的改革具有系统性，而社会领域的改革更像是"回应性"改革和"压力驱动性"改革。例如，安全生产、农民工工资等问题是零散的社会压力的反应，而对"维护社会稳定"在近年来的持续强调既是对社会压力的回应，也具有"开倒车"的特点。所以，总体来看，我国政府职能变革无论在程度上还是内容上都具有压倒性的优势。

不仅如此，另一个政府职能转变的关键点，即政府与基层政府 – 社区的关系在政府工作报告中几乎没有提及。与此相关的主要包括三个方面的内容：一是在民主法治的主题之下强调我国"基层民主建设"，特别是农村基层选举制度建设；二是在社会管理体制改革的背景下强调我国的"基层社区建设"；三是在经济发展的层次上强调的"三农"问题。前两者的强调并没有实质性内容。"三农"问题确实是我国基层发展的重要组成部分，但是，以"三农"问题——无论是农村经济发展、农民增收还是新农村建设——为基调的基层社区权力结构的划分问题从来都不是一个制度建设问题，而是一个经济发展、产业发展、经济增长以及农民增收的问题，所以，其在宏观制度建设、制度机制建构以及微观制度设计方面，似乎都没有实质性进展。

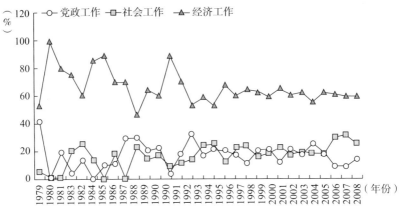

图 1.2　政府工作安排中不同领域的历史比较

1.2.3　核心研究问题：机制与差异

我国政府职能转变经历了怎样的历程？上文通过针对政府工作报告的文本分析得出了一系列基本结论。这些结论可以和有关经济社会治理权能结构一起，构建我国政府职能转变的经验体系（参见表 1.2）。从经济治理权能来看，政府已经将绝大部分的微观治理权能让渡给了个人和组织，在中观制度层次上实现了非常高程度的职能转变，将产业政策和宏观经济体系建设视为自身的核心职能，在宏观制度层次上，基本市场制度建设以及某些领域的改革仍然没有完成（唐铁汉，2007），但整体上仍然比较充分地完成了基本经济制度的建构。但是，与市场经济治理权能的高程度转移不同，我国社会治理领域的政府职能转变"严重滞后"（侯保疆，2003），特别是在"政府－社会"边界的基本制度结构层次，以及结社等基本的微观制度层次都没有深入的变革（应松年、杨伟东，2006），社会事业发展更像是"压力驱动"下的零星改革而不具备系统性。同样，在基层治理权能改革过程中，随着社区建设和基层民主等改革的提出，微观和中观制度层次的治理权能改革有所进展，但变革程度非常不彻底——如基层公共服务的供给（托尼·赛奇，2002）；更重要的是，在有关政府－社区基本制度层次上，我国政府职能转变基本上处于缺失状态（詹姆斯·德勒斯、丹尼尔·R.

柯丹，2011）。

表 1.2　1979 年后我国政府职能转变状况

	市场治理权能	社会治理权能	基层社区治理权能
宏观制度层次	中	低	低
中观制度层次	高	中	中
微观制度层次	高	低	中

为什么我国在经济治理领域的政府职能转变具有高速度和高程度？为什么社会治理领域以及基层社区治理领域中政府职能转变的速度和程度较低？在不同的经济社会事务治理领域之中存在怎样的差异化职能转变逻辑？为什么不同的经济社会治理领域存在非常差异化的职能转变逻辑？是什么因素导致了差异化的转变逻辑？这些问题构成了本书的研究问题。本研究的核心任务在于寻找一个统一的分析框架，既可以解释不同经济社会事务治理领域之内政府职能转变－不转变的原因和机制，也可以解释不同经济社会事务治理领域政府职能转变的差异化逻辑。

1.3　政府职能转变：文献述评和理论"迷思"

1.3.1　政府职能转变：核心研究议题

综观我国政府职能转变研究，存在一个亘古不变的研究问题：给定政府职能转变对我国政治行政体制改革的重要意义，怎样通过理论分析促进我国政府职能的转变，从而找到我国政府职能转变的方向。这样的寻找往往伴随着三个研究主题：对历史的追踪、对动力机制或影响因素的分析以及对理论内涵的挖掘。这些研究的通常假设是：通过对政府职能转变的历程，对动力机制的考察或者通过对理论内涵的挖掘，从而推动我国政府职能转变的深化。

从历史进程来看，学者的核心研究逻辑是通过对我国政府职能转变的历史进程进行追踪，从而获得我国政府职能转变的"历史趋向"（侯保疆，2003；张志敏，2009）。从职能转变的动力机制来看，很多学者基本上将我国政府职能转变的影响因素分为内部因素和外部因素，无论是动力、阻力还是必要性等，都可以置于"内部－外部"模型之下（汪玮，2007；范炜烽，2008）。从政府职能转变的理论和方向的研究逻辑来看，这些研究的核心目的在于：通过对职能定位的理论内涵进行分析，为我国政府职能转变的未来和方向奠定理论基础。基于这一目的，我国政府职能变迁的研究主要存在三个方面的理论框架：以西方的理论为基础构建规范性的分析框架（杨心宇、季诺，1998；王连伟，2014）；结合我国的"特殊性"以及理论借鉴构建政府职能转变的理论框架（张康之，1998；2000；张皓，2014）；以政策性方向构建理论框架，例如"服务型政府"（薄贵利，2004；朱光磊、于丹，2008）、"治理能力和治理体系"（薛澜、李宇环，2014）。

总体来看，我国有关政府职能转变的研究基本上存在"规范性"和"功能性"特点。所谓规范性，是指首先在理论上预设政府职能以及在转变的方向上设定"标准"，然后对我国政府职能转变过程中面临的问题进行分析，从而得出政府职能转变需要解决的问题。所谓功能性研究，是指首先将政府职能转变以及具体的标准进行说明——这些标准可能来自西方的理论，也可能来自政策话语，以此为基础寻找可能达到这一标准的条件——要么是"趋势"预设了政府职能转变的方向，要么是需要建构特定的条件以达到预定的目标。

1.3.2 政府职能转变的理论"迷思"

1.3.2.1 三重理论逻辑

综观政府职能转变的研究，囿于我国政府职能转变研究中广泛存在的"自说自话"的特点，在研究过程中缺乏对中观理论层次和理论视角的关注和自觉，以及研究中普遍存在的功能性和规范性的特点，使得我国政府职能转变研究非常零散和不系统。但是，这些零散的研究背后存在一系列基本的理论框架和逻辑，这些理论逻辑可能成为"理论迷思"，自觉或不自觉地进入有关政府职能变革的研究之中，成为理论视角和理论框架的一部分。根据政府职能变革研究所嵌入的多学科背景，可以识别出三种理论逻辑：来自政治哲学的规范逻辑、来自政治经济学的"效率逻辑"以及来自政治社会学的功能逻辑。

对于政府的分析在本质上需要追溯到对国家存在理由的规范性讨论范畴之中，或者说，对于政府边界的划分，在根本上而言就是一个政治哲学问题，这甚至可以追溯到任何一个政治哲学流派。以权力和自由界定社会的"初始形态"，假设国家的存在是个人权力让渡的结果。进一步，以"权力"和自由选择界定经济体系的基础，以公民权和理性自由传统界定公民领域，以民主和自治维护自我治理的边界，这构成了最基本的政府边界的规范逻辑。以此为基础，可以推导出宪政秩序、民主秩序、政府责任等价值。于是，在规范性逻辑之下，政府的法治性、民主性、责任性就可以在政治哲学层次得到说明。

从效率逻辑来看，国家 – 市场关系被视为界定政府职能的最为基本的理论资源——特别是新自由主义。效率逻辑假设，只有可以被证明能够促进经济增长或社会总产出的增加的情形下，政府的存在和介入才是合理的。虽然在古典自由主义之后存在着"市场失灵"和"政府失灵"之争，但总体而言，政府职能的效率逻辑假定，在经济社会的治理中，政府、市场以及社会都是不完美的制度存在，任何制度安排都是有成本的，所以，政府职能的边界是在最低制度成本的点被界定的。但是，如果假定政府失灵的存在，原有的凯恩斯主义国家和福利国家模式则会受到非常巨大的限制，有限国家在效率上而言将是最合理的选择。

从功能逻辑来看，与效率逻辑不同，其基本假设是系统论。在这一体系之中，存在三个子系统：国家、市场领域和社会领域，每个子系统具备特定的功能。同时，每一个子系统会成为其他子系统的输入，又承接其他子系统的输出，在整体上构成一个完整的社会功能系统（阿尔蒙德、小鲍威尔，2007；Levy，1952；Riggs，1964）。这一系统观同时也是一个生态演化模型：类似于生态系统，随着社会环境的变化，每一个子系统会相互适应，最终在整体上可以将社会推向"现代社会"。这一现代社会是以标准的西方发展模式为基础的，但在现代化理论者眼中，这些模式都是"中性"的（Deva，1979）。这种发展模式体现为诸多的政治发展清单，一个宏大的政治发展理论体系。这一体系包括：一个强大的国家官僚主义体系、宪政民主制度安排、市场体系以及市民社会（Esman，1980）。这些清单对应于不同的子系统，并在整体上实现系统内的相互契合，达到现代化的"彼岸"。例如，政治发展过程就是一个政治生活的组织过程，且政治功能与现代西方国家的标准模式是一致的（Pye，1966：37）。但是，随着"国家失败"、制度体系缺失等问题的出现，新的功能主义理论逐渐开始在国家与市场、国家与社会以及国家与基层社区之间寻求新的理论关切，从而构建了一个更为精细的政治经济发展理论架构，为政府的边界构建了功能主义药方。

1.3.2.2　三重逻辑与职能转变

我国政府职能转变的理论逻辑解释了我国政府职能转变研究中的理论预设，支撑了我国政府职能转变各个研究主题的讨论。规范逻辑、效率逻辑以及功能逻辑为我国政府职能转变的历程、特征、面临的困境、动力机制与阻力、我国政府职能转变的未来方向等问题都设定了一系列的"解"。对于这些研究而言，我国政府职能转变的关键就是在这些理论预设的方向上抓住机遇，明晰面临的限制性因素，从而达到三重逻辑所界定的"最优"政府。

三重制度逻辑不仅架构了我国政府职能转变的宏观价值选择和制度结构，而且架构了每一个领域之内政府职能的具体选择。从国家与市场的关系来看，首先，规范性逻辑构建了最基本的权力结构，基于经济权利和个人选择是市场出现的前提条件，所以，产权体系和法治体系也是政府职能的根本。其次，在功能逻辑之下，针对市场可能造成的市场失范，政府的核心职责在于"保护社会"，即提供最基本的社会保障，维护社会公平和社会公正，构建基本的管制制度和规制体系，保证宏观经济秩序和运行的稳定（陆健健、李滨，2014；章文光、王力军，2006）；同时，"建构市场"，促进与市场之间合作体系的构建，以促进经济发展（田国强，2012）。从效率逻辑来看，对于经济治理来说，其核心是在市场失灵和政府失灵之间寻求制度成本的最小化，大部分的市场失灵问题，包括外部性、垄断、基础设施建设、公共物品问题可能都需要政府在一定程度上介入其中（方兴起，2014；张明澍，2014；章文光、王力军，2006）。以此逻辑为基础，在公共服务供给过程中，政府需要理性地运用市场机制以提高公共服务的供给效率（章文光、王力军，2006）。

　　政府与社会关系也包括三重制度逻辑的支撑，从而界定了政府与市场之间的制度边界。从规范逻辑而言，最为基本的是有关公民权，以及以此为基础，通过自由结社构建的市民社会，其独立性是界定政府职能的基础（左秋明，2013）。从功能逻辑来看，政府与社会之间的功能匹配需要认识到市民社会与政府之间的相互建构的特点。而对于政府而言，其核心职能在于社会建设，这包括社会事业建设（科教文卫等），利用公权力维护社会秩序和社会稳定，同时协调各个利益主体之间的利益关系和社会关系，以及社会组织建设（何艳玲，2013；欧阳兵，2014）。最后，从效率逻辑来看，在给定市场以及政府都有可能存在失灵的情形下，社会性的制度安排可能会成为经济治理和公共服务供给过程中非常重要的补充性因素，所以，政府需要在某些程度上将市场治理职能交给社会组织承担（白永秀、王颂吉，2013），将某些公共服务——特别是社会服务交由社会组织承担。

　　政府与地方之间的边界关系同样也服从三个理论逻辑的支撑。从规范性逻辑来看，民主和参与价值可以有效支撑地方自治的诉求，在此基础上，放权在规范意义上是对最古老的政治价值的响应。从功能逻辑上而言，在整体的自上而下的发展理念逐渐式微的情形下，政府需要将广泛的发展决策权和经济社会事务的治理权下放给地方政府和社区，并且需要非常深入的社区建设（汪锦军，2014；何艳玲，2013）。从效率逻辑来看，地方社区由于较低的制度成本，在地方公共事务的治理中可以有效地包绕公共服务的外部性，同时，地方社区之间构建的制度性集体行动也是地方公共服务的最优选择。同时，地方政府可以以自身经济环境和经济禀赋选择经济发展战略，所以，将经济发展的诸多制度性权力让渡给地方政府，也是政府职能转变的重要方向（纪志耿、黄婧，2011）。所以，政府需要将地方公共事务治理权下放给地方政府和社区，以促进公共服务供给效率的提高。

表 1.3　我国政府职能转变研究的理论迷思：总结

价值 – 制度层次	职能体系		
	权力 – 权利 法治政府、责任政府、民主政府		
具体范围	政府 – 市场	政府 – 社会	政府 – 基层社区
价值逻辑	经济权利	公民权	民主 – 自治
功能逻辑	"保护社会" ·社会公平 ·社会保障 建构市场 ·监管性制度 ·合作性机制	社会建设 ·建设社会事业 ·建设社会组织 ·维护社会秩序 ·协调社会关系 合作共生	制度建设 ·自治性法治建设 ·社区建设 ·"分权" 协作机制建设
效率逻辑	应对市场失灵、 公共服务市场化	让渡经济治理职能、 公共服务外包（社会组织）	经济社会发展权下放、 地方公共服务供给

1.3.3　困顿中的理论和事实

综观我国政府职能转变的研究，可以用一句话总结：寻找"圣杯"，寻找我国政府职能转变的"最终解"，这可以被称为理论的"迷思"。这主要包括两个方面：一方面，利用主要来自西方的理论和经验构建理想的政府职能模式，将其视为政府职能转变的方向；另一方面，即便是对政府职能转变影响因素或动力机制的研究，也是为了找到通向"圣杯"的路径——或者基于我国政府职能转变的缺陷，或者基于我国政府职能转变的阻力。但是，这样的研究无论在理论基础还是经验研究方面都存在严重的缺失，导致对于政府职能变迁的解释几乎处于空白的状态。

如前所言，我国政府职能转变研究主要基于三重理论逻辑，但是，这三重理论逻辑从根本上而言都不是理论框架，都具有规范性色彩，其理论基础都面临重重挑战。原则上来说，从规范性逻辑研究政府职能转变的问题是一个政治哲学的问题，本不需要纳入本书对于理论框架的讨论之中，但是，我国针对政府职能转变的研究恰恰在规范性分析和经验性分析之间存在"相互套用"的问题。甚至在自觉或不自觉的情形下，将规范性理论视为在我国政府职能转变的经验性分析之上。如果从思辨性和批判性分析的角度来看，这样的研究是非常有价值的；但是，一旦其陷入经验解释之中，其解释性价值就存在一定的缺陷。

那么，我国政府职能转变的经验性分析框架存在吗？这一问题很难回答。当下，解释我国政府职能转变的理论主要是基于结构功能主义的政治发展理论（陈明明，2001），但是，作为比较政治学理论的组成部分，发展理论由于其"大理论"的特点，导致解释范围具有非确定性。更重要的是，政治发展理论预设的政治发展方向和路径都具有非常明显的价值偏见和规范性的理论预设，致其经验解释力面临重大挑战。并且，如上所言，支撑政府职能转变理论内涵的三重理论逻辑都具有规范性和价值预设的色彩：三者都与自由主义传统有着不可分割的联系，三者都不是来自真正的经验研究。于是，以此为基础的解释性框架也必然是非经验性的、规范的，以及解释力有限的。

这种有限性在根源上来自以政府职能转变的价值预设开始经验分析，从而在理论分析的过程中放弃了对多种影响因素的探寻。例如，如果从效率逻辑研究我国政府职能转变，就会得出这样的结论：公共服务的市场化体现了公共服务供给效率的逻辑，这与西方的政府改革历程具有相似性，所以，我国政府职能转变的历程正是经济效率驱动的。但是，即便在西方国家，政府改革的市场分权也是一个"政治过程"而不是"经济过程"，其影响因素非常多样（Spulber，1997）。如果从功能性逻辑去考量我国政府职能转变过程，就会认为市民社会的兴起导致了政治发展，从而促进了政府职能的变革。但是，对于市民社会的理论基础，以及其在中国的适用性本身就是一个问题（黄宗智，2003；陈福平，2009；肖瑛，2014），利用这一理论解释我国政府职能转变，必将困难重重。总体来看，新自由主义经济学本身并不是一种解释的逻辑，而是一种建构的逻辑。正如现代化理论所预设的那样，新自由主义经济学的分析逻辑在规范性和实证性之间从来都是摇摆不定的。可见，这样的分析在根本上体现着"市场原教旨主义"的色彩。并且，将这种具有"意识形态乌托邦"性质的规范性理论作为解释性框架，无法进行真正的经验分析（卢周来，2004；黄宗智，2007）。

不可能基于零散的、思辨式的以及启发式的研究为基础的政府职能转变研究构建我国政府职能转变的分析框架，不可能从这些以规范逻辑、功能逻辑以及效率逻辑为基础的理论构建解释我国的政府职能转变的历程，而这是对当下我国政府职能转变文献研究所得出的最基本的结论。同样，也很难从有关行政管理体制变革的研究中获得研究框架：非累积性的研究、对要素相对简单地罗列、具有持续性的理论范式的缺乏，导致这些研究也很难建构一个稳定的研究基础。所以，要构建解释我国政府职能转变的研究框架，必须在研究策略、研究方法、理论框架以及研究范式上进行"革命"。

这一革命的核心在于寻找一个新的理论框架。这一理论框架既可以追踪影响政府职能转变的核心因素，又可以对这些因素的影响机制进行分析。所以，这一研究框架绝对不是一个"宏大理论"——也不存在这样的"宏大模型"，而是一个中观层次上可以与历史经验和当下经验进行密切结合的一系列理论模型（米尔斯，2005：49）。其次，这一理论模型需要可以容纳历史经验的分析：既可以解释中国整体政府职能转变历程相对于其他国家历史的特殊性，又可以解释这一特殊性所蕴含的理论逻辑。最后，给定我国政府职能转变整体历程的复杂性，以及不同经济社会事务领域的特殊性，这一理论框架需要对整体历程的复杂性，特定经济社会事务领域之内政府职能转变的特殊性，以及在不同经济社会事务领域的政府职能转变存在差异的原因进行解释。

同时，要解释这一过程，也需要超越特定的理论框架，特别是需要摒弃"宏大理论"的叙述，回到最基本的经验、事件和过程之中，在特定的理论框架和理论逻辑之下，寻求机制性解释。这也契合于当下我国政治学和社会学理论分析路径的"范式转移"：从政治学研究来看，我国政治改革研究需要超越政治发展理论，走向"政策过程理论"和"政治转型理论"，这是中层理论（徐湘林，2004），这被王绍光称为从"取经"和"效仿"走向理论自觉阶段（王绍光，2009；2010）。从社会学来看，我国的发展社会学研究应该"进入市场转型过程的实践层面"，这"意味着我们不能仅仅停留在制度和组织的结构性特征上"，而应该采取一种"实践社会学"路径（孙立平，2002；2008）。这需要打破学科壁垒，深度整合不同学科资源，从静态分析走向动态分析（王金红、黄振辉，2009），同时对西方理论的理论预设和经验边界保持自觉。同样，要打开我国政府职能转变的黑箱，一方面需要构建一个具有连贯性的理论框架；另一方面，也需要在特定的理论框架之内保持理论自觉，超越结构分析，走向"过程 – 事件"分析，深入政府职能变革的内部机制（罗峰，2011）。

1.4　研究思路、研究方法与主要内容

1.4.1　研究思路

在转型中国的背景下，政府职能转变恰处于政府与市场/社会关系的边界上，理解我国政府职能转变的制度逻辑对于理解转型中国的逻辑，预测转型中国的未来具有重要的意义。所以，本研究将主要讨论我国政府职能转变的逻辑：哪些因素，通过什么样的机制，影响我国政府职能的转变 – 不转变？为了回答这一问题，笔者首先在"治理权能"的视角下对政府职能进行了界定，然后利用文本分析的方法分析了我国政府职能转变的历程，进一步提出了本书需要解释的问题：为什么在不同的经济社会事务治理领域之内存在差异化的政府职能转变路径？

在本质上而言，对于政府职能转变的学术研究，既可以被视为一个经济学问题（政府边界的效率界定），也可以被视为一个政治学问题；既可以是政治科学问题（政府边界的事实界定），也可以是政治哲学问题（政府边界的法学界定）。但是，在本质上而言，政府职能转变问题不是一个行政学问题。总体

而言，从经验范畴来看，政府职能转变的过程和结果是一个政治学问题，是政府组织、市场主体以及社会主体相互作用的结果。所以，对于政府职能转变的政治学分析尤为重要：如果说"政治－行政"二分从来没有实现过，那么，对于行政变迁的政治学分析就是必要的；如果任何公共部门在本质上都是政治的，那么，对于最为根本的政府职能进行政治分析就是必要的；如果中国的行政体系从来都是政治化的，利用政治分析也就是必要的；如果政府职能本身就处于"政治－行政"的边界上，处于组织与环境的关键节点上，那么，对其进行政治分析也是必要的。

但是，我国政府职能转变研究却被视为一个行政学问题，其研究也陷入了功能论和政治论的范式之中，甚至陷入了规范性分析的窠臼之中，而对于政府职能转变的经验分析却在很大程度上被忽视了。通过对我国政府职能转变的文献以及相关研究主题的分析可以发现，我国政府职能转变的研究具有很强的价值导向，政策性研究和功能性研究特点突出，理论范式相对匮乏。而通过对政府职能转变研究的理论内涵的挖掘则发现，我国政府职能转变研究遵循着三重理论逻辑：规范逻辑、效率逻辑以及功能逻辑。而这些研究都没能解释我国政府职能转变的影响因素，无法解释我国政府职能转变的理论机制和经验逻辑。所以，新理论框架的建构是必要的。

既然在本质上，我国政府职能转变过程是一个政治过程，而政府职能转变是一个经济社会事务治理权能的制度性转移过程，那么，利用制度变迁框架对其进行分析将是一个非常合适的选择。基于此，通过利用"新政治经济学"范式下的制度变迁理论，本研究构建了一个政府职能变革的制度变迁框架。根据这一框架，政府职能转变的过程是一个政府利益、政治交易成本以及相对议价能力相互作用的政治过程，这一过程又进一步嵌入制度环境和经济社会环境之中。

在此基础上，笔者将选择三个经济社会事务治理领域，利用制度变迁框架，分析不同经济社会事务领域之内政府职能的转移过程。其中，国有企业改革体

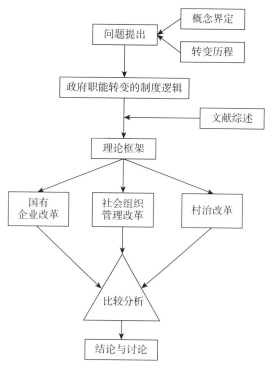

图 1.3　本书的研究思路

现了经济治理权能的转移过程，社会管理体制改革体现了社会治理权能的转移过程，村治改革体现了基层公共事务治理权能的转移过程。本研究意图通过对这三个领域的比较分析，理解特定经济社会事务领域之内政府职能转变的理论逻辑，以及不同经济社会事务治理领域之内差异化路径的原因。通过案例分析和比较分析，以进一步总结出我国政府职能转变的制度逻辑。

1.4.2　研究方法

1.4.2.1　比较历史分析

在整体的研究策略上，本研究将选择比较历史分析。之所以选择比较研究，首先是因为，"比较"是社会科学研究的基础——无论在行政学还是在政治学中，比较分析都是得出科学结论的最为基础的方法（Wilson，1887；

Dahl，1947）。这也是本书的研究问题决定的。本研究要讨论的是在不同的经济社会事务治理领域之内政府职能转变的差异化逻辑，所以，针对不同经济社会事务领域的比较分析就是最为基本的研究策略。而之所以选择历史分析，主要在于本研究的核心问题是"变迁"。要研究政策或制度变迁，需要对政策或制度历史进行深入的经验分析才有可能，[1] 所以，本研究将主要针对特定经济社会事务领域中政府职能转变的历史经验分析，以讨论职能转变背后的理论逻辑。

需要说明的是，笔者选择的时间段是 1979 年到 2015 年这近 40 年的时间。当然，给定历史经验的路径依赖特点，任何时间点的选择都武断的——即便是中国现代化的整体历程，不同的学者也给出了完全不同的划分方法。[2] 但是，笔者之所以选择改革开放之后的近 40 年，并不是因为其被认可，而是因为，首先，1979 年确实构成了一个非常重要的"制度断裂"的点（邓宏图、曾素娴，2010）[3]，以此为基础在经验上是能站住脚的。其次，之所以选择近 40 年，主要在于接近 40 年是一个比较理想的研究制度或政策变迁的时间段，可以有效观察特定制度或政策演变的整体历程（Sabatier & Jenkins-Smith，1993）。所以，笔者将以这近 40 年为经验基础，理解我国政府职能转变的逻辑。

本研究选择的三个具体的经济社会事务领域是国有企业改革、社会组织管理体制改革和农村治理体系改革。从具体的转变逻辑来看，国有企业改革体现为经济决策权和资源分配的核心制度逻辑由国家控制逐渐转变为市场控制，社

1　正如迪尔凯姆（1995：150）所言，"要解释某一较为复杂的社会事实，只有观察它在所有的社会中的全部发展过程才能做到"。

2　例如，有的学者认为，1949～2008 年这 60 年构成了一个整体性的制度序列（支振锋、臧励，2009；陈子明，2007）。而朱学勤（2007）则认为，即便是在这期间，1992 年也构成了一个明显的制度断裂。

3　很多作者都将 1978 年视为政府职能转变的关键时间点（蒋健、刘艳、杜琼，2009；陈毅，2010；青锋、张水海，2013），但是本研究选择 1979 年而不是 1978 年，因为 1978 年作为一个制度"断裂"的点，其经验上的"断裂"特点可能对整体经验的分析形成挑战，所以选择更为具备持续性的 1979 年作为分析的起点。

会组织管理体制改革体现为约束社会组织的核心规则逐渐从完全禁止转向限制性发展，农村治理体系改革体现为村级公共事务的国家决策转向自主决策。之所以选择这三个领域，是因为以下几点。首先，这三个领域是政府职能边界的承接点（沈亚平、王骚，2005；黄庆杰，2003；李丹阳，2008），分别对应经济职能的转变（政府－企业/市场关系）、社会职能的转变（政府－社会关系）和基层治理职能的转变（政府－基层关系），可以保证本研究所选案例的代表性和讨论对象的周延性；同时，这些领域几乎都涉及职能转变的"非彻底性"，这也体现了特定经济社会事务治理的多主体性和多制度逻辑性，这种"非彻底性"也拓展了分析的空间，进一步增强了解释力。其次，很多学者往往将这三个领域作为独立的分析单元，而本研究通过利用统一的理论框架对三个领域进行分析，可以进一步证明本研究所建构的理论框架的解释力。

1.4.2.2 分析性叙述

为了对三个领域变革的微观机制和历史进程进行解剖，本研究采用了"分析性叙述"的分析策略。作为一项研究计划，分析性叙述已经被越来越多学者使用。分析性叙述强调将历史的比较研究和理性选择模型结合，坚持将对具体案例的深刻把握与精确的理论模型相结合，以解释制度变迁的机制和过程（列维，2010：771）。一方面，由于在历史的时间进程之内去理解变迁，传统的理性选择分析所依赖的比较静态分析面临非常重大的挑战；另一方面，随着越来越多的学者将理性选择分析和更为宽广的制度分析相结合，这需要在宏观的环境变量和微观的心理和行为变量之间建立更为坚实的桥梁。所以，"我们必须从博弈中走出来，去做经验资料的调查……我们必须确定对手的信念是怎样影响他们的行为的"，正是"这种战略推理与经验调查的结合"，"有助于使分析性叙述方法更加精确"（Bates et al.，1998：241）。可见，分析性叙述天然地可以在比较分析和理性选择分析之间架构微观机制的桥梁，从而获得"形式理论与比较方法的新综合"，是"一种将'两个世界的优势'（best of both worlds）结合在一起的方式"（马洪尼，2014：78）。这样的优势同样体现在本书对于政府职能变迁的讨论中：在长时间跨度内，利用分析性叙述的研究策略，一方面，可以将"比较"限定的一定的理论框架之内；另一方面，也可以将宏观变量和微观变量在时间演进中有效地结合，从而更为深刻地理解政府职能转变的微观和中观制度逻辑。

1.4.2.3   资料搜集和处理

由于涉及三个领域的经济社会治理结构转型，且时间跨度长达近40年，无论是资料的搜集还是数据的处理都是一个非常艰巨的挑战；再者，本研究采用的基本分析方法为"分析性叙述"，这进一步加大了资料和数据处理的困难程度。总体来看，本研究的资料主要来自三个方面：官方的数据和报告、已有的针对具体领域的历史经验研究以及媒体的报道。首先，官方的数据多为宏观数据，且随着时间跨度的增长，其可靠性和可获得性面临重大的制约，但这些数据奠定了讨论的基础。其次，由于三个领域已经成为独立的研究领域，这在很大程度上保证了对于三个领域的历史经验研究可以在基本上囊括核心的经验材料，这为微观的机制分析提供了非常重要的经验素材。最后，媒体资料由于追求时效性，且解读的多视角可能造成系统性的偏见，所以，其只能作为一种经验补充。总之，通过利用多种数据和资料来源，可以构建一个相对完整的证据链条，以实现对政府职能变革过程的"分析性叙述"。

在具体的资料处理中，本研究将综合运用多种定性和定量的资料处理策略（朱迪，2012）。笔者将对这些文献进行分析（例如文献综述部分对政府职能转变研究的文献分析）。针对官方的报告，本研究将采用文本分析的方法对众多的官方文本进行处理（如对历年政府工作报告的文本分析）。针对官方数据以及其他二手数据，笔者将对其进行统计分析（例如在国有企业改革、社会管理体制改革以及村治改革讨论中，本研究将针对一系列数据进行处理）。最后，在特定的领域之内，笔者也会进行深入的比较案例分析。总之，本研究将混合应用多种资料处理方案，以实现对每一个改革领域的"分析性叙述"。

1.4.3　本书的结构

在介绍研究背景、研究思路和研究方法之后，本研究将进一步沿着如下的脉络推进。首先，本书在制度变迁的多重路径的基础上，构建制度变迁的分析框架，并将这一框架应用到政府职能变革的场域之中，说明影响政府职能转变的影响因素和过程 – 机制要素（第 2 章）。在理论框架的基础上，本书进一步选择了三个经济社会治理场域——国有企业改革、社会组织管理体系改革以及乡村治理改革，并在制度变迁的视角下对这三个场域中政府职能变革过程的影响因素和变革过程 – 机制进行了理论分析（第 3 ~ 5 章）。在本书的最后一章，本书对三个案例的共性和差异性进行了比较分析，讨论了我国政府职能转变过程中从"大政府"到"精明政府"的转变逻辑，同时对这一研究脉络对我国政府职能转变研究、制度变迁研究以及理解中国变革模式的研究之理论启示进行了分析。最后，也对本研究的不足和进一步研究的展望进行了讨论和说明。

第 2 章　权能转移与制度变迁：分析框架

本研究将政府职能视为在特定的社会系统之内经济社会事务治理权能的制度性分配，如是，政府职能转变的过程就是一个制度变迁的过程。所以，理解政府职能转变的核心就是解释这一制度变迁的特点、过程和机制。本章首先对政治制度变迁的各个理论流派进行了分析，并构建了一个理解政治制度变迁的综合性理论框架；然后将这一理论框架应用于治理权能转移的分析之中，对影响治理权能转移的变量、过程和机制进行了深入的分析，构建了理解政府职能转变的理论框架。

2.1　权能转移与制度变迁：基本分析框架

2.1.1　制度与制度变迁

政治世界是由一系列制度所包绕的，这些制度构建了政治行为者的最基本的行为规则（March & Olson，1989）。不仅如此，政治制度的优劣对于经济社会发展以及公共政策的质量等都有着重要影响（Scartascini，Stein & Tommasi，2013）。所以，政治制度的重要性不言而喻。特别是，随着 80 年代制度主义在社会科学的各个分支领域逐渐占领高地，对于政治世界的制度分析也逐渐成为政治学研究的核心范式之一。要进一步理解这一问题，需要对制度以及制度变迁的内涵进行分析。

所谓制度，宽泛而言，是指"形塑人类行为的任何形式的约束"（North，1990：3），即"行为者共享的游戏规则"（Ostrom & Basurto，2011）。按照 Knight（1992：54）的界定，这些具有如下内涵：①提供关于预期人们在某种情况下如何行为的信息，②能够被相关群体的成员辨认其他人在这些情况下遵守的规则，③构成行为人产生均衡结果的策略选择。制度最为基本的特点是，其在某种程度上是一个"社会和 / 或整体的结构性特征"（Peters，2011：18）。这种具有结构性色彩的规则既可能是正式的，如正式的法律框架，也可能是非正式的，包括非正式规则、互动网络以及共享的社会规范（Peters，2011；North，1990：3）。由此可见，制度是"超越个人"的，体现为行动者之间的互动关系和互动模式。更进一步，制度不仅仅包括为社会行为提供约束的正式和非正式的规制性要素，同时，制度也包括规范性和文化 - 认知性要素（Scott，2008：50）。所以，宽泛而言，政治制度首先是约束人类行为互动的结构化模式。其次，其具有非常多样化的形式，包括正式的和非正式的。最后，政治制度至少包括三种要素：规制性要素、规范性要素以及文化认知要素，不同的要素起作用的机制存在差异。并且，现实生活中的制度形式并非某一种单独的制度基础要素起作用，而是三大要素之间不同组合决定的（Scott，2008：63）。

虽然对于制度的理解逐渐形成共识，但是，对于政治制度的研究，更多的精力被投入政治制度复杂的经济社会影响中（例如，Stasavage，2002），相较而言，对于制度变迁的研究则较为缺乏。正如 Acemoglu 和 Robinson（2001）所言，相比政治制度对于经济绩效的影响的研究，"对于什么决定政治制度这一问题相对较少"。罗思坦则认为，"对于政治科学而言，一个最具挑战性的问题或许就是理解制度变迁的含义了"。"相对较少"的研究则进一步被差异化的制度视角所吞没。自行为主义以降，近年来，形形色色的制度主义逐渐攻城略地，在经济学、政治学以及社会学逐渐占据高地。虽然同在"制度"之屋檐下——都强调制度对个人行为的约束作用，但学科的分野以及视角的差异也使得不同的学者完全用不同的方式看待制度的属性，从而影响了对制度变迁的分析。例如，

Peters 认为，对于政治制度的分析，包括六种流派；更多的学者则认可 Taylor 和 Hall 的界定，将制度主义划分为理性选择制度主义、历史制度主义以及社会学制度主义三个流派（Taylor & Hall，1996；戴扬，2009）。不同的流派虽然都强调制度的解释力，但对于制度的属性以及制度变迁的核心逻辑则有着非常不同的假定。正是这种视角的多样性，启示我们需要在多视角的基础上对不同的解释制度变迁的理论脉络进行深入分析。

2.1.2 制度与制度变迁的经济学和政治学：三种视角

在多样性制度变迁视角下，要分析政治制度变迁，首先需要对不同理论脉络进行深入分析。对于政治制度变迁的解释亦如此。多样化的理论视角对于政治制度的内涵具有差异性的假设，对影响政治制度变迁的理论要素的强调也具有本质性差异，所以，要完整地划分不同理论视角并非易事。总体来看，可以将分析政治制度变迁的理论划分为三个方面：政治制度的功能 – 契约理论、政治制度的权力 – 冲突理论，以及其他强调政治制度变迁的环境 – 过程 – 机制理论。三者对于政治制度的内涵、影响制度变迁的核心变量和机制、制度变迁的过程和结果等都有非常不同的假设。这构成了理解政治制度变迁的基本理论资源。

2.1.2.1 功能、契约与政治制度变迁

效率论的制度变迁是以理性选择理论为基础的。从理性选择制度主义来看，制度主要是一系列的行动者理性地追求自身利益的产物。在每个人"将自身的利益强加到别人头上"，以及"不同行为者之间的持续互动"过程中，制度体现为"一系列稳定的均衡"（Greif & Laitin，2004），具有"自我强化"以及"自我执行"的色彩（Weingast，1996；Greif，1994）。理性选择视角主要从新制度经济学中借鉴理论资源，一方面，其沿用经济学中有关利益最大化的基本假设；另一方面，其分析基础则基于市场选择过程。所以，政治制度是一种社会选择过程的产物。一系列经济学的分析工具应用于政治世界，也形成了比较多样化

的分析思路。但是，在理性选择理论看来，政治制度的维系和变迁与特定政治功能的实现有关。例如，以社会选择理论为基础的政治制度分析强调政治制度对于集体选择过程的影响：实现集体决策的制度化，解决集体选择过程中的无序问题（Carey，2000）。于是，对于制度变迁，理性选择的制度主义坚持将效率视为关键引擎，即制度变迁过程是一个效率最大化的过程。由于制度被视为"一系列稳定的均衡"，那么，制度变迁的核心动力则来自制度系统的外部，特别是"相对要素价格的改变"，导致特定制度变迁有利于最大化某些行动者的收益，或者说，"一旦制度变迁的收益大于成本，制度变迁就会发生"（North，1990）。

基于新制度经济学，以效率和功能为基础的制度分析采用了非常多样化的新制度经济学分析工具，包括博弈论、公共选择理论等（Levi，2000）。其中，最为核心的理论脉络来自新制度主义经济学的最为核心的理论流派——交易成本经济学，这在政治分析中被称为"交易成本政治学"。交易成本经济学以 Coase（1937；1960）对经济交易中的交易成本为基础，经过 Williamson（1985；1996）的发展，逐渐成为经济学的重要理论范式之一。其将合同视为最基本的分析单位，将合同过程中的交易成本，以及特定治理机制对交易成本的节约视为理解经济制度的关键。源于交易成本经济学，交易成本政治学的"契约范式"也将政治过程视为各种政治主体在特定的制度框架内进行复杂"交易"的结果。与交易成本经济学类似，交易成本政治学也是以政治市场的假设开始，并将政治产出视为一个在政治领域之内进行讨价还价的过程（North，1990；Dixit，1996；Spiller & Tommasi，2003；Stein et al.，2007；Scartascini，2007）。同样，交易成本政治学将政治交易视为最基本的分析单位，与经济市场类似，在讨价还价的过程中，政治交易也会面临有限理性、信息不对称、机会主义以及资产专用性等合约问题，于是，作为"合约治理"机制的政治制度的存在，可以有效地节约政治交易成本，从而可以促进政治交易的实现，保证政治市场的有序运行（Caballero & Arias，2013；Dixit，2003；Spiller，2008；黄新华、李凯，2011）。

类似于交易成本经济学所坚持的"比较制度分析"路径，给定特定政治契约治理机制的多样性，在不同的治理机制存在差异化制度成本的情形下，理性的决策者会根据政治交易的特性选择最低成本的契约治理机制（Henisz & Zelne，2004）。

近年来，这一理论视角已经被应用到非常多样化的政治制度领域之中（Williamson，1999）。最直观的，政治制度是为了保护政治和经济组织的投资——这是新制度经济学的"老调"了（North，1982）。其也被应用到各种政策领域之内。其中，Dixter（1996）对于经济政策的分析、Ghosh 和 Kathuria（2015）对于印度天然气政策的分析、Brunner 等（2012）对于煤炭政策过程中解决可信承诺问题之制度机制多样性的分析等，都采用了典型的交易成本政治学路径。Moszoro、Spiller 和 Tommasi 等讨论了政府管制机制的多样性问题，政府管制的多样性以及机会主义行为问题决定了在政府管制过程中混合性、多样性的规则和程序的存在（Moszoro & Spiller，2015；Spiller & Tommas，2005）。Weingast 等讨论了立法过程中立法委员会制度的价值：委员会作为一种政治制度，其核心是为了解决立法交易中的事后违约问题（Weingast & Marshall，1988；Weingast，1989）。Wood 和 Bohte（2004）则讨论了行政机构的设置问题：行政机构设置反映了当下政治联盟保证未来收益的努力，为了保证特定的政策交易不会因为政治联盟的改变而改变，引入独立的行政机构将是保证政策结果稳定性的关键机制。Patashnik（1996）研究了美国的预算制度：之所以议会对于预算制度的选择存在巨大的差异，核心就在于不同预算制度在节约不同预算交易成本的潜力上存在差异。Epstein 和 O.Halloran（1999）分析了国会是否会将某些政策的决策权转移给行政机构的问题：在交易成本政治学的视角下，这被视为国会"自制–购买"问题，其决定性因素是不同政策领域中的政治交易成本的差异。

与交易成本政治学几乎相同，统治的理性选择理论的分析主要以这样的假设开始：假定一个"掠夺性"统治者的存在，那么，决定政治制度变迁的要素是什么。这一路径的学者假定，政治制度在本质上是为了实现"掠夺性"统治者的最大化收益，这些收益可能是税收的最大化，也可能是政治支持的最大化，或者统治的持续性。为了实现自身的收益最大化，统治者会跟自身的代理人、经济社会组织以及公民签订政治合同。但是，由于身处政治世界，合同的治理面临非常高的成本，于是，一系列政治制度逐渐出现，目的就在于解决政治交易过程的交易成本问题（Barzel，2000）。例如，Kiser 和 Barzel（1991）讨论了英格兰民主制度的兴起：统治者为了自身收益的最大化，将某些特权授权给某些政治经济主体以换取收入的最大化。为了保证承诺的有效性，民主制度被建构（Root，1989）。如果单纯从统治的掠夺理论来看，其基本理论预设与交易成本政治学具有内在的一致性，只不过其对权力的掠夺属性做了更为基本的假设而已。

2.1.2.2 权力、冲突与政治制度变迁

但是，由于政治世界的特殊性，"契约范式"的交易成本政治学遭到了坚持政治学传统视角的学者的批评。这一视角在承认理性人和制度的重要性的前提下，却对制度本身的功能做了更为宽泛和现实的假定：政治制度不仅是解决集体行动问题以及降低集体行动成本的手段，其也是强制和再分配的武器——政治制度的"阴暗面"。而当下有关政治制度的研究几乎都强调前者，对后者的关注则明显不够（Moe，1990）。这一路径可以被称为"冲突范式"。正如 Moe（1990）所言，与经济世界不同，政府权威是给定的而不是协商的，将交易成本经济学有关"节约交易成本"的范式应用到政治制度中的讨论是不恰当的。公共权威对经济社会事务具有事实上的垄断权（Moe，1984；1995），其具有"决定谁做什么的权利，无论他们是否愿意"，而政治问题则是公共权威的控制权分配问题（Moe，199；Levi，2000）。再者，给定政治制度的冲突性本质，效率作为一个评价制度变迁的标准就会大打折扣：从来都没有客观的效率标准存在，在政治世界，只存在"谁的效率"，或"谁的利益"这一问题（Vira，1997；Schmid，1987）。所以，以契约以及效率为基础的政治制度分析，在理论基础上是匮乏的。冲突性视角下存在三种理论路径：统治的理性选择理论、

统治的掠夺理论，以及制度变迁的权力理论。

第二个路径是统治的掠夺理论。统治的掠夺理论与理性选择理论是一致的：统治者会追求自身利益的最大化，但是对政治制度的假定存在差异。政治制度是统治者设计的、用以现实自身利益最大化的工具，而不仅仅是解决政治交易问题的工具，所以，政治制度在本质上是实现资源汲取的工具（North，1984；Levi，1988；Olson，2000）。如果统治者的权力根本上不受制约，其会以最大化自身利益的方式行事，此时，政治制度体现的是暴力组织更为完善的组织收益的最大化（Olson，1993）。决定统治者"掠夺"可能性的要件包括相对议价能力、特定政治制度的政治交易成本以及贴现率等（Levi，1988）。随着环境的变迁，政治制度的变革体现着相对议价能力的改变、交易成本的改变或者贴现率的改变。例如，随着某些具备平衡性能力的暴力团体的兴起，民主制度就会成为可能，其体现了相对权力的平衡，而不是对政治交易的治理（Olson，2000）。

以权力为基础的分析则更加关注政治制度变迁过程中的相对权力。以权力为基础的分析基于这样的假设：政治制度就是权力的结构化（Moe，2005），所以，分析政治制度，"需要理解权力的逻辑"（Olson，2000：2）。以权力为基础的政治制度变迁理论则强调政治制度的另一个侧面，即政治制度的分配属性（Knight，1992），其不同于政治制度的功能性侧面。从这一视角来看，政治制度在本质上是结构化再分配状况的结果。于是，制度变迁是一个不同主体之间的讨价还价过程，政治制度体现了权力结构和政治再分配的结果，而不是任何主体的利益最大化的结果（Bates，1989；Bates & Lien，1985；Libecap，2005）。例如，产权制度不仅决定了资源的用途，"同时也规定了财富和政治权力的分配"，所以，有关产权制度的变革不仅涉及生产性效益的增加，分配性收益的增加也是一个非常重要的考量（Libecap，1989）。在此基础上，给定权力结构和政治分配状况，政治制度会存在根本性的差异。或者，某些占据相应权力结构地位的主体可以策略性地应用其制度供给者的地位，以阻挠或者加速有利于自身的政治制度的变迁（Drobak & Nye，1997；Ruttan & Hayami，1984；Alston & Mueller，

2005；Freeny，1988）；或者，政治制度主体也可以策略性地利用其关键权力行动者的角色，以改变政治制度变迁的轨迹；或者，不同主体可能策略性地利用自身的相对谈判优势以获得更大的政治产出（Cooley，2009）。既然政治制度的核心不是生产性的而是再分配性的，制度变迁是社会成果分配引发的结果（Knight，1992）；那么，决定政治制度变迁的核心要素是权力结构，即相对议价能力的改变（North，1984；Levi & Carey，2000）。

2.1.2.3 其他视角的影响

如上所述，随着制度主义理论在社会科学的各个学科之内攻城略地，不同的制度视角也在逐渐融合，这种融合既体现在政治经济学内部，也体现在政治学和经济学对其他制度主义流派的借鉴上。从政治经济学内部来看，两个理论视角对于打开政治制度变迁的"黑箱"非常重要：一方面，基于制度环境和路径依赖的制度变迁理论，以及对于制度变迁的"过程－机制"研究；另一方面，政治经济学对其他理论的借鉴则主要体现在对历史制度主义的借鉴。

在政治经济学内部，制度变迁分析已经得到了非常强的整合。这种整合首先体现在对于制度变迁的过程－机制研究，这主要体现为 Bates 等学者坚持的"分析性叙述"的路径，这一路径将制度变迁过程视为一个复杂的主体互动过程——与制度变迁的权力互动理论相似。但是，与此不同的是，在这一过程中，不同主体拥有差异化的资源，带有差异化的利益诉求。这些资源和诉求可能是经济性的，也可能是政治性的，政治产出是不同主体相互讨价还价的结果（Bates，2005；1981）。其次，制度变迁的分析也逐渐将嵌入性理论和制度层次理论纳入讨论的范畴，而不再将制度环境视为"给定"的，或者"剩余解释项"。[1] 在嵌入性

---

1 如前所述，制度变迁理论的分析框架更多的是解释制度对于经济社会产出的影响，制度变迁本就不是分析的重点。而在对制度变迁的分析中，更多的学者坚持的是"微观"路径（如"契约论"），即个体互动怎样构建特定的制度安排，于是，在理性选择视角下，制度环境被视为"给定"的；或者，一旦无法充分解释，类似文化等制度环境就会成为解释的"剩余项"角色出现。

视角下，制度环境与制度安排之间存在根本差异。[1] 先前的制度分析主要强调主体的互动对制度选择的影响，但是，在嵌入性视角下，制度变迁过程深受制度环境的制约。按照 Willianmson（2000）的划分，制度至少包括四个层次：嵌入性层次、基本的制度环境、制度安排层次（治理机制层次）以及制度行为层次。虽然 Willianmson 对制度变迁过程中各个层次之间的相互影响并没有太过强调，但是，North 等学者的研究已经为各个层次之间的互动，特别是制度环境对制度变迁产生的重要影响做了非常重要的铺垫（Granovetter，1985；North，1990；Nee，2005）。制度环境之所以重要，首先在于制度环境构建了最基本的激励和约束机制，影响了制度安排的特征；其次，制度安排存在制度沉没成本以及报酬递增，所以制度具有"路径依赖"特点（North，1991）。这一路径也已经逐渐在政治分析中有所展现。[2]

近年来，历史制度主义作为政治学中制度主义最为重要的分支，已经成为理解政治制度最为核心的理论框架。历史制度主义共享"时间是重要的"的假设，但是，历史制度主义并没有一以贯之的理论视角，更多的是从理性选择或社会学制度主义借用某些要素，构建自身的理论框架，所以，即便是历史制度主义也存在"强黏性"（Sticky）以及"强行动"的区分（Bell，2011）。由于强调时间的重要性，路径依赖和危机情景成为解释制度变迁的核心（Krasner，1984），此时，先在的政治决策对于政治制度变迁的路径具有重要的影响（Thelen & Steinmo，

1　这典型地体现在 North 与 Williamson 之间对于制度分析的差异上。North 严格地区分了制度和组织，认为二者是"游戏规则和游戏参与者"的关系（North，1990：73）。但是，Williamson（1985；1996）的理论框架是将组织本身视为一种制度安排，讨论个人行为之间的互动如何影响契约治理机制，即经济组织。并且，这种区分也逐渐被广泛认可（有关这一问题的进一步讨论，参见：Richter，2005；Menard & Shirley，2005）。

2　例如，Spiller 和 Tomosai（2003）在分析阿根廷政策产出时，虽然仍然坚持了"制度的一般均衡"以及"交易成本"理论，但是，决定政策产出的核心变量是"基本的制度环境"。如果将政策产出视为"制度安排"的组成部分，这一路径就是典型的"制度环境 – 制度安排"路径。这同样体现在 Ghosh 和 Kathuria（2015）对印度的天然气政策的分析，以"交易成本"理论为基础，他们发现，制度环境对于天然气政策的选择具有非常重要的影响。

1992；Thelen，1999；Pierson，2000；Pierson & Skocpol，2002）。但是，历史制度主义最为重要的假设在于对于历史过程的强调，特别是对制度变迁的"中观机制"的强调，其被视为理解制度变迁，以及宏观 – 微观关系的基本机制（Bell，2011；Theleen，1999）。类似于历史制度主义自身的"借鉴性"特点，理性选择理论家也在充分借鉴历史制度主义的分析路径（Thelen，1999），特别是"强行动"路径。例如，坚持"分析性叙述"路径的学者就是借鉴历史制度主义分析的典型，只不过"分析性叙述"路径更强调微观的制度性互动和博弈过程。[1]

4. 评析

关于政治制度变迁，可得的是一个非常混杂且差异性的画面：不同学者基于不同的视角，解释不同的问题，最终将政治制度变迁理论切割得相当破碎。坚持理性选择理论的学者将政治制度视为解决集体行动问题的工具，以其功能解释政治制度。典型的，交易成本政治学将节约交易成本视为解释政治制度的关键机制。另一个坚持理性选择路径的制度分析则强调统治者的收益，以及政治制度对于解决统治者和经济社会组织之间政治交易的功能。[2]但是，"掠夺性"统治理论以及政治制度的权力理论则坚持将政治制度的分配效应置于制度分析的中心，政治制度是权力所有者最大化自身利益的体现，政治制度的变迁则体现为权力结构的改变。同时，随着新制度主义经济学的进一步发展，新的分析政治制度的路径也逐渐引入，其中，政治制度的过程 – 机制分析、制度环境在制度变迁过程中扮演的角色以及对历史制度主义的借鉴都是较为典型的发展方向。

1　例如，Greif 等学者的研究就是将均衡分析和演化分析与比较历史分析相结合的典型案例，其中，制度变迁是过去的经济、政治、社会、文化特征之间的相互作用所产生影响的综合（Greif，1994a；1994b；Greif & Laitin，2004）。

2　二者的区别在于，策略均衡达致的制度变迁（不存在第三方以及制度成本，制度成本消耗在整体过程之中是共享的和自我执行的）；以及，某些行动者发现可以通过制度变迁降低交易成本，从而有利可图（例如，这特别能够解释为什么存在多样化的经济组织，也可以解释国家在产权制度建构中具有如此重要的作用的原因）。注意，在这一视角下，特定制度变迁往往强调节约组织的交易成本，其实并没有考虑这一制度所涉及的更为复杂的主体。第三个视角是分配性视角：制度变迁往往是某些权力机构强化分配性利益的结果。

如果将政治制度视为一头大象，那么，每一个流派似乎都只是摸到了这头大象的一部分。第一，理性选择制度主义对制度的"效率"和功能的关注，以及以"交易"作为基本分析单位，可以有效捕捉制度变迁的微观互动部分。但是，政治市场的特殊性，政治制度的分配属性，以及权力互动在政治制度变迁过程中扮演的角色等却很难进入这一分析议程（马骏，2003；Nye，1997；Moe，2005；Caballero & Arias，2013）。即便是将政治制度视为策略均衡的稳定化，也需要充分认识到，策略均衡的达成是一个充满政治斗争的过程，特别是在多重策略均衡存在的条件下（Kuran，1995；Scott，1992）。先验性地假定策略均衡就是节约交易成本，或者是"次优安排"，忽视了均衡达成的背景和制度过程，这其实并没有解释制度变迁。正如 Moe 所言，"我们想知道制度的政治基础，而理性选择理论告诉了我们可以从交易获得什么"（Moe，1990：249）。第二，基于统治的掠夺理论的学者将制度视为一种再分配的过程，但是，基于"主体"而不是基于"关系"以及"制度"的分析很难将多样化的主体纳入政治制度变迁的分析之中，处于"弱势"地位的政治行动者似乎扮演着"被动者"的角色。但是，处于"被动地位"的群体可能采取的多种寻求制度变迁的策略重新结构化政治制度，此时，对制度变迁的过程的分析就具有非常重要的意义：谁，用什么机制，在多大程度上，有多大的可能性重构反映了权力结构的制度关系。第三，无论是权力理论还是理性选择理论都忽视了制度结构的解释力，[1]也忽视了制度变迁过程的"内生性"问题。这一状况非常值得深思：无论是理性选择还是权力结构理论，都将制度变迁视为一个"外生性"过程（Carey，2000），即制度变迁是"外部震荡"打破当下制度均衡的结果——无论是策略均衡还是权力均衡（Thelen，1999）。[2]但是，这样的路径既忽视了制度变迁的"内生性"过程，

---

1 正如 Coase（1999：5）所言，"在不同的国家和历史情境中，你会得到不同的答案……这取决于你所处的社会"。

2 例如，Davis、North 和 Smorodin（1971）分析制度变迁就将最为核心的变量界定为"相对价格"的改变，包括经济社会状况等。

也忽视了对外部环境的结构化，以及外部环境影响制度变迁的内生机制。第四，"过程－机制"分析强调对政治制度变迁过程进行分析的重要性，这样的分析对于解释特定的政策过程或制度过程非常有效，但其很难被理论化和结构化。更进一步，制度环境以及比较历史分析确实重要，但制度环境以及历史情境通过怎样的机制对制度变迁产生影响，这一关键的问题似乎还需要进一步理顺。

所以，要想得到一个完整的有关这一政治制度的"大象"的全貌，最好的方式是将不同的面貌组合起来。但是，这种组合并非每一个模块的"生硬"拼合，而是需要在更加统一的理论框架下，合理地借鉴不同理论视角所强调的分析要素和分析策略，从而构建一个更为整合的、解释政治制度变迁的理论框架。一方面，在契约论和冲突论的内部，整合性的努力正在发生；[1]另一方面，在新制度主义范式之内，"整合性"分析框架以及制度分析的"第二次"运动已甚嚣尘上（Campbell & Pedersen，2001；Hall & Taylor，1996；Immergut，1998；Peters，1999；Thelen，1999；朱德米，2007：29）。正如 Scott（1987）所言，"没必要把制度主义建构成与理性主义或效率主义相对立的理论，而最好把它融合进理性主义和效率主义之中，作为对其的补充和完善"。所以，以结构化的理论视角有效整合不同理论要素，是进一步建构政治制度变迁理论框架的关键。

2.1.3　政治制度变迁：整合性框架

无论在政治经济学理论路径内，还是在整体的制度主义范式之内，不同视角之间的相互借鉴和整合都是打开制度变迁黑箱的关键一步（Campbell，2004），而多路径的制度变迁理论也为整合性框架的提出构建了足够的理论"砖瓦"。借鉴 North（1990）的制度结构和制度安排的区分、Granovetter（1985）的"嵌入性"

1　例如，Moe（2005）就认为，"有关权力和理性选择的视角是可以'互惠'的"，而 Knight（1992）对于社会冲突和制度变迁之间关系的研究就是一个非常典型的尝试。同样，Moe（1984）在评论新组织经济学（交易成本经济学）在公共官僚机构的应用时，也认为"必须对组织经济学的模型进行实质性修正，并在此基础上进行大量的理论创新"。

视角以及 Williamson（1996；2000）的制度层次区分，分析制度变迁的框架必然
是一个层次性的框架。制度结构、制度安排、政治交易以及行动者共同构成了
这一框架的四个层次，高层次的制度可以影响低层次的制度，同时，低层次的
制度也会对高层次制度产生构建性作用（Menard & Shirley，2005）。政治制度
变迁主要的解释对象是处于中间层次的制度安排。[1] 遵循权力结构路径的假设，
政治制度不仅是解决集体行动问题的功能性设置，而且是一个实现政治再分
配的制度性工具，且这一内涵更为本质。所以，任何政治制度安排都是两种
要素——结构化的相对议价能力和契约的治理机制——的混合，二者是结构
化地整合在任何特定的政治制度安排之中的。在层次性框架之中，其受到处
于"底"的政治交易及其属性，以及处于"顶"的制度结构的形塑。

　　自下往上看，政治制度变迁体现为一个复杂的政治交易过程，或者说，该框
架的基本分析单位是政治交易，这是整个制度变迁理论的基础。政治制度是一种
结构化的政治交易关系，政治制度变迁是一个多主体的政治互动的过程，在特定
的政治交易场域之内展开（Scartascini，Carlos & Tommasi，2013）。但是，与契约论
不同，该框架给权力结构以优先地位。这体现在以下方面。第一，是对政治交易
的更为现实的假设。该框架完全采纳"掠夺性统治"理论的假定，所以，一项引
致政治制度变迁的政治交易必须以满足统治者，或者制度供给方的利益为前提。
第二，政治交易过程与市场交易过程存在根本差异，这也决定了政治交易过程中
的政治交易成本具有非常不同的属性，使得构建相应的"治理机制"困难重重，
这是理解政治制度变迁的关键。第三，从制度层次来看，制度结构以及由此决定
的相对议价能力会在根本上决定政治交易过程，所以，政治制度变迁深受原有的
权力结构，以及由此构建的相对议价能力的分配状况所影响。当然，政治交易的
契约治理机制也是政治制度的内在组成部分。特别是，给定政治交易的特殊性，

1　并非政治结构不是本研究讨论的范围，恰恰相反，中间层次的制度安排如何演化为制度结
　　构也是这一框架的组成部分。但是，这涉及制度的"升级"，远比"制度变迁"更为复杂。
　　对于这一问题，本章第四节会有进一步的讨论。

治理机制能否被有效地构建，以及治理机制的形式，决定政治制度变迁是否出现，以及变迁的形式。[1] 综上，政治制度变迁是一个由不同政治主体，基于自身的利益诉求，在特定的权力结构之下进行政治交易的过程；最终，一旦政治交易得以结构化——包括结构化的相对议价能力以及契约治理机制，制度变迁才会发生。

从上往下看，制度变迁则是被嵌入具体的政治社会制度结构以及外部环境之中的。政治制度结构包括政治制度结构和社会制度结构，二者共同构建了最基本的制度约束，既形塑了政治行为者的利益结构，也形塑了政治制度安排的两个基本要素：治理机制以及相对权力结构（Caballero & Arias，2013）。随着时间的演进，其会进一步形塑政治行为者的政治互动过程，并最终通过多种机制影响特定政治交易出现的可能性、结构化的可能性以及结构化的机制，从而对政治制度变迁产生影响（Bell & Feng，2014）。再加上，该框架假定政治制度变迁是在时间中延展的政治过程，在路径依赖的作用下，先在的政治制度会对制度变迁的路径产生"锁定效应"，从而影响政治制度变迁的形式和路径（Thelen，1999）。

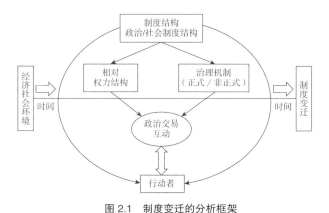

图 2.1　制度变迁的分析框架

1　但是，对于政治交易和经济交易的区分，笔者基本上赞成 Williamson 的判断。在对 Moe 有关政治市场分析的评论中，Williamson（1990：265-6）认为，政治市场的组织形式与经济市场的组织形式既存在差异也存在相似性。并且，如果"政治交易和经济交易具有差异，需要的不是抑制这种差异，而是揭示这种差异"（Williamson，1990：264）。但是，对于本研究的框架而言，这似乎并不重要，因为任何政治制度都是一种交易关系的结构化，而这种结构化的交易关系既是解决某些人之间的集体行动问题的，也是实现特定的结构化利益再分配的。

2.1.4 基本理论要素说明

2.1.4.1 制度层次问题

没有什么比制度的层次性假设更为在制度主义理论之中形成共识的了。无论是坚持理性选择路径的制度主义还是坚持社会学制度主义的制度主义理论，制度分析都将制度层次分析作为分析的基础，是整合不同视角下制度变迁理论的重要基础。[1]Simon（1996）甚至认为，无法层次化的对象是没有办法分析的；或者说，对象只有在层次化之后才能被更为深入地认识。本研究的框架正是一种整合性框架，所以，采纳层次性框架的预设不证自明。同时，采纳层次性制度理论还有一个更为重要的分析性功能。如果说，制度主义的兴起就是为了重新点燃社会科学中的宏观和结构因素之重要性的"热情"，那么，困扰所有社会科学的基本困境，即"微观－宏观"以及"结构－行动"问题，就会以新的面貌出现。制度层次预设虽然没有办法完全解决这一问题，但是，其构建的基本的分析性基础已经可以在"宏观－微观"以及"结构－行为"之间建立桥梁（Hanson，et al.，2004）。特别是，以 Coleman（1990）的"宏观－微观－宏观"过程理论为基础，可以构建一个更为精细的理论框架，包括宏观的制度环境如何形塑个人的偏好、资源和制度约束，再经由复杂的社会互动，最终形成新的结构性因素。如是，对于政治制度变迁，在制度层次理论以及"宏观－微观－宏观"预设下，既可以分析先在的政治制度结构对于政治互动（政治交易）过程的约束性和引导性作用，又可以以此为基础讨论政治互动最终逐渐被构建为相应的政治制度安排，甚至可能最终被结构化为新的制度结构的过程。

2.1.4.2 制度与行为者

在解释制度变迁的几乎所有的理论路径中，制度的"还原论"问题始终存在——或者是对利益结构的还原，或者是对权力结构的还原，而真正的制度变

---

1 在理性选择制度主义之内，除了本书所借鉴的 Williamson 和 North 之外，还包括 Osrtom（2006）的 IAD（制度分析与发展）框架；而社会学制度主义则将制度层次假设视为制度分析的根本（Scott，2008；Nee，2005；Dobbin，2005；2004；Fligstein，1990）。

迁的内在机制以及行动者扮演的复杂角色恰恰被忽视了（Peters，2011）。正如
Grannoveter（1985）所言，二者都没有给行为者在具体的情境下如何选择留下空
间，二者"既没有给行为恰当的角色，也没有给行为者创造他们自身的世界的机
会"（Fligstein，2001），这对理性选择理论而言似乎是个讽刺。[1] 对于个人行为假设，
本研究坚持方法论的个人主义，即任何制度安排都需要基于个人的利益和选择。[2]
在此基础上，首先，在现实世界中，卷入政治制度中的行动者都是利己的、机会
主义的以及有限理性的（Williamson，1985；March & Simon，1958）。其中，激励
因素是多种多样的，既包括经济利益和物质利益，也包括权力、地位、声望和合
法性追求等（Bates，1989；1990；Scott，1989）。并且，在有限理性下，这些激
励因素很难进行有效化约，或者说，不同激励因素之间的替代率很难计算，不同
激励因素之间的排序也不会满足序列化标准。其次，在制度与行为之间，还有另
一个问题需要解决：偏好是否具有一致性，或者说，偏好是内生还是外生的；在
制度变迁过程中，特定的制度偏好是否会出现。对于很多学者来说，这一问题似
乎是区分不同制度主义视角的根本。但是，越来越多的学者逐渐认识到这一问题
的复杂性。[3] 本书认为，制度环境确实结构化了个人的激励结构，但仅此而已[4]，
行动者的激励因素是多样的，同时，个人偏好结构也相对稳定。所以，行为者具
有充分的自我利益诉求，稳定的偏好以及有效的自我决策空间，并以此展开复杂

1　这非常类似于阿马蒂亚·森（2002）所提出的"理性的囚笼"：如果不存在不确定性，信
　　息是完全的，最终的结果就是给定的，如是，就没有理性计算的必要了。

2　所以，有关方法论个人主义和集体主义之间的争论，并不是本研究的分析范围；对于方法
　　论个人主义的可能存在的缺陷，本研究基本认可，但这并不构成本研究的核心关切。

3　例如，Thelen 和 Steinmo（1992）在早期就认为，"偏好形成的假设是历史制度主义和理
　　性选择制度主义之间的核心差异"，但是随后就放弃了这样的论断（Thelen，1999）。

4　我们可以认为，不同的制度结构也给定了核心的激励因素，这就是为什么许多制度主义者
　　将制度及其合法性视为作为核心的激励因素，并以此证明制度对于偏好和利益的决定性
　　作用（March & Olsen，1989；Powell & DiMaggio，1991），例如，观念和利益就很难分开
　　（Campbell，2004）。但是，即便承认利益也是演化的（Kalantaridis，2014），认为任何的
　　制度变迁都会改变行为者的偏好，这样的假设也是非常不现实的。

的制度互动，最终形塑了政治制度变迁（Bell，2011；Kalantaridis，2012）。

2.1.4.3　政治过程假设

如上所言，"还原论"的论断也没有给政治过程以及制度机制留下充分的空间。本研究的理论框架充分借鉴了政治制度的过程机制假设，将政治制度变迁视为一个不同主体参与的复杂制度过程（Bates，1989；Levi，1996；周雪光、艾云，2010；Scartascini，2007）。进一步，在层次性视角下，这一过程包括三个阶段。首先是制度环境的制约，具体的制度环境既赋能行动者，又约束行动者，从而构建了政治互动的基础。其次是政治互动过程，这包括两方面，一是权力动员，二是政治协商。随着交易的达成，契约治理机制得以建构，此时，结构化的制度变迁就可能实现。最后是制度变迁和制度化阶段。在制度变迁阶段，政治交易被相应的契约治理机制所结构化，并进一步结构化了相对议价能力和分配结构，从而实现制度变迁。在制度化阶段，中观制度安排可能被进一步结构化为宏观制度结构，进一步将制度变迁结构化。不仅如此，政治过程假设也可以有效处理路径依赖的机制问题。由于制度变迁是一个过程，一方面，原有的制度安排构建了最基本的相对议价能力以及可供利用的契约治理机制；另一方面，随着时间的推进，在政治场域之内，不同的行为者会基于先在的政治制度结构重构特定场域的行为规则和制度安排。所以，基于政治过程假设，可以对制度环境、路径依赖以及政治互动的理论过程和机制进行深入解剖，达到打开制度变迁"黑箱"的目的（Ostrom，2011；Bell & Feng，2014；Pierson，2004）。如是，制度变迁的"内部 - 外部"区分就不重要了：一方面，外部和内部变量是相互联系且共同起作用的（Blyth，2002：8；Bell，2011）；另一方面，所谓的外部因素需要通过相应的政治过程和理论机制得以说明，这必然是一个内部过程，且处于无限的延展状态中（Bell，2011）。

2.1.4.4　复杂性假设

制度变迁的复杂性假设，首先是指制度的多样性。制度变迁是在一个层次性的制度系统中展开的。一是制度层次的多样性，二是每一个层次之内制度形式和制度逻辑的多样性，使得每一个层次之内以及不同层次之间的互动机制存在非常多样的形式和机制。其次，复杂性假设还意味着不同制度主体存在的目标非常多样化，同时，由于存在多样性的制度形式，不同制度形式所承载的制度功能也具有多样性（Bates，1981；1989）。主体的多目标和多诉求，以及包绕主体互动的多功能制度形式，导致制度变迁过程充满了竞争、冲突和合作，制度变迁的机制也呈现非常复杂的面貌。最后，制度变迁的层次性假设和过程性预设，可以推导出一个非常重要的结论：制度变迁的碎片化假设。即，制度变迁可能并不是一个严格的从一种制度形式完全演化到另一种不同制度形式的过程，而是一个非常开放的、多种制度要素和制度形式和制度功能互动的过程。制度能否进一步结构化（例如，从非正式的、约束机制演变到正式的、强制性的制度安排），需要比较严格的条件。

2.1.4.5　制度与效率

本研究虽然在很大程度上借鉴了理性选择制度主义的理论假设和理论要素——主要是契约主义的假设，但是，对于理性选择制度主义，特别是坚持功能论制度主义的学者的一个最为核心的理论预设，即制度的效率假设，则采取了完全放弃的态度。制度的效率假设首先以社会总产出的最大化为基础，然后假定在存在交易成本的情形下，讨论制度安排对最大化社会总产出的效果。[1] 但是，有关社会总产出的假设对于政治世界而言，并没有太大的意义。制度变迁作为政治结果与经济社会总产出的最大化没有关系，既无法测度社

1　例如，布坎南（1989）利用维克赛尔标准对宪政选择的分析，Coase（1937）以及 Williamson（1985）所采纳的比较制度分析就是这一路径的代表。但是，正如 North（1990）所言，即使政治制度促进了谈判各方之间的交易，并不意味着结果是经济的。North（1981）指出，有两个原因可以解释为什么统治者会推行低效率的产权（这里的低效率产权是指未能导致社会总产出增加的规则）。第一，统治者面临的竞争约束。这意味着统治者将避免触怒与其他统治者有紧密联系的有权力的选民。统治者将同意使用有利于这些选民的产权结构而不考虑产权结构的效率。第二，即使有效率的产权能够带来更高的社会收入，但是由于很高的监督成本、度量成本和征收成本，这样的产权也不一定能带来很高的税收收入。

会生产力边界，政治交易的结果也没有任何指示最优结果，抑或次优结果达成的可能性。所以，对于社会总产出，以及对于特定制度变迁的经济或社会效率，该文持不可知论的假设。[1] 更为重要的是，不仅制度变迁过程中经济社会效率不可知，在真实的制度变迁过程中，社会产出的最大化可能从来也不是制度互动主体的激励因素。在方法论个人主义的预设之下，任何政治主体卷入制度变迁过程都是以个人或组织的利益诉求为基础的，他们是否按照假设的社会最大化利益行事，与其面临的制度激励体系有关，即与其面临的制度性约束体系相关。

2.2 主体、交易、制度安排与制度结构

上文的分析已经给出了制度变迁得以发生的理论框架，本书接下来将利用这一分析框架，对权能转移的制度过程进行深入分析。本研究的理论框架是一个层次性分析框架，其核心解释要件是在特定的制度场域之内制度变迁的过程。将政府权能视为一项有关政府和经济社会组织互动的制度约束机制，权能转移就是一个制度变迁的政治交易过程。在这一政治交易过程之中，给定原有的制度结构和制度安排，这样的制度变迁是怎样发生的，这是本节要讨论的问题。

2.2.1 作为政治过程的制度变迁

本书要讨论的是经济社会的治理权能转移的制度化问题，一旦最基本的对

1　Platteau（2008：443-462）讨论了理性选择制度主义的不同路径怎样解释无效率制度的问题，是这一问题的重要补充。但本书认为，如果对总产出或者制度变迁的效率问题持不可知论的假设，可以规避对制度变迁过程的效率评判，从而专注于对制度变迁过程的分析。特定制度变迁是否达到了制度效率非常复杂，既涉及"谁的效率"，还涉及效率的测度问题。

象是国家，制度变迁就必然是一个政治过程，需要给定国家的优先性，即给定特定制度安排的"国家利益分配"的优先性考量。再加上，对于我国而言，这样的转移过程主要是从政府转移到经济社会组织，政府的政治经济收益就更需要优先考量了。在这样的情形下，国家的收益 – 成本就是制度变迁是否可能出现的最为关键的因素。由于政治世界的特殊性，在政治制度变迁中，利益分配要素往往成为影响制度变迁的中心角色，如是，政府在制度变迁中扮演的角色就具有关键意义。在政治制度之中，政府往往扮演制度供给者的角色，在制度选择过程中，其总会选择最大化自身利益的制度安排，所以，只有满足政府的利益前提，政治制度的变迁才有可能发生。如是，在给定原有制度安排和制度结构的条件下，本书对政治制度变迁的研究是从国家利益开始的。然后，给定"掠夺性"国家所设置的最基本权能安排，经济社会组织也会以特定的利益诉求为基础，重构当下的治理权能安排。此时，经济社会组织与政府的利益结构，二者政治交易的属性所决定的政治交易成本，以及经济社会组织能否改变原有制度安排所构建的权力结构，并重构契约治理能力，是权能转移能否发生的关键因素。

2.2.1.1 作为理性行动者的政府

如上所言，该框架将政府的收益作为讨论的起点。在权能转移的过程中，只有在政府的收益大于成本的情形下，权能转移的政治交易才可能发生。这里对政府的界定是韦伯（2004）意义上的，它是指"所有那些占据公共职位的个体，他们凭借职位的授权或自身赋予的权力做出、执行对社会各部分都具有约束力的决定"。这一界定也与后来"新国家主义"范式中对国家的界定是一致的（Nordlinger，1981）。虽然可能有简化的风险，本研究还是将国家视为一个理性行动者（Bates，1981；Levi，1988），所以，政府在政治制度变迁过程中的统治收益成为制度变迁的原动力。

在理性行动者的假定下，按照 Coase（1990）将政府视为"超级企业"，以及 North（1984）将政府视为"歧视垄断者"的假定，可以认为，政府"通过向各个成员团体提供保护和公平，或至少是降低内部无序和保护产权以获得税收"（Coase，1960）。当然，获得税收的方式可以是非常多样的，除了"保护产权"，"公共物品"的供给也是换取税收的重要手段。如是，在制度供给过程中，政府的成本体现为提供秩序和公共物品——事实上，秩序或制度本身就是公共物品（Coleman，1990）——的支出；政府收入的主要形式是税收。成本和收益之差构成了特定制度供给变革过程中政府的收益。在提供秩序和公共物品过程中，政府的成本主要体现为两个方面：一是秩序供给和公共物品供给的直接经济投入；二是在保护产权、提供秩序以及供给公共物品过程中产生的，与"委托 - 代理"成本有关的组织成本。其中，组织成本是指政府在实现自身利益的过程中利用代理机构去执行法律，生产和分配公共物品，以及监督代理者所产生的成本。除了即期的政府收益之外，政府还会考虑自身的长期收益，这是以统治的长期维系为基础的，所以，在制度变迁过程中，政府也特别关心统治继续维持的可能性（North，1990）。综上，政府利益主要包括两个维度，一是国家岁入的最大化，二是政治支持的最大化。[1] 政府的行为选择基本上以这两个目标为基础，策略性地利用各种制度手段。从收入增长层面来看，这些手段既有可能是纯粹的掠夺——体现为政府的强制性再分配性，也可能通过保护产权、维持经济社会秩序以增加税基。从降低支出层面，政府可能降低公共物品的供给水平，降低总体的支出水平；也可以创造各种条件——如建构"准自愿服从"机制——降低统治的组织成本（Levi，1988）。

特定经济社会事务的治理制度安排，即一种权能分配状态，体现为国家为优化自身政治经济收益的制度设置。为了实现政府的治理目标，政府会通过多种方式，其中最为核心的就是设置一系列制度，以满足自身政治目标。例如，从经济方面来看，国家可能利用市场，或者利用国有企业来实现自身

1　例如，Giddens（1985）将国家所需的资源划分为"权威型资源"（authority resources）和"分配型资源"（allocative resources）；周冰和钟玉文（2012）的研究认为，从长期来看，获取政治支持本身也是为了提高贴现率，从而在从长期来看增加税收收入。

经济目标,以获得更大的政治经济收益。类似于组织经济学中的"自制－购买"决策,经济社会事务治理制度的改变在本质上也是政府最大化自身政治经济利益的手段。对于政府而言,任何经济社会治理权能都可能既存在成本,也能获得收益。如果特定经济社会治理权能能够进一步细分,假定其他因素给定,政府会精心挑选那些可能实现自身收益最大化的权能组合,构建政府职能系统。对于国家来说,改变这样的权利束,最为核心的考虑是:在新的经济社会条件之下,政府是否发现新的机会,甚至可能改变其偏好,从而增大其统治收益(例如,随着市场经济的兴起,增加税收就是增加其收益的一个非常有效的手段),或者降低统治者的制度成本(例如在政府内部重新划分权力结构,从而降低统治的制度成本);或者进一步降低"不必要"的公共产品供给,从而降低治理成本;甚至,为了进一步增大其利益而"自缚双手",从而改变贴现率预期。

2.2.1.2　政治交易成本

任何以满足政府收益最大化为目标的政府权能设置,其本质上都是以扩大自身政治社会收益为目标。但是,不同的制度安排会产生不同的政治经济分配结果,产生不同的政治经济社会影响(特别是对资产等的影响),这既会对政府的"掠夺潜能"产生限制性影响,[1]也会给经济社会组织重新协商权能分配提供机会。或者说,即便特定的政府权能安排都是以满足政府的"掠夺潜能"为目标,经济社会组织永远都不会坐以待毙。[2]经济社会组织会利用非常多样化的策略实现特定政治制度安排的重构:从隐性的不作为——如"弱者的武器"(Scott,1985)——到协商,再到最终的社会运动和反抗,不一而足。甚至可以说,任何经济社会组织针对国家的行动,都是重构政治制度的组成部分。广义上而

1　这也是为什么政治经济资源的特点会对政府制度产生影响,即资产的流动性增大会对掠夺性潜能产生抑制作用(Bates,1985;North,2005)。

2　这也是"国家中心"理论遭遇批判的原因。正如在文献讨论部分所言,以"掠夺性的国家"为基础的制度变迁理论没有给经济社会组织在制度变迁过程中扮演的复杂角色,以及其改变制度安排的可能性和机制做出说明。

言，这些重构权能分配的行为都是一种政治交易。所以，在制度变迁过程中，政治交易成本就成为影响特定权能安排的最关键变量。[1]

理论上，就算政府是"掠夺性的"，政治制度是分配性的，如果政治市场是有效的，制度变迁的效率结果仍然是可得的（North，1990；Parisi，2003）。所谓有效的政治市场，是指选民能够精确地评价政策净福利，政治交易过程可以对政策损失的主体进行补偿从而保证没有任何一方受损，如是，"政治科斯定理"就可以成立（Vira，1997；Libecap，1989）。但正如"科斯定理"所强调的，经济世界是有交易成本的，交易成本的存在使得初始权利的界定变得重要（Coase，1960）；同样，政治市场上交易成本的存在也系统地影响制度变迁向效率方向演进的可能性（North，1990；Acemoglu，2005）。所以，一旦制度以及制度的分配效应给定，制度变迁就是一系列利益相关者在特定政治场域内讨

1　注意这里的交易成本与 Levi 和 North 界定的交易成本的区别。Levi（1988）和 North（1984）的交易成本是指政府为了最大化自身岁入所产生的"测量、代理、监督"的成本，这最好不要界定为交易成本，界定为"组织成本"更为合适——正如本书所采用的。这一界定方法也采用了 Frubton 和 Richter（1992）的界定方式，他们将交易成本划分为组织内交易成本、市场交易成本以及政治性交易成本，本书基本上采用了他们有关"政治性交易成本"的界定，将交易成本视为"调动政治资源改变制度设置的成本"。但由于他们是在经济学的角度讨论政治性交易成本的问题，所以也与这里所界定的交易成本有所区别。在政治世界，产权制度的变迁不是通常的交易成本（规则之下的交易成本），而是针对规则本身的交易成本，这是需要分开论述的。如是，"政治交易成本"、市场交易成本以及组织交易成本是有区别的。很显然，产权－制度理论视角之下的"产权的成本"（市场交易成本）并不是这里关注的核心内容，产权制度变迁的成本才是本研究关注的核心内容。并且，即便在新制度主义经济学中，交易成本也包括两个方面：一方面与 Coase（1937）对交易成本的界定有关，即"使用价格机制的成本"；另一方面，Demsetz（1968）则根据产权理论，将交易成本界定为"交换所有权的成本"。随着产权理论和交易成本经济学的发展，制度经济学对于交易成本的界定更为宽泛，其包括所有与 a）制度或组织的建立或变迁，以及 b）组织或制度使用的成本。在一个自主性社会中，制度和游戏规则的建立、实施和重构——如果重构是必要的话——代表着与第一类交易有关的成本和活动。"由于经济学家们对企业和市场的兴趣比对宪政问题和政府基本设施问题的兴趣更大，所以，相对来说，第二种类型的交易成本在文献中受到了更大的重视"（Furubotn & Richter，1992：8-9）。所以，本研究对于政治交易成本的分析，也算是对第二类交易成本问题的重要推进。

价还价的结果（Libecap，1989），此时，政治市场内的交易成本扮演了重要角色（Bates，1989）。给定政治交易的潜在可能性，不同政治交易主体仍需要寻找交易对象、建构交易方式、进行政治谈判以及事后契约执行，这与经济市场中的交易成本非常类似（Coase，1960）。并且，由于政治市场更高的"不确定性"（Moe，1995；Spiller，2008），在信息不对称、有限理性以及机会主义约束下，跨期政治交易面临更高的成本（Dixit，1996；2003）。所以，在多人政治交易情境中，政治交易成本成为制度变迁的最大障碍。政治交易达成的可能性和政治交易的治理机制，影响了制度变迁的可能性和特定形式。

与市场交易成本的界定类似，给定机会主义、有限理性以及信息不对称的假定（Williamson，1985；1996；Dixit，1996），按照政治交易过程，可以将政治交易成本分为三个维度：交易达成前的政治动员成本、交易中的谈判成本和交易后的契约治理成本（Dahlman，1979）。三种政治交易成本都可能十分高昂，导致政治交易难以达成。首先，改变特定权能分配的制度变迁可能需要集体行动，或者说，制度变迁在本质上就是一个"二阶集体行动问题"，因为，集体行动所引致的制度安排在本质上是一种"公共物品"，在行动的过程中会存在"搭便车"问题。正如 Dixter 和 Olson 对于"政治科斯定理"的模型化所展示的，"政治科斯定理"依赖于"两阶段"假设：政治组织的出现以及政治共识的达成。即便认为达成共识性契约相对容易，集体行动中的"搭便车"问题仍然会成为"科斯式政治契约"达成的关键障碍（Dixit，2000）。这也正是很多理性选择理论学者对集体行动问题如此感兴趣的原因：只有跨越集体行动障碍，才能实现分散利益主体的组织化；只有实现利益组织化，才能构建真实的具有政治行动潜能的政治行动主体，针对政府的政治交易才有可能出现（Levi，2003；Levi & Murphy，2006）。所以，政治交易成本首先体现在组织成本。甚至在政治交易过程中，界定制度变迁的收益和损失也是一个非常困难的过程。所以，组织成本主要与两个因素有关：利益识别的困难程度以及群体的规模，且二者相互加强。随着群体规模的扩大以及组织机制的缺失，识别利益相关方并将其构建为一个有效的行动主体可能需要高昂的组织成本，这正是组织良好的利益主体往往占据分配性优势的重要原因（Knight，1992；Bates，1981；Wood & Bohte，2004）。

交易成本的第二个组成要素是契约达成的成本。契约达成成本主要包括两个方面——政府利益确定的成本和议程设置成本，这发生在政治交易的第二个阶段。从利益确定的视角来看，如上所言，在给定的权能分配状态下，政府的收益必须满足。但是，给定政治目标的多样性以及政治目标的非精确性，在政治交易过程中，政府的确切收益很难界定（Alston & Mueller，2005）。再加上，作为一种"权力束"的政治权力"很难被转让"（杨瑞龙、邢华，2007），此时，政治交易成本可能会更高。[1] 即便政治行动主体能被组织成潜在行动主体，政治交易是否能达成仍然是不确定的。要进入政治交易议程，需要多方面的政治努力，一旦议程设置成本过于高昂，某些替代性的政治行动可能成为首选，而某些政治交易可能永远无法出现。[2]

最后，如果潜在的政治行动主体已经被组织起来，集体行动的障碍已经被克服，且相关政治交易也进入了政治议程，且政治交易已经达成；但政治合约

---

1 这首先与经济收益和政治收益之间"通约"的可能性有关。例如，多大程度的"掠夺"可能引起多大程度的反抗，这一问题可能永远没有确切的答案，而一旦某些政治社会变革涉及政治优势的分配时，政治交易将更难实现。某些制度变迁虽然可能不会影响在位者的利益，但仍可能改变原有权力优势，此时，政治交易成本非常高昂，这被称为"政治交易中的弱者定律"（Robinson & Acemoglu，2000）。并且，某些社会制度在本质上是以特权者的利益为基础的，此时，"购买这些权利的交易成本是巨大的"，因为这样的交易"并不像交易一种产权"（张五常，1999）。特权的失去将是分配优势的永久丢失，这样的价值永远无法计算。在西欧历史上，小资产阶级的崛起虽然没有降低地主的收益，但资本主义的土地产权变更仍然困难，因为这使得大地主在政治上永远失去了相对政治优势，即便这种补偿确实可行，政治交易也很难达成。

2 如上所言，为了改变当下制度安排，经济社会组织或者公民可以采取的策略包括：漠不关心 → 谈判 → 集体行动 → 社会革命，这些行动都可以被视为政治交易。对于组织化的经济社会组织而言，不同行动的成本－收益决定了某些政治交易形式更有可能出现，对于这一问题的进一步讨论，参见相对议价能力对政治交易的暴力性的影响。

的有效执行也会成为政治交易最终被制度化的关键障碍，如是，政治交易成本还包括第三个维度，即契约执行成本。假定存在有限理性、机会主义行为和信息不对称，即便契约签订，政治交易本身的事后执行仍然面临根本的障碍，此时，利益相关方必须建构相应的契约治理机制，达成的政治契约才有可能被执行——例如国会中的委员会（Weingast，1989）。但是，由于政治世界的特殊性，政治交易呈现与经济交易之间的本质性差异：政治权利的界定过程具有高度的不确定性（Moe，1995），政治交易被保护的可能性更低，[1] 政治交易过程引入第三方治理的可能性更低，且成本更高（Knight，1992）——而这本是经济交易治理的"终极归依"（Williamson，1985；1996）。既然第三方治理很少出现在"治理机制菜单"中，政治交易的达成更依赖于交易双方的可信承诺。于是，可信承诺被治理的可能性，以及可信承诺的治理机制对政治交易的达成，以及政治交易的最终结果会产生重要影响（Caballero & Arias，2013；Dixit，1996）。综上所述，给定政治制度的分配效应，改变制度安排的交易成本成为影响政治交易的可能性，以及制度变迁的最终形式（表现为特定的治理制度）的最重要影响因素。

2.2.2　权能转移过程中的主体和利益

假设特定经济社会治理职能已经被分配给了政府，可能由于经济环境的改变，某些经济社会组织发现将这一治理权能重新转移给经济社会组织是有利可图的；那么，这样的权能转移交易是否会出现呢？如上所述，在本研究的框架下，有关治理权能分配的政治交易需要一系列非常复杂的条件。首先，这样的交易必须优先考虑政府的收益，只有在政府的收益被满足之后，这样的制度变迁才有可能。其次，需要考虑经济社会组织的收益，一旦经济社会组织发现有利可图，这样的政治交易就有可能实现。所以，这种交易达成的首要条件是卷入政治交

1　不同于市场，政治交易很难通过法律体系来保障。

易的不同主体的收益矩阵，不同的治理权能可能存在不同的收益矩阵，这是导致政治交易能否出现的前提条件。最后，这与政治交易的类型有关，不同的政治交易可能涉及非常不同的交易成本，从而导致政治交易存在差异。二者共同决定了政治交易达成的可能性。

2.2.2.1　利益结构：政府与经济社会组织

任何治理权能的分配在本质上都是一种针对经济社会事务的制度安排，任何治理权能既可能产生收益，也会产生成本。如上所述，给定基本的制度结构，政府会选择最优的治理权能组合，并将其变为政府职能，以实现自身政治经济收益的最大化。在权能转移过程中，政府的收益与三个要素有关：可能带来的经济收益（主要是税收收益），可能实现的成本节约（包括直接成本和间接成本的降低），以及能否提高政治社会稳定，实现政治收益的最大化。一般来说，政府职能的设定包含这样的逻辑：那些可以提高政府收益、降低政府支出以及最大化政治支持的权能或权能组合最终被制度化为政府职能。如是，在治理权能转移过程中，政府的利益考量主要包括三个方面：税收的最大化、公共开支的最小化以及社会反抗的最小化，这构成了权能转移过程中政府的基本激励因素。

在进一步讨论之前，需要对政府的收益结构以及激励因素进行说明。首先，对于中国政府而言，激励因素是非常多样的，但是，这些激励因素总体上是可以追踪的，具备可分析性（谢志岿，2011）。同时，不同层级政府的激励结构存在差异：对于地方政府而言，上级政府构建的激励结构非常重要。为了当下分析的简便，本书假设，无论是地方政府还是中央政府，上文所述的三方面的权衡构建了特定治理权能转移的激励结构（Gunter & Ahlers，2012）。[1]其次，社会稳定以及政治风险非常难以界定，这会使收益明晰程度更为降低

---

[1]　本书的假定是，特定的政治治理权能转移可能发生在任何政府层级。在特定政治交易场域内，作为交易主体的政府，其核心的利益考量主要包括这三个要素。对于不同政府层级的差异问题，只有当特定制度变迁超越特定政府层级之后，才会在分析上扮演分析性角色。

（Tsang，2009）。当然，即便是特定权能转移的经济收益，其也很难完全界定，再加上二者可能存在替代效应，"替代率"就更难以确定了。但是，在具体决策过程中，一方面，即便没有严格的"理性"，这些激励因素仍然以一定的相对权重存在于决策过程之中；另一方面，这也给不同时期以及不同政府的决策提供了"自由裁量权"，这往往是某些制度变迁得以"启动"的关键。

同样，在一个治理权能转移中，经济社会组织也不是被动存在的，经济社会组织也有自身的利益考量。对于我国而言，随着经济开放的加速，各种利益集团也逐渐成为政治生活的重要组成部分（陈水生，2012）。于是，特定经济社会事务的治理权能是否转移，会在政府组织与经济社会组织之间构建一个收益矩阵，这一收益矩阵是特定治理权能是否可能被转移的基本条件（如表2.1所示）。根据政府收益以及经济社会组织收益，在特定治理权能转移过程中，可能存在四种利益结构，在不同的利益结构下，权能转移的可能性存在根本差异。

表 2.1　政治交易的收益矩阵

		政府收益	
		+	−
经济社会组织收益	+	①	②
	−	③	④

在情形①中，特定治理权能的转移既可以增加政府的收益，也可以增加经济社会组织的收益，此时，政治交易将激励兼容。一旦政治交易成本不是特别高，权能转移是非常容易实现的。例如，对于处于亏损状况的国有企业，政府放弃其所有权和决策权就是有利可图的；不仅如此，这种"放权"对处于亏损状况的国有企业可能也是有利可图的，于是，这样的政治交易可能很容易达成。不仅如此，在这种激励结构下，政府组织甚至可能主动承担交易成本，更为积极地优化职能设置。例如，随着市场范围的扩大，政府会有更大的可能性从"市场主体"中获利。此时，政府不仅有动机放弃属于自身的治理权能，还可能建立更为完善的经济治理职能以促进这一过程实现。

但是，激励兼容的情形相对少见，更为常见的是情形②，即权能的转移对于经济社会组织是有利可图的，但对于政府来说可能是损失。一般假设是，在这样的情形下，政治交易的达成需要"补偿机制"。但是，由于初始交易的不对称，经济社会组织需要构建一系列机制解决交易成本问题。所以，这样的交易能否达成，将是一个非常巨大的挑战。这样的权能类型非常多，例如社会组织的控制权问题。将社会组织的控制权转让给社会组织对于社会组织而言是有利可图的，但社会组织可能会成为社会风险的来源，此时，这一政治交易就会呈现非常复杂的情况。

在情形③的激励结构下，政府会发现继续保留某些治理权能是高成本的，将其转移就会是最为妥帖的方案。但是，由于经济社会组织也不会有激励去承接这些权能，此时，这一权能就可能被置于"公域"，成为政府"甩包袱"以及经济社会组织逃避的对象。许多基本权利保障就是典型。这些保障本质上是社会负担，此时，这些治理权能最终是否会回到国家，抑或继续被置于公域，取决于政治交易能否达成。如果政治交易最终达成，治理权能会重新"退回"到政府手中；或者，其将被继续置于公域，被零散的、碎片化的经济社会组织和非正式的社会制度治理。

与其他情形不同，在情形④所构建的激励结构下，治理权将非常稳定地掌握在政府手中。最为典型的案例是国防：政府垄断暴力的供给，任何经济社会组织都没有动力提供国防服务。

2.2.2.2 交易类型

如上所述，治理权能的转移是一个政治交易过程。但是，这样的交易能否达成，首先与政府组织和经济社会组织在这一交易过程中的收益结构有关；其次，要达成政治交易，需要解决政治交易成本问题，包括政治组织成本、契约达成成本以及契约治理成本。如果从"政治科斯定理"出发，得到的结果是社会总产出的增加；但是，给定复杂的交易成本问题，具有增加社会总产出潜能的政治交易可能无法实现，这与政治交易的类型和特点有关。对于中国而言，大多数情形下，都是由经济社会组织承担政治交易成本（与先在的制度环境有关），此时，经济社会组织与政府之间的交易属性就具有非常重要的意义。影响政治交易成本的两个核心因素是交易的人数和政治利益的可测量性（Spiller & Tommasi，2005）。以此为基础，影响我国治理权能转移的政治交易成本的因素主要包括两个方面：交易主体的分布以及经济社会组织的政治需求。二者共同决定了在特定权能转移过程中政治交易成本的类型和大小。

交易主体的分布对于政治交易达成的可能性具有基础性的影响。一般而言，可能仅仅是单一的经济社会组织与特定层级的政府进行交易，这种情形，本书界定为分散性缔约；或者，经济社会组织需要作为一个整体与特定层级政府进行缔约，这样的缔约称为整体性缔约。虽然经济社会组织的整体性程度，以及政府组织的整体性程度均是连续性变量，但是，为了简化讨论，本书重点关注两种情形：分散的、少量的经济社会组织与地方政府之间的政治交易，我们将这种缔约称为分散缔约；或者，作为一个整体的经济社会组织与整体的政府进行缔约，我们称之为整体缔约。对于单一经济社会组织与中央政府的交易，抑或地方政府与作为整体的经济社会组织之间的缔约似乎并不常见：要么交易很容易达成，要么是"无效率"的。

其次，给定交易对象，政治交易的达成也与政治交易过程中的"标的物"有关，一般体现为经济社会组织的利益诉求。交易的诉求主要包括两个方面：经济性诉求和权力性诉求。经济性诉求是指经济社会组织具有明确的经济社会要求（例如经济补偿），或者具有明确的经济潜能的诉求（例如，企业的经济自主权）；权力性诉求具有两个特点，一是整体性，二是政治性。所谓整体性，是指诉求无法进一步拆分，无法被进一步分解成更为具体的"权力"。最典型的是"人权"——甚至可以说，人权在本质上也是一种"权利束"，其规定了在政府 - 公民互动过程中政府需要遵循的一系列基本规则。"人权"作为一种权力设置，虽然可以进一步拆分成政治权力、经济权力以及社会权力等内容，但是，一旦其作为一种政治诉求出现，往往难以进一步拆解。或者，这样的权力性诉求本身就是经济社会组织打包其利益诉求的一种制度性策略,其具有"聚合利益主体"、结构化利益诉求的功能。所谓政治性,是指其可能具有威胁政权稳定的潜能。例如,很多社会组织权力就具有这样的属性。

经济社会组织的政治诉求和政治交易主体的分布共同影响了政治交易成本的分布。于是,根据交易主体分布的"分散性-整体性"以及经济社会组织诉求的"经济性-权力性",可以划分四种政治交易类型。不同政治交易类型的政治交易成本存在差异,契约达成的可能性、政治契约被治理的可能性,以及针对特定政治交易所呈现的制度安排也就存在差异。如表 2.2 所示,情形①是分散的经济性缔约。此时,由于卷入政治交易的主体较少,经济性诉求无论是利益还是潜在的影响都相对容易测度,所以交易成本最低。情形②是指分散性的权力性缔约。此时,虽然缔约是在少量的经济社会组织与政府之间进行的,但权力性诉求可能导致转移过程中利益无法明确界定,转移的政治经济后果也难以确定。此时,政治交易可能面临较高的政治交易成本。情形③是指整体的经济性缔约。对于政府来说,经济性缔约相对容易判断潜在的成本和收益,但分散性缔约必然带来高的组织成本。此时,是否存在一定的组织结构以降低政治组织成本就非常重要。最后是情形④,即整体的权力型缔约。一般而言,这样的缔约既面对高昂的政治组织成本,又面临利益界定难题,是交易成本最高的情形。

表 2.2　政治交易的类型

		经济社会组织的诉求	
		经济性	权力性
交易主体的分布	分散性	①	②
	整体性	③	④

2.2.2.3　报酬矩阵和政治交易:可能的情形

在权能转移的政治交易之中,决定特定政治交易能否达成的关键因素是政府组织和经济社会组织的收益结构,以及特定政治交易的交易成本状况。在不同的权能转移中，收益结构和政治交易成本都存在非常重大的差异，这决定了特定政治交易达成的可能性。在不同收益结构、不同交易成本分布情形下，政治交易达成的可能性存在什么样的差异呢？如果按照 4×4 进行组合，那么可能得到 16 种状态，这使分析变得异常复杂。但是，某些情形出现的可能性是非常低的，所以，可以按照一定的标准去除某些情形。首先，某些稳定的均衡是不需要政治交易就可以实现的。例如在某些权能转移的交易中，无论是经济社会组织还是政府都无利可图，此时，政治交易不可能出现。其次，一旦涉及"权力型"交易，政府的收益结构即便不是"负"的，也是难以测量的。如是，可以得到如下几种情形。

在"激励兼容型"交易中，主要交易情形包括两种。一是分散性的经济性缔约，此时，政治交易成本最低，政治契约几乎可以达成，权能转移基本上可以实现。二是整体性经济性缔约，此时，政治交易能否达成与收益的大小以及政治交易的组织成本有关。但是，随着时间的演进，这样的政治交易是比较容易达成的，权能转移实现的可能性非常高。如果收益较高，政府甚至有充分的动机承担制度变迁成本，从而提高自身的经济社会产出。例如英国政府市场化国有企业。

在政府"甩包袱"的利益结构之下，权能能否转移取决于经济社会组织或公民是否有能力实现政治动员，迫使政府"收回"被置于公域的治理权能。如果是分散缔约，一定的经济社会组织有可能达成政治契约，迫使政府重新承担某些治理权能，此时，程度和范围有限的"政府职能"将是可能的。例如，最基本的社会保障功能是政府很难逃避的。但是，一旦上升到整体性缔约，由于交易成本太高，要达成政治交易，需要更为复杂的条件。此时，更为可能的情形是，治理权能被置于公域，没有任何组织承担。

在更为常见的"政府受损 – 经济社会组织受益"的收益结构中，不同类型的政治交易可能达成吗？首先讨论经济性缔约的情形。在此情形中，问题的关键在于能否"补偿"政府：这种补偿既有可能是正向的（更多的收益），也可能是负向的（反抗）。在分散性缔约中，经济社会组织与政府交易达成最优解是有可能的。只要交易成本（在分散性缔约中相对较小）加上经济社会组织对于政府的补偿可以显著小于权能转移对于经济社会组织的收益提升，这样的交易就较为容易达成。但是，在整体的经济性缔约中，这一类型政治交易的实现就会面临巨大阻碍。此时，由于要承担"补偿政府"的任务，特定经济诉求可能完全是分散的，要聚合分散的利益诉求需要非常高的组织成本；同时，分散的经济社会组织也将会对利益的有效界定带来困难。

最后是权力型缔约。分散的权力性缔约由于较低的交易成本，达成的可能性较高，但这样的契约可能是非常分散的。例如，不同的地方政府对于社会组织的权力规定可能存在非常基本的差异，但仍然可行。然而，整体性权力缔约将会非常困难：利益界定的困难、交易主体组织的困难以及契约治理的低可能性，使具有"社会契约"和"宪政"性质的整体性权力缔约很难出现。然而，在很多情形下，恰恰需要以权力型交易打包整体性诉求，这进一步降低了整体性权力缔约的可能性。

2.2.3 制度安排

一方面，权能转移的政治交易与收益结构，特别是政府的利益有关；另一方面，政治契约的达成与特定政治交易场域之中的制度安排有关。制度化的契约安排不仅需要契约的达成，还需要一定的制度安排实现特定政治交易的制度化，即从一种结构化的权能分配状态转移到一种新的、结构化的权能分配状态。这样的制度安排可能存在多样化的形式，从零散的非正式协定，到正式的甚至是组织化的机构来结构化特定权能结构的分配，不一而足。这样的制度安排包括两个相互联系的属性：结构化的相对议价能力（相对权力结构），以及结构化的契约治理机制。再者，制度变迁是一个过程，这一过程是在当下的制度设置之内实现的。所以，首先，在制度变迁过程中，相对议价能力会对政交易过程产生非常重要的影响；其次，是否存在有效的契约治理机制也是非常关键的问题。

2.2.3.1　作为契约治理机制的制度

政治制度是结构化的政治互动规则，即结构化的政治交易状态。制度安排的首要功能就是作为契约治理机制解决政治交易过程中的交易成本问题，包括信息不对称、存在"敲竹杠"以及跨期交易中可能存在的机会主义行为和道德风险等。一旦存在契约风险，能否构建相应的契约治理机制对政治交易具有非常重要的作用。契约治理机制主要与契约的事后治理有关，即在跨期交易存在的情形下，其可以保证政治承诺的执行。对于特定的政治交易而言，解决契约治理问题的制度安排是非常多样化的。特定制度安排的选择，既与政治交易的属性有关，也与政治交易所嵌入的先在的制度安排状态有关。

任何契约治理机制都包括至少两种类型：自我治理以及第三方治理（Williamson，1985）。自我治理在政治世界中最为常见：经济契约相对可能低成本治理的核心原因就在于，政治制度和政治主体提供了第三方治理机制，所以，相对而言，经济契约更容易被治理。但是，在政治世界，缺乏有效的"最终权威"，所以，自我治理更为常见。于是，依赖于合作博弈和重复博弈，承诺与约束扮演了基础性角色（Dixit，1996）。随着时间的演进，基于长期契约的自我治理机制更有可能出现（Greif，1994）。但是，在政治契约治理中，独立的第三方仍然可能出现。例如，法院可能作为独立的第三方，成为解决经济社会组织与政府之间交易的基本治理机制。同时，契约治理机制的另一个划分维度是治理机制的正式性。正式的契约治理机制是指国家颁布的各种正式的法律规则。一般情形下，正式的制度规则都有独立的法院系统作为制度的最终裁决人。非正式的治理机制是指经济社会组织在与政府互动过程中形成的一系列信任、信誉、惯例以及非正式规则等，其相对灵活，没有获得正式的国家权威的认可，但仍是影响政治交易的重要力量（Pejovich，2012；Waylen，2014）。

于是，按照"正式－非正式"和"自我执行－第三方治理"两个维度，可以获得非常多样化的契约治理制度安排类型。在政治交易中，非正式的自我治理体现在一系列的"非正式交易"之中，包括各种非正式的制度安排、社会关系和社会网络，也包括政治信任网络、信誉等机制（Dixit，1996；黄新华、李凯，2011）。正式的自我治理是一系列正式制度安排，这样的制度安排规定了特定经济社会事务治理中政府与经济社会组织需要扮演的角色。因为自我治理依赖于激励兼容的长期互动，所以，对于自我治理的政治交易而言，正式制度只不过是将非正式制度进一步明确化和结构化而已。正式的第三方治理首先来自法院，如果是独立的法院，降低交易成本的能力会更强；正式的第三方治理还包括另外一种情形，即将政治交易纳入一个独立的组织结构中，可能是委员会，也可能是独立的公司。总体来看，除了在历史特定时期可能存在地方精英作为独立的第三方处理政府与经济社会组织之间有关基本经济社会事务之治理边界的政治交易，在现代国家，非正式的第三方治理基本上不存在。当然，这些治理机制包括各种组合关系。例如，在正式政治制度庇护之下，可能存在非常多的圈子、社会关系与非正式制度安排，从而保证合法或非法的政治交换得以实现。这种交易可以实现经济社会事务治理权能"事实上"的转移，同时，不会损害政府的基本利益；这也是政府交易得以达成的基本前提。

无论是正式的制度安排还是非正式制度以及信任等，都是一种降低政治交易成本、解决事后契约执行的机制，其也会在根本上影响政治交易过程。所以，治理机制出现的可能性，以及被建构的类型，在很大程度上决定了合约被治理的可能性；或者说，在治理权能转移过程中，最为基本的在于能否建构相应的契约治理机制保证政治交易的制度化。这样的制度化结构既与经济社会组织和政府互动的过程，特别是政治契约自身的属性有关，也与先在的制度安排有关。在这一过程中，新治理机制往往是创造性地再结构化原有制度安排的结果。

2.2.3.2　权力结构

政治制度变迁确实是一个内部不同主体之间的协商和谈判的过程，但是，需要进一步追问如下三个问题。首先，谁可以进入政治交易过程之中——或者说，谁的利益会被考虑；其次，谁承担政治交易的成本；再次，"合意"的政治交易所达成的制度变迁最终由谁承担成本。这三个问题在本质上都与"内部互动"的前置性制度安排，特别是权力结构，高度相关。[1] 任何有关治理权能的转变都是分配结构的变革。在政治领域，这种再分配属性更为基础：政治交易场域的权力结构对于结构化相对分配优势具有重要作用。对于我国，在权能转移的过程中，两个方面的理由需要关注相对权力结构的重要性。首先，我国大部分的权能转移都是由政府向经济社会组织转移，此时，政府就占据分配性优势；另外，在政治领域，政府的先在性、绝对权威性以及非自愿性等特点进一步决定了在权能转移过程中，政府可能采取非常多样化的策略以有利于自身收益的最大化（Moe，1995）。所以，在特定的治理权能转移过程中，特定制度安排的权力结构效应对于政治交易过程的影响就非常重要。类似于"权力的三张面孔"（Lukes，1976），在权能转移过程中，享有权力结构优势的政治主体可以利用多种机制影响政治交易过程，包括基本的利益结构以及政治交易成本。

由于政府是作为掠夺性统治者存在的，也由于交易成本的存在，特定制度安排往往导致低效率。当然，这只是问题的一个方面。政府总是要获得资源的，但正如 Levi（1981）所言，政府也需要和其他主体签订契约，从而获得社会成员的支持，而政府必须签订契约的人数反映了政府相对于社会成员的相对议价能力。其中，相对议价能力取决于特定主体对对方所依赖资源的控制程度，这些资源至少包括强制性资源、经济资源和政治资源（Levi，1981）。相对议价能力即相对权力结构，通过影响统治者的成本与收益以及政治交易成本对制度产出产生影响。从统治者收益的角度来看，统治者与其他社会成员之间的相对权力结构决定了统治者需要签订契约的社会成员的范围。随着社会资源分配的均等化，North（1984）所谓的"暴力潜能"就越可能平均分配，影响了政府掠夺

---

1 例如，在 Epstein 和 O'Halloran（1999）对国会是否将自主权下放给行政机构的决策中，其前提假设是"国会拥有政策后果的最终'所有权'"，这对于分析这一问题具有重要意义：这决定了政府处于分配的"被动者"角色，政府的利益根本不需要考虑，只需要国会对不同的治理机制进行比较制度分析，选择制度成本最为低廉的制度即可。但是，在不同权力结构下，假设会存在重要差异，这需要根据具体政治制度场域进行分析。在很多情形下，政府是最重要的利益主体。

性统治的可能性，有益于广泛的经济社会组织的政治契约就有可能出现。甚至，随着在某些政治团体之内，暴力潜能的平均化分配可能成为权力限制制度的来源，从而在根本上重构政治制度基础。[1]此时，对于"谁可以得到什么"这一问题，政府必须考虑更为广泛的经济社会组织的需求：其采取政治或经济行动的能力就会加大，其对政府可能造成的威胁就会增大，并且这种威胁会变得真实可信（Nye，2008：67）。这一过程将使政府收益与经济社会组织收益相龃龉的政治交易更有可能达成。"反向的政治交易"也更有可能达成。政府放弃相应的经济社会治理权能可以获得更多的成本节约，在这样的条件下，政府仍然会保留相应的职能，或重新收回原有的治理权能。因为，政府需要重新权衡政治风险带来更大伤害的可能性，从而将本可能降低自身收益的治理权能让渡出去（Acemoglu & Robinson，2001）。这特别体现在很多"权力性"交易中，甚至可以说，权力结构的改变，特别是社会抗争风险，是权利性缔约得以达成的基本条件。

　　相对权力结构也会对交易过程中的交易成本产生影响。首先，最为基本的影响是，先在的制度结构往往是一种固化的分配效应的产物，其决定了承担交易成本的主体。当先在的制度使政府具有分配优势时，承担交易成本的是经济社会组织；而当特定制度使经济社会组织具备分配优势时，承担交易成本的是政府。[2]正如对于我国而言，原有的权力结构已经在根本上固化了权能转移中的

1　例如，在中世纪的威尼斯，随着不同家族集团的相对权力变得均等化，没有任何家族可以获得绝对的支配性优势，此时，代议制机构等政治制度的设置对于任何政治主体来说都是有利可图的，且具有自我执行的可能性，这与热那亚的情形有所差异（Greif & Laitin，2004）。按照 Olson（2000）的论述，宪政民主制度只有在没有支配性联盟的情形下存在，只有暴力潜能得到平等分配的"历史巧合"时，宪政民主才可能出现。

2　这对分析中国和西方国家的历史具有非常有意思的启示：西方国家是政府向"社会"要权，政府承担交易成本；中国是社会向国家要权，经济社会组织承担交易成本的可能性更大。并且，承担交易成本主体和过程的差异也会对最终的权能分配状况产生影响。政府要权的过程可能由于高的交易成本，更多的权能被放置于社会之中；同样，社会要权的过程可能由于高的交易成本，治理权能被更多地留在政府手中。随着时间的推移，这种差异可能是系统的、永久的。

政府分配优势，所以，承担政治交易成本的往往是经济社会组织。但是，随着时间的改变，资源分配状况的改变也有可能改变这样的权力结构状态，一旦政府发现有利可图，政府承担交易成本的可能性也是存在的。

其次，在权能转移过程中，具有相对权力优势的主体更有可能增强其分配性优势（Moe，1995）。并且，其可以通过"操纵交易成本"，增加对方的交易成本，固化自身在制度性利益分配中的优势地位，这特别体现在政府对交易成本的操纵中（Twight，1994）。这种操纵在政治交易成本的三个方面皆有体现。第一，集体行动能力本身就是一种权力（Levi，2006），只不过，在权能转移过程中，政府作为一种集体组织具有先在的权力优势而已。此时，政府有充分的动机和能力操纵组织成本：政府会通过设置各种"障碍"——包括改变公民和经济社会组织的认知——增加经济社会组织的组织成本，以降低政府需要考虑的利益对象范围，降低政治风险（陈水生，2012）。[1] 第二，先在权力结构也规定了政治交易过程中议程设置和契约达成的成本。一方面，政府通过设置议程，导致某些政治交易出现的可能性降低；另一方面，原有制度安排已经规定了特定政治交易的政治机会以及必须遵循的规则。此时，要达成政治交易，议程设置成本非常高昂，某些政治交易可能根本无法出现。第三，相对权力结构也会对契约治理机制的建构过程产生影响。假设政府占据非常强的分配优势，此时，某些自我治理机制，例如信任等机制出现的可能性就会降低，政府主体设置的契约治理机制出现的可能性会变大（Farrell & Knight，2003）。对于权能转移过程而言，政府为了保持对某些经济社会事务的控制权，相较独立的第三方治理，受政府控制的契约治理机制更为常见（例如大量由政府控制的非政府组织）。这也是治理权能转移的策略之一：进一步细分特定经济社会事务的治理权能，以获得权能转移中的政治经济收益，同

1　这一分析也可以解释我国利益集团结构的状况。例如，我国高组织程度的利益集团往往是政府控制的，而自组织集团基本上得不到政府的认可，集体行动潜能较低（"社会利益集团的形成及其对地方政治的影响"课题组，2003）。

时控制这种转移的政治经济风险。

2.2.3.3   中观 – 中观

权能转移的制度化过程，既是一个政治交易达成的过程，也是嵌入具体制度安排的时间进程之中的。一种制度化的权能分配状态，既是一种政治交易的治理结构，也是一种结构化再分配优势的权力结构，二者相互影响。同时，在权能转移的过程中，从原有的制度安排向新制度安排转变需要一系列复杂的条件，并深受原有制度安排所建构的契约治理机制和权力结构的制约。如果说，权能转移的制度安排是在中观制度层次上讨论的，那么，权能转移的制度变迁过程就是一个从"中观"到"中观"的过程。

在权能转移过程中，无论是原有的制度安排，还是新的制度安排，两种制度属性都是相互影响的。原有制度安排本就是相对权力结构（其结构化了相对分配优势）和契约治理机制的混合体，随着政治交易过程开启，二者仍然相互影响。首先，权力结构在根本上约束了特定政治交易的出现和契约治理机制的选择。如上所言，经济社会组织或公民的任何政治行动都可以被视为一种政治交易，但是，这些政治交易的结构化程度存在差异。在政府占据相对分配优势的情形下，某些政治交易根本就不可能出现，或者以非制度化的方式出现。此时，制度性的政治参与会被驱逐出制度化和正式的政治交易清单，而暴力性的政治互动更有可能出现。[1] 其次，新的政治交易可能改变原有的权力分配格局。一旦某些经济社会组织发现改变某些治理权能的分配结构有利可图，政治企业家就有可能出现，组织这些经济社会组织，此时，相对权力结构可能被改变，有利于组织化利益主体的政治交易就有可能出现。[2]

---

1   进一步拓展，如果政治交易的制度化程度较低，暴力性程度较高，对于政府来说可能意味着更高的危险。正如亨廷顿（2008）所言，一旦某些政治交易形式无法制度化，其迈入"普力夺"政体的可能性将大大提高。

2   例如，专家治国的出现改变了我国的权力格局，企业中专业管理阶层的兴起改变了企业治理中相对权力的分布，此时，有利于我国专业性官僚体系的权能变革更有可能出现（Cheng & White, 1988；徐湘林, 2001）。

所以，从中观到中观的过程，是一个从原有制度安排转向新制度安排的过程。这一过程既是由制度变迁过程中的政治互动形塑的，又是嵌入原有制度安排之中的。所以，新制度安排是一个在原有制度安排之上所构建的新的制度混合物。这一新的制度安排仍然具有两个基本的属性：结构化新的政治契约安排，同时也结构化了新的分配结构。新契约治理结构是在原有契约治理机制上建构的，新的契约治理结构体现了政治交易属性的需求。同时，新的权力结构重新结构化了政治分配状况：在政治交易过程中，某些利益群体的利益将会得到新的考量，一旦这样的契约达成，新的结构化的分配状况可能进一步限制某些群体达成政治契约的潜能（Waylen，2014）。如是，政治制度变迁的过程是一个持续的互动过程，原有结构的复制和再生产、新治理机制和权力结构的出现，重新结构化的治理机制和相对权力结构，这一过程支配着整个政治制度变迁的进程。

2.2.4　制度环境与制度变迁

正如很多学者的研究所显示的，无论是政府"掠夺性"统治的潜能，抑或政治交易的过程，都是嵌入特定经济社会进程以及制度环境之中的。正如Coase（1999a）所言，"你会在每一个国家和每一个历史过程中得到（有关制度变迁过程的）不同的答案"。对于这一问题，以"制度环境－制度安排"为基础的制度分析已经有所涉及：Spiller 和 Tommasi（2005）对管制环境与政府管制制度能力之间关系的研究，Dixter（1996）对不同国家－不同制度变迁的经验的强调，以及历史制度主义有关制度变迁过程中制度历史的重要性等，都证明了环境的重要性（Thelen & Steinmo，1992；Thelen，1999；Pierson，2000；Pierson & Skocpol，2002）。但是，除了将制度结构与制度安排进行有效区分之外，还需要讨论制度结构起作用的机制（Bell & Feng，2014）。这里界定的环境主要包括两个方面：制度环境和经济社会环境，二者作为协调变量，既会对制度安排层次产生影响，也会对政治交易过程产生影响，从而影响权能转移的路径和结果。从制度结构方面来看，制度结构主要包括两个方面：正式制度结构以及非正式制度结构（North，1990；李文钊、蔡长昆，2012），二者共同塑造了权能转移过程中的基本约束结构，从而对制度变迁的路径和可能性产生影响。

2.2.4.1　政治制度结构

政治制度结构是有关国家权威行使的基本规则，以及由正式权威界定的，有关政府与经济社会组织主体和公民之间的基本互动规则。这些规则主要包括两个方面：正式的法律结构和权力结构，二者共同构成了 North 等（2008）所谓的制度结构开放性指标。权力结构的开放性主要与是否存在针对国家权力运作的宪政安排有关，如果存在明晰且具备明确效力的宪政安排，这样的权力结构就是开放的。法律结构的完备程度主要与是否存在完备的产权保障体系，以及是否存在详尽的、可执行的有关政府与公民之间互动关系的基本规则。二者都会对制度安排层次的相对议价能力和契约治理机制，以及政治交易互动过程中的利益结构和政治交易成本产生影响，从而影响权能转移的政治交易被达成的可能性，以及最终被制度化的形式。

开放的权力结构是指存在明确的有关政府权力运作的制衡机制，这种限制既有可能是其他政府的限制，即政治安排的联邦主义体系（Weingast，1995），也可能是民主制度安排（Olson，1993）。

首先，这种安排可以改变政治交易主体，特别是政府的预期。预期的改变是通过改变政治交易中的相对权力结构实现的。一旦权力结构的开放程度上升，经济社会组织会利用这种制度开放所带来的"赋能效应"，导致在权能转移的过程中，政府需要考虑的政治利益的范围将大幅增加，纯粹的掠夺性权能组合的可持续性就会降低（Acemoglu & Robinson，2006；Greif，2005）。

其次，权力结构的开放程度会改变政治交易过程中政治交易成本的数量和分布。第一，权力结构的开放必然会降低利益集团组织的成本。明确的有关政府行为边界的宪政共识，会成为集体行动的关键"利益聚合点"，成为集体行动组织化的重要机制（Weingast，1993；1997；Carey，2000）。[1] 第二，权力结构的开放意味着在政治交易达成过程中，"权力点"是分散的，此时，进入政治议程的渠道更多，议程设置成本降低；同时，权力结构的开放也意味着政治场域的低进入成本以及多样性，政治交易达成的成本也会更低（Carey，2000）。第三，政府民主的形式结构化了政治制度安排被选择的机制（Moe，1994），权力结构的开放也会带来制度实践的多样性，作为政治交易治理的制度机制将更为多样，更低成本的契约治理机制更有可能被选择。[2]

在政治交易中，明确的法律结构也意味着在政府与公民或经济社会组织的互动中存在基本规则，且这些规则是可以被实施的（Shirley，2005），规则的完备程度也会影响政治交易过程中的权力结构和政治交易成本。首先，从权力结构来看，任何明晰的有关政府与其他组织之互动规则的存在，都会成为一种政治资源。明晰且完备的政治规则会使经济社会组织获得更多的制度资源，以对抗政府的掠夺性空间（North，2005）。明确规则的存在可以将不同经济社会组织之间的预期结构化，从而降低政治交易过程中的不确定性，降低政治交易成本。并且，在交易治理过程中，由于很少有政治交易治理机制是直接建构的，此时，已经存在的正式的、明确的契约治理机制将可能有效降低契约治理机制的建构成本。同时，明确的法律规则的存在也可以丰富化非正式政治制度安排出现的可能性，并进一步降低政治交易成本：①非正式制度往往处于正式制度结构的"阴影之下"，可以促使非正式制度以更低的成本运行；②正式制度作为非正式制度的"后盾"，可以有效促进不同政治主体之间信任关系的建构，促进多样化的非正式制度的出现（Porta, et al.，1996；Levi，1998；2000；Jackman & Miller，1998；Szreter，2002；Wuthnow，1998）；③制度结构还会

1　但是，如果是相对封闭的权力结构系统，集体组织和集体谈判的可能性会降低，这既影响了我国利益集团的结构（陈水生，2012），也影响了我国集体谈判机制的建构：我国的集体谈判机制因为诸多的制度限制，总是在合法与非法的边缘运作（闻效仪，2011）。
2　有关这一理论在管制领域的说明，参见：Spiller（2013）。

影响有关公正、集体认同、信任和团结等价值（March & Olsen，1989：126；Dworkin，1977：160），从而改变政治交易过程和治理结构的建构。

2.2.4.2 社会制度结构

除了政治制度结构，社会制度结构也是整体制度结构的重要组成部分。借鉴社会资本研究中有关结构性社会资本和认知性社会资本的区分（Nyqvist, et al.，2014）[1]，可以将社会制度结构维度化为两个方面：结构性的社会制度以及文化价值观念。结构性的社会制度包括多样性的社会组织，以及这些社会组织的组织化状态，也就是市民社会，以及多样性的非正式制度规则；认知性社会制度包括各种信任机制、惯例以及价值观念体系等。二者都会对政治制度交易过程中的制度安排层次和制度交易过程产生影响，从而影响政治交易的达成，以及政治交易被制度化的可能性。

市民社会也许是最为直接的体现社会结构的组织性力量，这是社会组织的现代表现形式。也存在其他的可能对政府边界产生限制性作用的社会组织，例如社区组织、血缘组织以及黑帮组织等。虽然不同的社会组织结构可能产生的经济社会影响千差万别，[2] 但总体来看，先在的多样性社会组织，特别是具有市民社会属性的社会组织，可以以多种方式改变政治交易过程中的利益结构，并对政治交易过程中的交易成本产生影响。首先，市民社会是政府权力的最重要制约力量。市民社会的存在，可以有效改变政府需要考虑的利益范围，降低政府采纳掠夺性制度的可能性。其次，市民社会是最重要的潜在促进集体行动的力量。多样化的市民社会组织意味着政府对于公民的更多承诺（Keefer &

1　其实，社会制度结构最好的结构性方法是社会资本，但是，为了保持概念的一致性，本书并未做此处理。对于社会制度结构的分类，以及社会制度结构对于政治交易的影响的分析，本研究借鉴了诸多的社会资本方面的研究。当然，这样的借鉴也是很多新制度主义经济学者乐于采纳的：制度的经济分析与社会资本之间的关系已经被视为制度分析的重要内容（Coleman，1990；Frubton & Richter，1992）。

2　正如社会资本或志愿组织的"阴暗面"研究所显示的，即便是普遍认为会带来积极影响的社会资本或市民社会，其经济社会影响也可能是破坏性的（Varshney，2001）。

Knack，2005），同时，这些社会组织也是可以有效动员的政治力量（Putnam，Leonardi & Nanetti，1994；Lim，2008），可以降低政治交易的组织成本。最后，社会组织的多样化意味着社会空间的多样化，开放的政治交易空间更有可能获得，议程设置成本和交易达成成本都比较低。同时，非正式制度规则体系也会对政治交易过程产生影响。特别是，在政治交易的治理机制构建过程中，原有的非正式制度规则有利于降低政治交易成本，从而增大了构建有效的非正式政治契约治理机制的可能性。

另外，社会制度结构中的文化认知要素，包括信任、规范以及价值观等，也会对政治交易过程的不同要素产生影响。这甚至被认为是社会制度最为本质的特征[1]，是建构社会制度安排的核心因素（Granovetter，1992；Dobbin，1994），被很多学者视为最难以改变的"嵌入性"层次（Williamson，2000），以"政治文化"的形式支撑着最基本的制度结构（王正绪、游宇，2012）。首先，意识形态等价值观要素可能固化政治交易主体的预期（Knight，1992），改变特定制度安排的组织成本，改变经济社会主体对特定政治制度的信任——"准自愿服从"——的程度（Levi，1988），从而改变某些制度安排的组织成本（Levi，Sacks & Tyler，2009；Levi & Sacks，2009）。其次，文化认知要素是界定"利益"合法性、界定成员身份、构建"集体记忆"等机制的重要制度性载体（Rothstein，2000；Coase & Wang，2012；Nannicini，et al.，2010；Rao,Monin & Durand,2003），一旦特定制度安排的"公平感"遭受质疑（North，1984），特定的利益认知性因素和合法性机制就可能被调动，成为重要的动员集体行动的机制，降低政治交易过程中的政治组织成本（Carey，2000；夏瑛，2014）。最后，社会信任、规范以及信誉等因素来自于经济社会组织与公民和政府之间的长期互动的历史，政府的信誉，对政府的信任以及政府权力的合法性认知，会有效降低政府采取机会主义行为的预期，降低政治交易成本

1　有关社会学制度主义研究，参见 Friedland & Alford，1991；March，1989；Hirsch，1986；Meyer & Rowan，1977。

（Levi，1996；Karayiannis & Hatzis，2012）；并且，基于政治信任等因素可以更为低成本地建构契约治理机制，从而提高政治交易被治理的可能性。

2.2.4.3 经济社会环境

几乎所有的坚持静态制度变迁理论的学者都将经济社会环境的改变视为制度变迁的基础。经济社会环境变革的内容非常广泛，从国际竞争、战争，到经济发展、社会流动性增大、人口增长、人口结构变革、技术变革等，不一而足。无论是理性选择制度主义还是以权力结构为基础的制度主义，都强调经济社会环境的改变对制度变迁的影响（Levi，2006）。对于理性选择制度主义来说，经济社会环境的改变可能导致"相对价格"改变，原有的制度均衡就可能被打破，制度变迁随之出现（North，1990）。对于以权力结构为基础的制度变迁理论来说，经济社会结构的改变会导致资源分配结构的改变，从而改变相对权力结构。即便是坚持制度－过程论的历史制度主义者也会将关键历史节点发生的政治选择作为解释制度变迁的关键。所以，经济社会环境的改变对于制度变迁的影响是非常显见的。但是，进一步的问题更为关键：经济社会环境的改变是通过什么"导管"（Hall & Taylor，1996）——理论机制——影响制度变迁的呢？

由于引起制度变迁的复杂政治互动过程是嵌入具体的经济社会环境中的，所以，经济社会环境的改变会改变形塑政治互动的制度安排要素，以及政治制度过程，从而影响制度变迁的路径。首先，由于经济社会的变迁，特别是经济发展水平的提高，新的政治经济机会逐渐出现（Kalantaridis，2014），政府或某些经济社会组织产生了变革原有政治制度的激励（Davis，North & Smorodin，1971）。[1] 其次，经济社会环境的变革会对资源的分配产生影响，新的制度企业

---

1 极端的案例是战争。战争大大地增加了经济社会组织的资源投入，此时，政府必须承诺增加公民的利益，这会促成某些权利的转移和制度化（De Magalhães & Giovannoni，2012）。进一步的讨论，参见迈克尔·曼（2007）、Tilly（1992）以及 Halperin（2004）等学者的讨论。

家群体可能出现，从而改变权力结构，导致某些政治交易的出现。[1]再次，经济社会环境的改变会对组织技术和交易手段产生影响，从而影响政治组织成本和交易成本。最后，技术、教育、经济发展等的变革也会对政治文化等因素产生影响，从而改变基本的社会制度环境。此时，如社会制度环境变革产生的复杂后果所显示的，其会对政治制度变革过程产生影响。

2.3　制度变迁视角下的权能转移：小结

2.3.1　理论总结

2.3.1.1　理论框架

特定经济社会治理权能的设置体现了在特定的经济社会事务的治理过程中，政府和经济社会组织之间的制度关系。治理权能的转移，无论是从政府向市场和社会的转移，还是从市场和社会向政府的转移，都是一个制度变迁的过程。原有的政治制度变迁理论，无论是以契约和理性选择理论为基础的交易成本政治学理论，还是以"掠夺性"统治理论为基础的权力结构理论，抑或是制度变迁的制度结构理论以及历史制度主义理论等，都很难有效地解释这一动态过程。特定的"政府 – 市场 / 社会"关系结构（这意味着政府的制度性范围）不仅仅是不同社会力量相互博弈和讨价还价的结果，也不仅仅是作为国家的单方面行为的结果（新国家主义理论），而是一个在特定的制度环境和制度结构之下，不同社会团体围绕特定经济社会治理权能所进行的制度性互动的结果。

基于此，本研究在层次性的制度理论视角下，构建了一个分析我国治理权能转移的制度变迁理论。这一制度变迁框架有效地整合了解释政治制度变迁的诸

1　例如，经济社会的发展以及利益的分散是我国利益集团兴起的重要经济社会原因（陈水生，2012）。同样，很多学者认为，市场制度和政治制度是"协同演化"的，市场化是促成政治制度产生的重要条件（Greif，2006）。

多要素，并将这些要素纳入了统一框架中。这一框架是层次性的，即制度变迁是一个层次性互动的过程。制度环境、制度安排与行为者互动是三个最为基本的要素，塑造了政治制度变迁过程。这一框架也是一个多要素框架，在特定的制度层次之内，不同的制度层次之间都存在影响制度变迁的多种理论要素。不同的理论要素相互影响，共同影响了制度变迁的过程和可能性。同时，这一理论框架将时间视为重要的理论机制。所有理论要素都在时间中延展，不同理论要素出现的时间序列会对制度变迁的过程产生影响。不仅如此，给定路径依赖、制度的层次性以及时间序列假设，这一理论框架可以很好地展示"宏观－微观－宏观"过程和机制。如是，制度变迁是一个宏观制度环境和制度结构对个人行为产生约束、个人在特定约束下持续互动，以及特定制度安排被重新结构化的过程。最后，该框架侧重于复杂机制的展示，既包括各个层次的制度结构和制度安排对行为者和政治互动影响的机制，也包括行为者在制度变迁过程中所利用的多样性机制。

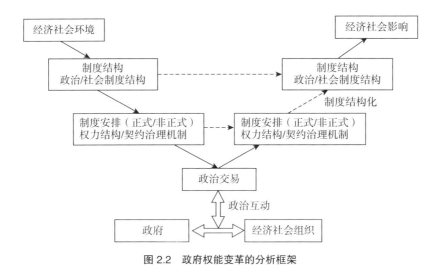

图 2.2　政府权能变革的分析框架

该研究框架是以政府作为分析的起点的，这一方面与政治世界的特殊性有关，另一方面也与我国"政府－经济社会组织"，或"政府－市场／社会"之关系结构的历史有关。既然该框架以政府为中心，那么，政府的"成本－收益"

结构就成为理解政治制度变迁的起点：只有在政府收益大于成本的情况下，新的制度安排才有可能出现；如果政府收益小于成本，新制度变迁发生的可能性会很低。但是，政府的收益结构并不是制度变迁的所有理由，其在本质上也是一系列政治交易的结果，所以，在这一政治交易过程中所产生的交易成本成为理解制度变迁的另一基础要素。制度变迁只有在政治交易成本小于整体收益时才可能发生。当然，即便政治交易成本显著小于总社会产出，新制度变迁仍可能不会发生，这与政治变迁过程中的权力结构有关：权力结构决定了在特定制度变迁的过程中需要考虑谁的利益，谁需要承担交易成本，从而系统地影响了政策产出。制度安排和政治交易过程也是嵌入特定的制度结构以及经济社会背景之中的，这些变量会影响政府统治的"成本－收益"结构、政府－经济社会组织之间的政治交易成本，以及政府相对经济社会组织的相对权力结构，最终共同影响了特定领域内的政策产出。

2.3.1.2　理论机制

在分析过程中，给定特定的政治互动场域——既可能是中央政府，也可能是地方政府，给定特定的经济社会事务治理权能——可能是国有企业的生产决策权，也可能是社会组织的组织权，此时，原有的制度安排就给定了权力结构以及治理机制，新的制度变迁就在特定制度安排之下展开。对于我国而言，由于这种权能转移主要是从政府向市场和社会转移，且政府已经具备结构化的相对权力优势，首先需要考虑政府的成本－收益。只有特定的权能转移能够保证政府收益不受损，这样的制度变迁才有可能。但是，经济社会组织并不是被动的，一旦经济社会组织发现新的经济机会，他们也会利用各种策略转变当下制度安排。所以，在特定的权能结构下，首要考虑的问题是政府与经济社会组织的报酬结构，不同的报酬结构影响了权能转移的可能性。

无论在任何报酬结构下，经济社会组织都会策略性地介入政治交易过程，以最大化自身经济社会收益。但是，政治市场的高风险决定了政治交易过程的高成本，包括政治组织成本、议程设置和交易达成成本以及契约治理成本。政治交易成本越高，制度变迁越困难。在权能转移过程中，政治交易的属性——缔约的分散程度以及诉求的政治性程度——决定了交易成本的大小。基于此，可以将政治交易划分为四种类型，不同类型的政治交易，其交易成本的分布存在差异，契约达成的可能性存在差异，解决契约治理问题的契约治理机制也存在差异，权能转移的可能性，以及权能转移的制度化结构也存在差异。如是，在不同报酬结构下，存在不同的政治交易类型，二者共同决定了特定政治交易达成的可能性，以及被制度化的结果。

从政治过程来看，政治交易的达成并不意味着政治制度变迁的实现，只有政治交易被制度化，制度变迁才有可能实现。政治交易的制度化最为重要的体现是政治交易能否被有效地事后治理，即在存在多样的契约风险的情形下，是否存在有效的政治契约治理机制。根据"正式－非正式"以及"双方－第三方"治理，可以将契约治理机制划分为多样的制度安排类型。其中，不同的契约结构可能需要不同的契约治理制度，不同的契约治理制度实现政治交易之结构化的可能性也存在差异。如是，从整个政治交易过程来看，特定经济社会事务场域之内，即便特定权能转移的政治交易可能达成，但是其能否被制度化，以及制度化的程度，与围绕这一权能转移的政治交易所建构的契约治理制度安排高度相关。

作为政治制度变迁的过程，契约治理机制仅仅是政治交易结构化以及制度变迁的一个维度，另外，政治制度变迁的过程也是一个相对权力结构再分配的过程。这一过程体现在两个方面。首先，政治制度变迁是在原有权力结构中开始的，先在权力状况结构化了政治交易过程中的成本－收益结构、政治交易过程以及契约治理机制被建构的可能性。其次，随着政治交易被多样化的制度安排结构化，新制度安排也体现了随着权力结构变革而来的新的再分配结构。从这一维度而言，围绕特定经济社会事务治理权能转移的政治交易的结构化过程，既是政府与经济社会组织之间在新的成本收益结构下构建契约治理机制的过程，也是随着权力结构的改变，新的制度安排吸纳和再分配相对分配均势的过程。

一旦政治交易达成，并成为稳定的制度结构，制度变迁就实现了。一个稳定的制度结构，既是稳定的政治交易治理结构，也是稳定的相对优势分配结构。这一结构既是建构的结果，也是原有制度安排的约束性影响的结果。在某些情形下，原有制度结构可能完全被复制到新制度安排中。同时，这一过程也是内生于特定的制度环境和经济社会环境之中的。经济社会环境的改变，政治制度结构（包括权力约束机制和法律结构）以及社会制度结构（包括社会组织结构、社会规则结构以及文化价值观念等）的改变，都会对政治制度变革过程中的报酬结构和政治交易成本产生影响，也会对制度安排产生影响，从而影响权能转移的可能性和路径。[1]

2.3.2　政治交易制度化：多样化的路径

2.3.2.1　制度安排的碎片化

给定制度变迁的过程假设，我国治理权能的转移将会呈现什么样的复杂制度面貌？上文主要讨论了治理权能转移的条件，接下来，笔者将主要讨论这些转移的结果。正如上文所言，我们所说的权能转移，是指一种稳定的制度化状态的出现。正如政治制度既是一种权力和资源分配状态，也是政治交易治理机制，所以，所谓的制度化，是指针对特定的治理权能，其治理机制已经制度化，并构成了稳定的权力分配状态，并针对特定的经济社会事务的治理形成了稳定的权利束。只有在这样的情形之下，才能称之为权能转移完成。但是，这样的制度安排最终呈现的形态可能是非常多样化的。在什么条件下，特定权能转移最终会以什么形式被制度化，需要进一步讨论。

一般假设，我国政治制度是"铁板一块"的，所以，政治制度变迁都具有"自上而下"色彩，这样的假设并不完全符合中国的现实。首先，从来不存在

1　例如，党政权力结构的改变（唐皇凤，2011）、权力监督和约束机制的改变（何增科，2008）、意识形态的改变（Holbi，2006）以及宪法改革（邹平学，2007）等，都会对我国的政治制度变迁产生影响。

完整的制度实践，任何的制度都会在具体运作过程中被多样化的行动者和多样化的制度逻辑冲击，最终，特定制度结构总是由多种制度逻辑所支撑的混合体，由不同的制度要素构成（Scott，2008；周雪光、艾云，2010；Campbell，2004；Streeck，2001；Thelen，2009；1999；Pierson，2004；Waylen，2014）。

其次，制度的分散性还与我国的特殊状况有关。第一，随着经济社会改革和政治改革的进行，我国的基本制度结构已经不是全能主义结构，横向上体现为各个政府部门之间的权力分割，纵向上体现为"地方的兴起"（杨雪冬、赖海榕，2009；托马斯·海贝勒、舒耕德，2013；郑永年、王旭，2001；Lieberthal，1995）。所以，政治制度变迁过程可能从任何领域，向任何方向延伸。第二，"地方的兴起"既与我国政治权威分散有关，也与我国制度变迁历史有关。一直以来，我国制度变迁的重要路径是"地方试验"，所以，以独立的地方为基础的制度变迁对于我国整体制度变革而言都是最为基本的环节（Florini，Lai & Tan，2012；章奇、刘明兴，2007）。第三，我国制度历史的复杂性也是重要的制度分散化的来源。我国的政治制度传统非常多样化，既冲击了我国制度安排，也是重要的新制度变迁的制度要素来源。所以，在正式制度与非正式制度之间，也存在非常重要的制度形式区分。第四，我国复杂的制度历史以及不同制度体系的制度功能也进一步分割了我国的整体制度安排（唐皇凤，2011）。

2.3.2.2 制度安排：多样性

同样，我国权能转移的制度化形式也是非常零散的。无论从地域、过程还是制度层次上，这种转变都不是完全铁板一块的；或者说，特定权能转移在时间、空间以及制度层次上都存在重大的差异。这种碎片化主要表现为两个维度：达成契约的社会范围，以及达成契约的制度化程度。达成契约的社会范围与政治交易的分散程度有关：政治契约既可能在地方政府层次达成，也可能在中央政府层次（整体政府层次）达成。契约的制度化程度主要是指具体的契约治理制度形式，主要包括三个方面：非制度化的暴力、非正式制度和正式制度。二者结合，可以构建出非常多样化的权能转移的制度结构，不同制度结构的出现是多种理论要素作用的结果。

一般情况下，大部分政治交易从来没有被提出；即便跨越了组织成本，制度化的政治交易也很难实现，恰恰是"碎片化"的政治交易最有可能出现。一旦政治交易跨越组织成本，但缺乏任何正式的制度化渠道，政治交易便无法被纳入制度化的治理机制之中，此时，政治交易容易演变成结构性的"抗争"。例如，环境社会运动就是典型的案例。环境社会组织跨越了政治组织成本的障碍，但是环境治理权能却由于制度激励结构以及政治交易成本问题无法被制度化，最终成为社会抗争的组成部分。但是，政治抗争所遵循的理论逻辑更为不确定，所以，大多数情形下，渐进式的制度变迁更有可能，这也是本书着重分析的部分。

于是，在制度化程度与契约范围两个维度之间，可以构建一个制度形式矩阵（参见图 2.3），不同制度形式产生的条件是多样性的。地方的非正式制度形式是最为基本的制度形式，其也是最可控的制度形式：经济社会组织通过利用合法或非法的资源转移以"补偿"政府的损失，政府基于长期关系保证政治契约的履行，各种非正式制度形式会被用来实现契约治理。此时，政府的分配性优势仍然可以保证，既降低了任何权能转移的政治风险，也保证了政府的分配优势。地方政府的正式制度形式对于中国来说非常常见，此时，政府以文件的形式将众多的经济治理权与经济社会组织进行分割，构建出非常明确的制度形式以治理政治契约，并保证政府的相对分配优势。这样的制度形式非常多样，从政府设置管制型第三方机构到依托于独立法院的正式制度，也包括许多中间形式。此时，正式制度既是政治交易的保证，也是政府进一步分割治理权能以最大化自身经济社会收益的手段。整体性的正式制度，主要是指经济社会组织与整体政府之间达成的制度化契约安排，这样的安排既包括法律制度——依赖独立第三方结构化政府与经济社会组织的互动关系，也包括利用受政府控制的其他组织机制实现政治契约治理。其逻辑也是相似的：既保证收益的最大化，也保证契约被治理的可能性。第四种形式是中央层次的非正式制度安排。此时，政府并不愿意或犹豫是否转移特定治理权能，但是，整体上经济社会组织已经具备了集体行动潜能，但并没有真正进入集体议程；或者，社会文化观念已经确认了某种经济社会权能分配状态，但政府被没有放弃相应控制权，如是，整体上的政府和经济社会组织以及公民达成了一种默契，这种默契也是特有的制度形式之一。

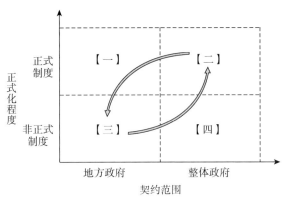

图 2.3 权能转移的制度化类型

2.3.2.3 制度形式的变化

制度变迁过程不仅仅是一个政治交易制度化的过程，已经制度化的制度安排也可能进一步被结构化——制度"升级"（Scale Up）（DiMaggio，1988）。这包括两种类型：在制度安排内部进一步制度化，以及特定制度安排被进一步演变为制度结构（参见图 2.2）。前者是指特定制度安排的制度形式的变化，或者契约范围变化，二者构成了制度化的多样化路径。变化形式之一是指，权能转移首先在整体上达成，然后以强制性制度变迁的方式向地方政府推行，如图 2.3中向下的弧形箭头所显示的。相应的，另一种如图 2.3 中向上的弧形箭头所显示的，特定权能转移制度化首先是以非正式的方式达成的，但其逐渐被建构为正式的制度形式，并最终有可能被建构为整体性的制度形式。这种制度形式更为常见，体现为一种层次化的"试点"过程，这是我国制度创新的核心逻辑（蔡长昆，2015）。

自上而下的制度转移是我国制度转移的组成部分，但是，正如上文有关制度碎片化分析所展示的，这样的强制性制度变革并不意味着得到的结果是"铁板一块"的。整体性制度安排更多的是构建了一种先在的"制度安排"，此时，在"制度下沉"过程中，不同的主体会围绕特定的制度安排重新结构化这一制度安排，最终，在不同政府层级、不同辖区之内，可能存在非常不同的制度混合形式（O.Brien & Li, 1999；周雪光，2012）。例如，中央政府可能明确规定将许多审批权力转移给市场，但是，地方政府最终选择的被转移的审批事项完全是经过制度选择的，体现了地方政府的利益最大化。

更为可能的情形是，特定制度安排可能以地方的非正式制度作为起点，然后被地方政府以"试点"的方式正式化，并最终演变为整体性的正式化制度形式。但是，这样的内部制度化需要非常多样化的条件。其中，最为重要的是中央政府和地方政府的激励兼容程度。地方政府和中央政府的制度激励是非常不同的，中央政府既关注整体收益的最大化，也关注政治收益的最大化。此时，即便中央政府会以几乎相同的激励因素建构地方政府的激励结构，但是，在委托－代理体系以及多目标状态之下，选择性执行等问题会成为地方政府的首要策略。所以，某些可以最大化地方政府收益的权能分配状态并不一定可以最大化中央政府的需求（郁建兴、高翔，2013）。例如，地方政府可能有充分的动机放弃某些公共服务权能并将其市场化，但是，中央政府可能会对此安排的社会风险更为关注。其次，一旦无法保证整体上的强刺激以激励政府将特定制度安排"升级"，进一步将经济社会组织化以形成更大的政治组织能力就是替代性选择。但是，正如政治交易成本分析所显示的，将分散缔约变为整体缔约需要非常复杂的条件，随着时间的演进，经济社会环境的变化以及内部结构的变化，这样的转变也是有可能的。

最后，一项制度安排甚至可能成为制度环境的一部分。例如，零散的有关明确产权的需求和事实上的制度安排，最终促使物权法被确定为基本法律（是否构成宪政制度的一部分，还有争议）。此时，其作为一种基本制度被结构化了。但是，总体来看，契约达成、契约的制度化程度，以及特定制度安排被建构为制度结构，都需要非常复杂的条件。某些潜在的权能转移从来就没有组织起来，某些权能转移被不规则的暴力所笼罩，某些权能转移在地方层次上在"正式 – 非正式"、"合法 – 非法"之间踩着钢丝，仅有非常少的权能转移在整体上被制度化了。并且，在这一过程之中，制度环境、制度安排的属性、政治交易的利益结构和交易成本，以及随着时间的演变，政治互动和约束要素的改变，共同约束了特定政治交易达成与否、制度化的程度以及演变的路径。

2.3.3 交易、制度与政府职能转变

如前文所述，本书将政府职能界定为政府在经济社会事务治理中履行的功能。这一界定承接了当下主流的政府职能概念（沈亚平、王骚，2005：72；黄庆杰，2003；李丹阳，2008），但与很多学者不同，本研究是在经验上而不是理念上定义政府职能的。更进一步，本书所界定的政府职能，是指特定经济社会事务的治理权能在政府与经济社会组织之间的制度性分配。这种制度性表现为特定经济社会事务领域内针对特定经济社会事务的治理，政府与经济组织、政府与社会组织之间互动关系的稳定化和结构化。如是，特定领域内政府职能转变的过程就是政府组织和经济社会组织对有关经济社会事务的治理权能分配的政治交易过程，一旦政治交易以特定的方式达成且被结构化，政府职能的转变就以特定的逻辑和机制实现了；反之，这样的交易没有达成，政府职能转变就没有发生。从这一视角来看，政府职能转变的过程就是一个政治制度变迁的过程。

将政府职能转变视为政治制度变迁过程，并将其纳入制度变迁框架之内，可以发现，政府职能变迁是如下几个要素塑造的。首先，由于我国特殊的转型期背景，在起点上，政府几乎垄断了经济社会治理权能，所以我国政府职能转变首先需要考虑政府的收益，只有在政府的收益为正的条件下，政府职能转变才有可能发生。其次，政府职能变迁的再谈判是内嵌于先在的政治制度结构之内的，这些制度结构建构了基本的利益分配结构——对于我国而言，这种分配

结构决定性地偏向政府。如果要改变这种结构，重新界定国家相对于市场／社会之间的边界，需要经济社会组织与政府进行政治谈判和政治交易。这样的谈判只有在保证政府的收益不受损的前提下才有可能开始，同时，只有在与政府签订可执行的契约的前提下才可持续，且可被制度化。这两个条件决定了政府职能变迁的范围。如是，能否实现经济社会组织与政府之间的利益兼容，并建构有效的治理机制使政治交易可持续，决定了政府职能转变的可能性。此时，政府权力转移可以被理解为政府在保证自身利益最大化的前提下，制度性增强可信承诺的手段（De Magalhães & Giovannoni，2012；Acemoglu & Robinson，2001）。所以，嵌入在经济社会环境和制度环境变革过程中的政府对收益增加的追求、经济社会组织与政府之间的交易成本，以及权力结构的转变，形塑了政府职能转变的路径。

接下来，本书将以这一框架为基础，以国有企业改革、社会组织管理体系改革以及村治改革为案例，讨论在三个经济社会领域之内，政府的利益考量，经济社会组织与政府的政治互动，以及这一互动所嵌入的经济社会环境和制度结构的变革，通过什么样的机制，塑造了我国不同经济社会事务领域之内不同治理权能转移的路径。

第3章 激励兼容、制度成本最小化与分配效应结构化：渐进改革中的国有企业

政府与市场关系的变革绝对是我国改革过程的重中之重；也正因为此，政府的经济职能成为理解我国政府职能转变的最为基础的经验。如果说，市场经济的兴起可以被称为"边缘革命"，是一种"渐进性"的制度演进；[1] 那么，针对国有企业的改革则是一场彻头彻尾的"自我革命"。或者说，国有企业改革的过程是理解我国市场治理权能划分的核心窗口。一方面，综观我国有关政府职能转变的理论和经验研究，国有企业的改革都被视为政府职能变革的核心内容。或者说，在对政府职能转变历程的分析中，政府内部职能转变的核心就是国有企业改革。另一方面，在有关国有企业改革的研究中，国有企业的"政府职能"问题也是解释我国国有企业改革的关键视角（周冰、商晨，2005；张卓元，1999）。可见，以国有企业改革为案例，对于理解我国政府经济职能的演变是非常适用的。接下来，本章将围绕近 40 年国有企业改革的历史进程，基于上一章提出的制度变迁的政治经济学分析框架，追踪我国政府的经济治理权能变革的历史。

1　当然，这样的分析并不是很严谨。一方面，我国市场经济的兴起与国有经济改革的进程一直处于持续互动的状态；另一方面，市场经济的"自发性"仍值得怀疑。但是，总体来看，相比于私营企业以及以此为基础的市场经济的兴起，国有企业确实具有更为强烈的"计划性制度变迁"的特点。

3.1　基本历程、争论与解释

3.1.1　国企改革的基本历程

鉴于我国国有企业改革及其对于我国经济体制改革所具有的重要价值，有关我国国有企业改革历程的研究非常多样。同时，对于我国国有企业改革历程的解释，以及对于我国国有企业改革历史阶段的划分则有一定的差异。总体来看，首先，我国国有企业改革的基本事实历程是清晰的：无论总体的阶段怎样划分，其基本的改革经验至少经历了如下的制度演变过程：早期的扩权让利、经济责任制以及利税改革，中期的两权分离实践（包括承包经营制、租赁制以及股份制的试点），以及后期的现代企业制度建设、战略重组、国资委的建立以及制度创新阶段（钟柳红，1999；汪海波，2005；文炳洲、牛振喜，2007；李善民、余鹏翼，2008；黄速建，2008；徐向艺、李一楠，2008）。其次，从改革的整个过程来看，推进过程基本上都遵循"先试点后推广"路径，即：特定国有企业改革的政策选择首先在地方试点，然后逐渐推向全国。

基于此，可以将国有企业改革的历程总结如表 3.1 所示的过程。从表 3.1 可知，一方面，我国国有企业改革的过程并非整体的线性过程，每一个阶段并非泾渭分明，不同的制度过程在时间上相互重叠，构建了整个过程的演进图谱。另一方面，我国国有企业改革的整体进程在空间上也是断续分布的，这既体现为"试点－推广"过程中政策演进在空间上的分散，也体现在具体制度演进过程中，不同层次的政府针对不同类型的企业，可能构建多种多样的制度安排改革国有企业。进一步地观察可以发现，事实上，国有企业改革的历史进程也并非"持续"的，特别是，在 2003 年之后的十年间，我国国有企业改革几乎陷入了"停滞"状态，直到十八届三中全会之后才得以重启。

表 3.1 我国国有企业改革的基本历程

改革措施	试点	推广	形成政策或制度
扩权让利	1978 年 10 月，重庆钢铁公司等 6 家国营工业企业率先进行扩大企业自主权试点；1979 年 5 月，国家选择首都钢铁公司等 8 家企业进行扩大企业自主权试点；到 1980 年上半年，试点的工业企业达到 6600 个左右	从 1981 年起把扩大企业自主权的工作在国营企业中全面推开	1979 年 7 月，《关于扩大国营工业企业经营管理自主权的若干规定》；1980 年 9 月，《关于扩大企业自主权试点工作情况和今后意见的报告》
经济责任制	1980~1981 年，各地方为落实财政上缴任务，在扩权试点的基础上，对工业企业试行了利润包干的经济责任制	1981 年 4 月，国家肯定了工业企业实行经济责任制试点做法，决定在全国工业企业中推开	1981 年 10 月，《关于实行工业企业生产责任制若干问题的意见》；1982 年 11 月颁发《关于当前完善工业经济责任制的几个问题的报告》
利税改革	从 1979 年起，"利改税"的试点首先在湖北省光化县、广西壮族自治区柳州市、上海市和四川省的部分国营企业中进行，并于 1980 年第四季度起扩大范围	1983 年 2 月正式在全国启动第一步"利改税"；1994 年 9 月决定开始实施第二步"利改税"	1983 年 2 月，《关于国营企业"利改税"试行办法（草案）的报告》；1983 年 4 月颁发《关于全国利改税工作会议的报告》和《关于在国营企业推行"利改税"第二步改革的报告》
承包经营责任制	1982 年，国务院批准在首钢、二汽等 8 家大型国有企业进行承包经营责任制的试点，并进一步对 3.6 万家工业企业实行了"定额上缴、超收归己"的改革	1987 年国家决定从下半年起全面推行承包经营责任制	1988 年 2 月发布《全民所有制工业企业承包经营责任制暂行条例》
股份制改革	1984 年 7 月北京天桥百货股份有限公司正式成立，1984 年 11 月上海飞乐音响公司向社会公开发行股票，随后，广州等地也有少数企业进行股份制试点；20 世纪 80 年代后期，国家开始允许有限度的股份制试点；1992 年邓小平"南方谈话"后试点扩大	中共十五大提出"对国有大中型企业实行规范的公司制改革"，以后开始推广股份制改造	1988 年底发布《关于积极稳妥地推进国有企业股份制改革的指导意见》；1992 年发布《股份有限公司规范意见》等 14 个引导股份制试点的配套文件；1993 年颁布《公司法》和《股票发行与交易管理暂行条例》

改革措施	试点	推广	形成政策或制度
建立现代企业制度	1994 年国家选择了 100 家不同类型的国有大中型企业进行建立现代企业制度的试点，截至 1996 年底，100 家试点企业的改革方案都已经批复并开始实施； 各地区、各部门也选择了一部分企业进行试点，并取得了重大进展	中共十五大提出"力争到 20 世纪末大多数国有大中型骨干企业初步建立现代企业制度"以后开始推广建立现代企业制度	2000 年发布《国有大中型企业建立现代企业制度和加强管理的基本规范（试行）》；2001 年 3 月发布《关于深化国有企业内部人事、劳动、分配制度改革的意见》
国有企业战略性改组	1996 年实施"主打仿效"方针，可以认为是战略性改组的前奏； 2001 年国家选择 20 家基础较好、技术开发能力强的企业集团进行战略性改组	2003 年国资委成立之后，国有企业战略性改组逐步深化，范围逐步扩大	2001 年发布《关于发展具有国际竞争力的大型企业集团的指导意见》
全面深化改革	2013 年起部分中央企业开始探索实施混合所有制改革， 2013 年起部分地区探索推进全面深化国有企业改革	2014 年开始，全面深化国有企业改革范围开始扩大	2015 年 6 月发布《关于在深化国有企业改革中坚持党的领导加强党的建设的若干意见》以及《关于加强和改进企业国有资产监督防止国有资产流失的意见》，2015 年 9 月发布《中共中央国务院关于深化国有企业改革的指导意见》

资料来源：整理自黄速建（2014：30，31），以及有关国有企业改革的最新官方报道。

3.1.2　从集权到放权：国有企业改革的权能分配演变

　　如前所言，国有企业改革的本质就是在原有的"政府统管"背景下，政府与企业之间的治理权能划分问题。一般来说，企业治理权能涉及非常复杂的治理权能组合，无论是西方国家还是转型国家，企业治理的权能基本上是恒定的，只不过在不同的国家，企业的治理权能的制度性分配存在系统性差异。总体来说，针对企业的治理制度至少包括三个方面：微观层次的内部治理制度安排、中观层次有关企业与环境之间的权能分配关系以及宏观层次的约束企业行为的制度体系。微观层面的内部治理制度安排主要与日常生产决策权能的实现有关，即"经营管理权"，这在现代企业制度中通常由企业经理执行，包括企业内部管理层的人事任免权、日常运营管理权、产品定价权和销售权等（刘小玄，

2005）。中观层面的权能主要包括两个方面：在现代企业制度中通常由股东行使的企业所有权以及其他利益相关者构建的企业治理制度，这些制度共同决定了包括企业高层的人事权、资本处置和重大投融资决策权等（刘小玄，2005），这样的制度安排构建了企业与环境的基本关系。宏观层次的治理权能主要是指企业所嵌入的基本制度环境，特别是法律环境（例如《公司法》等），这些法律体系共同构建了企业权能分配的基本制度性规范。

如果按照这一框架划分，我国国有企业改革的历程大致可以划分为三个阶段，在不同的阶段，国有企业的治理权能分配制度发生了非常大的变化。早期的经营权改革、中期的两权分离改革以及后期的现代企业制度建设，分别对应着不同的权能分配状况（如图 3.1 所示）。基于此，可以将我国国有企业改革的历程划分为三个阶段。第一阶段主要与微观权能分配有关，即企业经营管理权逐渐下放到地方和企业手中。第二阶段涉及中观层次的"两权分离"，即企业的所有权改革逐渐被提上日程，分别经历了企业经营责任制、租赁制以及股份制改革（其产权改革的程度也是依次递增的）。但其改革的彻底性和程度仍然较低，于是，作为"两权分离"的延续，"现代企业制度建设"构成了更为深层次的产权改革实践。与第二阶段的"两权分离"有所重叠，第三阶段所谓的制度创新主要与两个方面有关。一方面是"抓大放小"，其中，"抓大放小"之"抓大"，是指对大中型国有企业进行现代企业制度改造，意图利用现代企业制度实现内部权能划分的制度化；"抓大放小"之"放小"，则是指进一步深化产权制度改革，将"小型"国有企业之产权彻底下放到市场，从而实现彻底的产权改革。另一方面，国资委成立，负责国有资产的运营和管理，在理论上解决了国有资产的出资人问题。不仅如此，在这一过程中，市场制度建设一直是宏观制度建设的一部分，在不同的阶段，随着市场经济制度体系的愈发完善，国有企业改革所面临的宏观制度约束也逐渐完善，这也是国有企业改革过程中最为基础的约束权能分配过程的制度安排。

从这一过程来看，首先，我国国有企业改革的历程是一个从"集权"到"分权"的过程，从早期的"统管一切"到下放企业经营权，再到下放企业所有权，并逐渐完善权能分配的制度性结构。[1] 其次，我国国有企业改革过程是一个渐进过程，也是一个强制性制度变迁过程（黄速建，2008；张文魁，2008）。渐进的强制性制度变迁，一方面来源于政府"摸着石头过河"的改革策略，另一方面也说明，在国有企业改革过程中，政府有强烈的动机构建系统性的制度安排，以实现国有企业治理制度的系统化（韩朝华、戴慕珍，2008）。再次，总体来看，从权能划分角度，国有企业改革的权能划分是沿着"产权明晰"的路径演进的。特别是针对国有中小企业改革，不仅实现了产权结构明晰，而且构建了相对完善的市场制度安排以实现国有小型企业的治理，其中，国有企业的法律主体地位的演变具有非常重要的意义（刘发成，2008）。最后，我国国有企业改革并不彻底。特别是在"抓大放小"之后，我国国有企业改革进程几乎陷入停滞，而进一步针对大型国有企业的改革还有非常大的推进空间，宏观制度安排的优化并没有完全实现。[2]

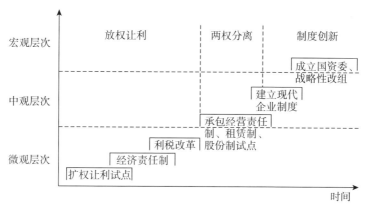

图 3.1　国有企业的权能分配变迁

资料来源：根据黄速建（2014：35），再整理而成。

1　这一过程可以从非常多样化的理论视角进行分析。从组织结构的角度来看，这一过程可被称为是从"U型"组织结构向"M型"组织结构的转变，并且这种转变与宏观经济体制的转变和政企关系的转变具有一致性（丘海雄、许扬先、赵巍，1997）。从合约理论而言，这一过程又被视为从"计划性合约"到"市场型合约"的转变（张曙光，2005）。从政企关系视角看，这一过程则是政府角色沿着"紧管制—松管制—划桨—掌舵—服务"的路径演进的（卢超群、宁小花，2010）。

2　正如张文魁所言，我国的国有企业改革的历程可以被视为从"激进的控制权改革向渐进的所有权改革的演变"，但渐进的所有权变革过程则面临着重重阻碍（张文魁，2008）。

3.1.3　解释与新的路径

怎样解释这一"渐进 – 强制性"制度变迁过程？怎样解释我国国有企业改革的停滞？对于我国国有企业改革的研究，很难对学者的理论解释和政策倡导实现有效区分，特别是对于坚持"效率论"理论逻辑的学者。坚持效率论逻辑的学者主要是在产权理论基础上解释我国国有企业改革进程的。以产权理论和"委托 – 代理"理论为基础，我国国有企业改革进程基本上遵循所谓的"制度优化"路径。按照产权理论的基本理论预设，国有企业改革的核心路径是实现产权明晰。[1]这主要包括两个方面：一方面，企业内部实现产权结构优化，按照现代企业制度的要求组织产权关系，实现权责之间的对称和明晰；另一方面，市场应该成为最根本的企业治理制度。将国有企业推向市场，利用市场化机制解决国有企业的制度成本问题，是国有企业改革最为现实的选择。这样的逻辑也支配了对我国国有企业改革历程的评价（刘小玄，2005）[2]：产权优化的效率逻辑既是过去国有企业改革成功或不成功的原因，也是未来改革的历史选择（荣兆梓，2012）。当然，这一逻辑并不意味着我国的改革总是沿着效率最大化的路径演进，在效率逻辑内部，至少存在两方面的不同声音：对市场派的反对（刘瑞娜，2012；程恩富、鄢杰，2012；洪功翔，2014；刘志国，2007；张春霖，2008）[3]，

1　这一路径包括的理论视角也非常多样，包括"委托 – 代理"理论、产权理论、公共选择理论以及交易成本理论等（黄再胜、张存禄，2006）。

2　当然，这一路径内部也存在很多理论争论。例如，以吴敬琏为代表的市场派、以张维迎为代表的产权派以及以林毅夫为代表的"政策负担剥离"派对于支撑我国国有企业改革的政策选择都起到了非常重要的作用。但这些路径都是"效率逻辑"的，且最终是以产权结构的优化和市场体制的构建为目标的，只不过对于达成这一"彼岸"的路径选择存在理论分歧而已（林毅夫、蔡昉、李周，1995；林毅夫、李周，1997；张维迎，1996；曹正汉、罗必良，2000；樊纲，2003）。当然，也有相对边缘的理论路径，将我国国企改革的"效率逻辑"置于产权改革和经营权改革的逻辑上，认为"管理者对生产过程的控制"，即"企业内部变化"被视为理解我国国有企业改革的核心机制（路风，2000）。

3　这体现为对市场化或私有化的效率边界进行的经验分析，例如，张夏准和周建军（2010）就认为，公共投资对于国有企业改革的效率具有重要作用，而朱安东（2014）通过对60多个国家的混合经济的制度绩效的分析也认为，要"破除国企低效论"。

以及对效率逻辑造成的社会问题的反思（程恩富、鄢杰，2012；周冰、商晨，2005）。但即便如此，这一路径的解释主要将我国国有企业改革的历程视为为了实现经济效率最大化，从而实现企业产权分配制度优化的过程。即便产生了"公平与效率"的矛盾，这也从侧面证明国企改革的"效率"逻辑。

虽然效率逻辑几乎在解释我国国有企业改革路径上居于支配地位，但是，两个问题制约了这一路径的解释力。首先，政策倡导和理论分析之间的边界不清晰。正如对于我国国有企业改革争论的历程研究所显示的，任何一种理论解释都意味着一种政策选择，于是，特定理论解释很容易变成政策倡导性分析，解释力可能存疑（洪功翔，2008）。[1]其次，效率逻辑的分析更多的利用"事后证据"的说明，但对于这些"效率"提高的数据的解释可能存在非常多样的理论选择，而效率逻辑的很难排除竞争性解释（曹廷求、崔龙，2010）。并且，对于国有企业改革历程的解释也确实存在非常多样的解释路径（黄再胜、张存禄，2006）。例如，对于政府是否放弃国有企业的产权，或者政府为什么将某些国有企业市场化，除了效率逻辑的解释外，至少还存在两种解释路径：政府政治收益最大化（主要体现为财政收入最大化）逻辑，以及政治权力博弈逻辑。与解释我国国有企业的市场化改革一致，要解释我国国有企业治理权能的分配史，这些逻辑甚至具有更为强大的解释力。

本研究的分析逻辑是以这样的悖论开始的：即便是通过效率逻辑也可以发现，我国国有企业改革远未完成。即便在一定程度上可以利用"渐进性"逻辑进行解释，但仍然无法回答这一问题：为什么国有企业改革停滞了十年，且未来的改革并不明朗？这是本章需要回答的第一个问题。进一步的分析可以发现，

1　我国国有企业改革进程中发生了非常多的"思想交锋"，每一次思想交锋都是特定政策选择的交锋。例如，针对承包制之后国企改革的路径，张武林（1988）就总结了十种观点，在现代企业制度建设的问题上，不同学者也对政策选择发出了非常多样的声音（例如：《经济经纬》杂志1995年第1期刊发了《中外经济学家谈国有企业改革》一文，对这些观点进行了总结）；在21世纪，"朗顾之争"也对我国国企改革的路径选择产生了非常强大的影响（孙秀丽、田为厚，2012）。

这种未完成状态主要体现在大型国有企业中。或者说，我国国有企业改革的历程出现了非常明显的"分叉"。从时间上来看，这种分叉主要体现在国有企业改革历程中的"抓大放小"。为什么不同类型的国有企业的改革路径——制度安排——呈现系统性的差异，并且，这种差异几乎在整个改革中都有出现。同时，这种制度差异不仅体现在不同时间段不同类型的企业上，在不同地方政府层级之内，有关国有企业产权分配的制度安排都呈现系统性差异。这一方面说明，我国国有企业改革过程中的制度安排呈现非常大的差异——这体现在时间脉络、企业类型以及政府层级之间，怎样解释这种制度安排的系统性差异，这是本书要回答的第二个问题。第三个问题是，对于我国国有企业改革最为重要的批判在于"政企不分"，但从权能分配的制度安排层次来看，政企不分本身作为一种"混合制度安排"，也是结构化国企治理权能分配的制度机制。这样的"制度混合"有什么样的特点？为什么其具有如此强大的"制度惯性"？第四个问题是，对于我国国有企业改革的评价，除了其没有实现"政企分开"之外，另一个批评在于我国国有企业改革造成了利益结构的分化。但是，正如很多学者所言，我国国企改革的效率和社会不公在理论上具有同源性，如是，怎样理解国企改革带来的收益分配的结构化，或者说，在国企改革过程中，"谁得到了什么，以及如何得到"这一问题需要解释。这造成了怎样的制度后果？

要完整地回答上述问题，当下有关国企改革的理论可能是不够的。一方面，国有企业改革本身的复杂性决定了解释理论机制的复杂性（周冰、靳涛，2005）；另一方面，多样性的解释逻辑也提示我们，要解释我国国有企业改革的复杂进程，需要整合各个理论维度。本章将采纳第2章所提出的"权能转移的制度分析框架"来分析这一权能转移的制度机制和过程。一方面，这一框架可以非常有效地整合国有企业改革过程中多样性的解释要素——既包括效率逻辑、政治收益最大化逻辑，也包括政治权力逻辑；另一方面，该框架可以对整个国有企业改革的历史进行"分析性"叙述，这样的解释路径可以有效避免纯粹的数据分析或历史经验罗列带来的理论解释力边界问题，并将过程和机制置于讨论中心。在这一过程中，政府的政治收益，政府和国有企业建构的权能转移的政治交易治理机制，以及不同利益主体随着改革的推进进行的复杂权力博弈构成了解释这些复杂问题、描绘我国国企改革的复杂进程、理解我国国企改革面临的制度性困境等问题的关键理论机制。

3.2　从资源获取到交易治理

3.2.1　政府收益与国有企业改革

3.2.1.1　国企改革的政府收益

本研究的分析框架是从政府的收益开始的，这与制度变迁的效率逻辑有着本质的差异。同样，对于国有企业改革的分析，也必须从政府的动机开始。一方面,我国国有企业的"放权"是一个政府主动放权,甚至是强制性变迁的过程,所以，政府的动机非常重要。这使得政府超越了"咬尾蛇"问题，成为自缚双手的奥德修斯，找到了对付海妖塞壬之魔歌的办法。另一方面，在国有企业改革研究中，政府的动机，特别是政府的经济动机、政治动机以及权力博弈状态都是理解我国国有企业改革的钥匙（杨记军、逯东、杨丹，2010）。这样的逻辑不仅贯穿在国有企业改革的进程之中，甚至在改革之初，我国国有企业改革都是嵌入在国家的政治需要之中的（张国有，2014）。

正如有学者在针对我国国有企业私有化的研究中提出的，为什么政府会愿意放弃国有企业的所有权或控制权？要理解政府放弃所有权的行为，需要对政府在国有企业改革过程中保留或放弃特定国有企业治理权可能带来的成本和收益进行分析（王红领、李稻葵、雷鼎鸣，2001）。在国有企业改革过程中，政府的收益主要体现在两个方面：税收和利润。在其他条件不变的情形之下，政府会最大可能实现自身的总收益最大化，即税收和利润之和的最大化。在权能分配改革过程中，政府的成本主要表现在四个方面。首先，在政府保有国有企业控制权的情形下，为了激励国有企业生产，需要解决国有企业中的委托代理问题，这需要耗费特定的制度成本，即委托代理成本（平新乔、范瑛、郝朝艳，2003）。其次，随着国有企业治理权逐渐转移给企业，原有由企业承担的所谓"政策性负担"，即公共物品供给，将成为政府改革国有企业成本的一部分。再次，任何特定的权能分配状态都会构建一系列的激励机制，这可能使得国有企业的效率被控制在效率边界之内，这种效率损失也可能构成国企改革的成本之一。最后，改革可能产生社会风险，特别是在国企改革中的社会保障等公共服务的供给不足的情形之下，可能会对社会稳定产生影响，这也是影响国企改革的重要因素。

所以，从政府的成本－收益视角来看，国企改革中特定企业的特定治理权能是否下放，与这一权能分配过程中政府对自身成本收益的评估有关，只有当成本－收益为正的情形之下，特定的权能才有可能被政府纳入放权改革的考虑之列。需要说明的是，首先，即便是在国企改革中，不同的成本－收益之间的比较仍然是困难的。政府在决策过程中不同要素的边际替代率是不清晰的，但影响决策的因素相对来说是固定的。其次，随着时间的演变以及改革的推行，影响国企改革的成本－收益因素也是变化的。例如，一旦国有企业的所有权被完全转移给企业，政府就无须考虑委托代理成本问题。由此可见，时间进程即便在决定政府的成本－收益因素之时也扮演了非常重要的角色。

3.2.1.2 减负与增税：国企改革的制度选择

在计划经济条件下，国有企业效率十分低下。但是，国有企业一旦发生亏损，在"父爱主义"逻辑下，政府常常会追加投资、减税以及提供补贴。同时国有企业经理也意识到这一点，这造成了国有企业的"预算软约束"（Kornai，1986；Obligation，1988；Dewatripont，Mathias & Maskin，1995；叶振鹏，2007；朱珍，2010）。在"统收统支"——投资靠财政、利润交财政、亏损财政补——的财政体系下，国有企业连年亏损而导致的生产补贴使得财政状况恶化，中央财政不堪重负成为国有企业改革的核心动力（赵凌云，1999；萧冬连，2008）。

　　改革首先表现为 1978 ～ 1979 年的"放权让利"试点。总的来看，试点取得了一定效果。根据汪海波（2005）对 5777 个试点企业的统计分析，工业总产值在 1980 年增长了 6.89%，利润增长了 11.8%，上缴利润增长了 7.4%。[1] 更重要的是，在利润有所增长的情形下，全部利润的 87% 上缴国家，这一事实也说明"放权让利"的政策初衷（汪海波，2005）。这样的初衷也体现在 1981 ～ 1982 年的工业经济责任制的改革实践中。"放权让利"试点在利润提高方面有所突破，但农村联产承包责任制的成功，以及特别是 1980 年中国出现的严重财政赤字，使"工业经济责任制"成为深化国有企业改革的新工具（汪海波，2005）。三种利益分配方式——利润留成、盈亏包干和以税代利、自负盈亏——被引入，在进一步调动国有企业积极性的同时，财政收入状况明显好转：1981 年赤字从上年的 127 亿元减少到 25 亿元。虽然"放权让利"和"工业经济责任制"中政府补贴和赤字大幅下降，但"利润留成"制度还是导致财政收入的整体下滑，于是，1980 年"以税代利"试点取得的显著效果促使政府采取了"利改税"改革。经过两步利改税制度改革，国有企业由原来税利并存转变为完全交税，进一步理清了企业与政府之间的财政关系。

　　"利改税制度"的推行并没有在真正意义上实现预期中的"扭亏为盈"。但是，过高的所得税率减缓了企业的发展后劲，降低了企业的积极性，从 1985 年 8 月至 1987 年 3 月，工业企业利润连续 20 个月出现滑坡（杨启先，1993：2）。同时，成本上升、亏损面增加以及财政收入下滑都使得超越控制权改革的所有权改革的推进成为必要，这首先表现为 1987 年对大中型工业企业推行的承包经营责任制。相比未实行承包经营责任制的企业，其无论在产值、利润还是在上缴利税方面都取得了增长（国家经济体制改革委员会，1988）。但是，经营

1　以当时的改革"明星"首钢为例，1979 ～ 1981 年，首钢实现利润净额是 82622 万元，平均每年 27540 万元，比扩权前的 18951 万元（1978 年）平均每年增长 45.32%；3 年中，向国家上缴利润 72001 万元，平均每年 24234 万元，比 1978 年的 18092 万元，平均每年增长 34.5%；上缴利润加税金，3 年合计 83805 万元，平均每年 27935 万元，平均每年增长 27.91%（宗寒，2008）。可见，这是一个"多赢"的策略。

责任制的推行是基于早期财政大包干的财政体制的，在权力下放的过程中，大中型国有企业，特别是盈利企业大部分下放到基层政府，造成了中央级收入的下滑（周冰、李美嵩，200；杨继绳，1998：426）。为了增加中央财政收入，"分税制"改革得以推行。1994 年推行的分税制改革进一步硬化了政府与国有企业的利益关系。这也使得政府进一步意识到，国有企业在增加财政收入、实现产业发展以及保证社会风险等方面并不比民营企业贡献得更多，于是，所有权改革的推行就有可能了。

所有权改革主要在国有小型企业推行，其表现形式为股份制改革。1997 年确定的建立现代企业制度，利用"抓大放小"对整体国有企业进行改革的思路（张文魁，2008；吴敬琏等，1997），是所有权改革路径的进一步推进。所谓"抓大放小"，是指政府将治理的重心转移到大中型国有企业，对于那些处于流通和服务领域中的，可以进行市场化的中小型企业——往往也是亏损严重的企业[1]，要么出售，要么转向股份合作制，以实现国家财政补贴降低，以及国有企业减负的目标（汪海波，2005；黄速建，2008）。从核心逻辑来看，"抓住大的、搞活小的"是政府在处理与市场关系时采用的甄别机制：将那些要素边际生产率高、利润–税收边际贡献率高的产业纳入"抓"的行列，并最终利用"国有资产管理委员会"将政府与大型国有企业的关系制度化，成为国有企业改革事实上的终点（Coase & Wang，2012；叶振鹏，2007；马建堂，2008）；而将那些要素生产率低，同时可能面临更为激烈的市场竞争的行业纳入"放"的行列（韩朝华、戴慕珍，2008；萧冬连，2014；Yong，2000）。[2] 同时，对那些可以实现市场竞争的行业进

1　这样的企业本身由于市场竞争的存在使其亏损的可能性更高，所以改革的愿望更加迫切（参见：张卓元，2001）。

2　这也是地方国企改革过程中不断出现的"戏码"：地方小型国有企业往往面临更为激烈的竞争，其产业往往为竞争性产业，亏损面非常大 [参见汪镇全、彭革和张国斌（1988）针对广东和福建省的调研]。这就不难理解，在整个 20 世纪 90 年代中期，随着"抓大放小"的推进，对于中小企业的所有权改革，特别是对亏损企业破产，"步子要迈得大一点"，这是官学两界的共识（郑新法，1995）。

一步提供市场保护——就如许多地方政府的"统合主义"实践一样（Oi，1992；Lin，1995），从而利用市场机制实现自身利益增加，这正是政府"保护市场"的逻辑（Coase & Wang，2012）。[1] 但这种逻辑在大型国有企业中却不存在。不仅如此，在"抓大放小"之中，无论是大型还是小型国有企业，股份制都是国企改革关键的产权改革选择。但是，"三年脱困"时期股份制改革的经济动机可能与市场化没有关系，而与利用市场机制解决资金难题有关："利改贷"使得国有企业欠下了巨额的债务，成为改革难以解决的沉疴；而巨额的坏账风险，不仅给国有银行改革带来了非常大的阻碍，甚至对金融秩序产生了威胁（易宪容，2000）。于是，股份制成为解决融资问题和金融问题的理想选择（杨秀云、鲁政委、李晓玲，2002）。"抓大放小"和"战略重组"最终使我国的国有企业出现了产业性"分叉"：垄断性和公共物品类产业（包括石油电气、通信交通和自然资源）中国有资本的控制力持续上升，甚至在 2008 年之后出现了"国进民退"状况（李政，2010）；而竞争性行业（主要是制造业和服务业）则采纳市场化方式实现"减负"（平新乔，2003；袁志刚、邵挺，2010；刘得扬、杨征，2012）。[2]

这可以理解有关国企业改革的两个非常不同的论断：一方面，在某些学者看来，国有企业改革过程是一个提高国有企业整体素质和控制力的过程（黄速建，2008；张卓元，2008）；另一方面，在某些学者看来，国有企业改革并没

1　正如宗寒（2008：265）在河北邯郸市广平县的调查所显示的，广平县委宣传部长认为："照我看，县里不要留国有企业。你留它干啥，应该全部卖了，变成私营的，政府收税就行。不必背这个包袱。不然富了和尚穷了庙。"

2　如此后果是，所谓"分类改革"的核心逻辑并不是"自然垄断"或"公共物品"进入"抓大"的行列，而是行政垄断，行政垄断往往造成严重的设租和护租问题（胡鞍钢、过勇，2002；过勇、胡鞍钢，2003）。按照这一逻辑，竞争性行业之所以不存在设租和护租问题，也许只不过是因为设租和护租成本太高。但即便如此，"分类改革"一直被视为国有企业改革的基本路径选择；而"产权结构与产业结构的错位"，以及"竞争性、营利性产业放置到了公有产权"一直以来都被认为是国企改革的问题所在（杨灿明，2001）。

有完成，大型国有企业改革成为我国国有企业改革的短板。[1] 这是因为，为了最大化自身的收益，政府在改革过程中以行业为基础对改革路径和改革战略进行了细分（平新乔，2005；Bai, et al., 2004），在不同的行业之间建立了不同的企业治理结构。并且，新时期的国有企业改革仍然没有偏离这一路径，其基本上沿着战略改组和"强强联合"的方向演进，亦即，2006 年国资委发布的《关于推进国有资本调整和国有企业重组的指导意见》与这一思路一脉相承。[2] 2015 年 9 月颁布的《中共中央国务院关于深化国有企业改革的指导意见》（国企改革的顶层设计）仍坚持"分类治理"，其产业划分原则也充分体现了政治选择的逻辑：将国有企业分为商业类和公益类，从而进一步在大型国有企业中实现甄别，这种甄别的目的在于有选择地利用市场机制实现国有企业增收。

3.2.1.3 在稳定和效率之间：中央政府的制度选择悖论

减负和增税是理解我国国有企业改革的关键因素，但是，这只是构成政府收益的一部分；另外，在国企改革过程中，改革成本问题也是一个关键环节。这些成本可能包括多样性的制度成本，其中最为重要的是国企改革中所谓的"政策性负担"问题（林毅夫、蔡昉、李周，1995；郑新法，1995；蔡昉，1995；李培林、张翼，1999）。国企改革中的政策性负担，一方面是我国计划经济时代"企业办社会"所遗留下来的"历史问题"，另一方面也与预算软约束之下国企运营中的非效率状况有关。但是，随着国企改革的推进，客观上需要实现政策性负担的剥离（陈朝先，1995；周叔莲，1998）。这种剥离必然需要政府承担非常高额的改革成本，但是，政府并不一定有能力，或者有动力，承担这一改革成本（张晖、倪桂萍，2007；张文魁，2008）。更为重要的是，改革过程充满不确定性和

---

1 最典型的，我国石油天然气行业的改革就被视为"不彻底"，但其改革的过程中，从来没有考虑过真正的"市场化"改革（彼得·诺兰，2000）。

2 这一意见计划将 161 家央企在 2010 年重组为 80～100 家，只对特定行业进行国家控股。

政治风险 [1]，这与政策性负担的剥离有着千丝万缕的联系（郑成文，1997；Bai，et al.，2000；周冰、靳涛，2005）。于是，改革过程中由于"甩包袱"造成的社会风险成为我国国企改革中的关键要素。

为了规避改革中可能造成的政治风险，同时规避改革中剥离政策性负担给国家带来的巨额成本，政府采纳了非常多样的制度安排。一方面，循序渐进地推进改革进程，持续地将政策性负担内化于国企改革的进程之中。于是，即便社会保障体系改革对于国企改革的重要性很早就被认识到了，但其改革的开启一直被延后（筱梦，1995；郑新法，1995；夏杰长，2000；谢春玲，2002）。另一方面，在改革过程中持续加强政治控制，特别是在大型国有企业中（宁向东、吴晓亮，2010）。这种控制是通过多种机制实现的，包括党管干部的原则，对很多企业实行国家控股且股份无法转让（钟海燕、冉茂盛、文守逊，2010）。

于是，政治控制策略和"甩包袱"策略共同构成了我国国企改革中的"不彻底"状况。而所谓的不彻底，本质上就是一系列混合性而非纯粹按照市场体制所构建的企业治理制度，因为其混合了政府多样性的政治需求（顾建平、朱克朋，2006）。这样的治理制度造成了非常多样性的后果。一方面，不同的制度设置造成了差异性的激励机制，而在混合目标主导下的治理机制使得激励机制失灵，使得政府需要采纳更为政治性的激励措施，如政治晋升（张敏、王成方、刘慧龙，2013；王曾等，2014；廖冠民、沈红波，2014），以及党组织参与企业治理（马连福、王元芳、沈小秀，2013）。另一方面，围绕"企业办社会"问题，既然对于政府来说是沉重的政府负担，企业就有更充分的理由将其收益纳入"大锅饭"结构之中，于是，预算软约束会持续，政府构建有效激励机制

1　英国经济史家约翰·希克斯（2002：32）在分析商业的专门化、市场的兴起与政府干预市场的原因时也表达了几乎相同的洞见："任何政府，甚至连我们迄今所考察的前重商主义政府都必然坚决反对扰攘骚乱（或按其标准被视为扰攘骚乱的现象）；因为它代表一种明显的纯系政治性的威胁。在市场所在地聚集在一起就是一种集会；每种集会都具有潜在的危险。这就是政府干预市场的最初原因，这说明政府为何要三令五申地坚持开市必须经过某种特许。"

的成本会上升（齐艺莹、王德国，2004），最终只能在政府与企业之间形成"次优制度安排"，即在不同的企业混合政府不同的目标，并利用混杂的制度机制实现国企治理。这样的制度安排混合了政府的多样性政治动机、对市场机制的策略性应用以及我国特殊的政治制度环境状况。

总的来看，无论是"抓大"还是"放小"，最终都成为满足政府收益的制度性机制，其中，"放小"与"边缘革命"一道，使政府逐渐可以充分利用私营经济带来的税基扩大。随着私营经济的扩大，税收机制成为一种替代方案（夏立军、陈信元，2007）。不仅如此，市场经济的发展也降低了国企改制的成本——市场可以吸纳下岗工人，税基扩大可以有效增加政府承担政策性负担的能力（黄玲文、姚洋，2007；陈林、唐杨柳，2014）。同时，市场机制也有效降低了政府与企业经理有关企业绩效的信息成本，降低了政府的代理成本（田利辉，2005；胡一帆、宋敏、郑红亮，2006；沈吉、钟宁桦，2007）。但是，即便如此，随着新一轮国有企业改革拉开大幕，国有企业改革过程中的政治性似乎被进一步放大了，这也与当下的国有企业本身的政治性战略地位有关。"国有企业特别是中央管理企业是我国国民经济的重要支柱"，"在我们党执政和我们社会主义国家政权的经济基础中也是支柱作用"（冯禹丁，2015）。2015 年 6 月 3 日，党中央机关刊物《求是》也发表了评论员文章，明确指出"国有企业改革事关我国社会主义基本经济制度，事关国家安全和党的执政基础"（《求是》评论员，2015）。可见，政府与市场，改革过程中政府对市场机制的选择性利用，以及党政机制和市场机制的混合，会在很长的一段时间内支配着我国国企改革的进程。如是，国有企业改革的过程首先是一个减负与增收的过程，同时也是一个降低组织成本的过程。这既体现在国有企业改革的策略演变过程中，也体现在国有企业改革的结果中。

3.2.2 政治交易成本、治理机制及其演变

如上所言，我国国企改革进程中的权力分配是一个强制性制度变迁的过程，

哪些权力被放置于政府，哪些权力被放置于企业，以及这种分配的制度安排都是一个政府基于自身利益最大化而选择和构建的。但是，这只是故事的一方面。另一方面，任何针对政府和企业之间权能分配的制度安排在本质上都是一个政治交易过程，在这一政治交易过程中，即便政府作为制度变迁的"第一行动集团"可以在很大程度上扮演制度供给者角色，但特定制度供给所构建的产权分配结构仍然需要和企业等主体构建相应的政治契约治理机制，而最终的权力均衡才是特定产权分配的制度性状态。于是，任何强制性的有关权能分配的制度安排最终都会依赖特定的政治交易治理机制，治理机制的演进是理解国有企业治理权分配制度变革的基础。

3.2.2.1 政治交易成本与契约治理

如果不存在交易成本，国有企业的产权，抑或产权分配的状况对于经济绩效的影响将是不存在的，或者，按照张五常（Cheung，1983）的说法，如果不存在交易成本，产权就是不重要的。一方面，如果不存在交易成本，即便是产权国有，这样的产权结构也是足够清晰的，因为交易成本为零也就意味着产权的执行成本为零；另一方面，给定产权无限细分的可能性，产权分配完全可以利用市场交易的方式导向可以实现经济收益最大化的产权分配状况。按照这一逻辑，政府与企业之间有关产权的分配将沿着最有效的方向演进，从而实现国有企业经济效益的最大化。但是，一旦存在交易成本，初始的产权分配就变得重要了。这也是产权学派对于我国国有企业改革的分析中重点强调的问题：在产权不明的情形之下所构建的激励机制造成了非常高的"委托 - 代理"成本，导致国有企业的绩效困局。但正如上文对于这一解释的分析所显示，这仅仅解释了问题的一个方面，更为重要的是，是否可能通过产权交易的方式将政府拥有的国有企业的产权转让给企业？在多大的程度上可以达成这一政治交易？其依赖于什么样的制度条件？最终会对国企改革的制度结果产生什么样的影响？

给定交易成本存在，政治交易达成的可能性与政府 - 企业之间有关权能转移的政治交易成本高度相关。如第 2 章有关交易成本的分析框架所言，政治交易过程至少存在三种交易成本：政治动员的组织成本、议程设置成本以及政治交易成本。影响政治交易成本的关键在于政治交易的属性，即缔约的分散性和诉求的政治性。按照这一区分，在政府与企业之间有关产权分配的政治交易之中，两个特点非常重要：①政府与企业之间的契约在整体上具有明显的"分散性"特点；②政府与企业之间的诉求基本上是经济性的。所以，利益界定的清晰性和组织主体的分散性保证了政治契约达成过程的低动员成本和低议程设置成本。于是，总体上而言，在政府与企业之间有关权能分配的政治交易是很容易达成的。

相对较低的动员成本和议程设置成本并不意味着政治交易的事后治理是低成本的。如上所言，在国企改革的进程之中，政府往往扮演的是资源获取的角色，再加上政府在国企改革进程中拥有多样化的经济和政治目标，使得任何有关产权分配的承诺都有可能在事后改革中被违背。于是，可信承诺问题将伴随国企改革的每一个阶段。另外，给定国企改革中政府的多样性政治经济诉求，国企经理和管理人员既会策略性地利用政府加诸其上的政治经济负担以规避自身的经济效率责任，如是，政策性负担会被企业策略性地利用，从而导致"预算约束"的硬化变得不可行（廖冠民、沈红波，2014）[1]；同时，在"委托 – 代理"结构下，经理和管理人员也会采纳机会主义行为，从而进一步压缩特定产权分配制度的效率潜能（刘远航、黄立华，2008；王珺，2001）。如是，构建有效的针对政府 – 企业之间权能分配之政治交易的契约治理机制，成为理解我国国企改革进程的关键。

如果说政治交易是可达成的，但在政治契约治理成本较高的情形之下，存在哪些契约治理机制以解决政府 – 企业之间的政治交易成本呢？在上一章有关治理机制的结构化分析框架之中，契约治理机制可以按照两个维度——正式程

---

1 以纺织工业为例，即便纺织工业是完全竞争性行业，且面临严重亏损，但其在退出的过程中也存在非常高的退出成本，导致实现预算约束硬化的目标非常艰难（卢华，2000）。

度以及是否存在第三方治理——划分为非常多样化的制度形式。基于此，对于政府 – 国有企业之间的政治交易治理，也可以划分为多种制度安排（参见图 3.2）。我国国企改革的制度变迁主要是一个"强制性制度变迁"过程，所以，国企改革过程中正式制度存在非常多样化的表现形式。按照治理机制的独立性程度，或者说，第三方卷入程度，可以发现，在国企改革过程中存在非常多样的治理制度安排。

最为简易的制度安排是"放权让利"，这一制度安排主要依靠"一企一策"的制度性谈判固化政府和企业之间的管理权边界。随着所有权改革的推进，"承包制"则进一步将产权边界的时间界限延展，并进一步固化了二者的权力边界。"现代企业制度"则是在企业内部采取现代公司的法人治理结构，利用董事会等制度机制实现政府和企业边界的有效划分（赵凌云，1999）。如果说"现代企业制度"是在企业的内部实现第三方治理，那么，"国资委"则是利用外部性第三方治理实现政府与国有企业之治理权能的边界划分。[1] 最后，完全的股份制改革和市场化改革则采纳真正独立的第三方，即独立的第三方法庭，以及详尽的有关市场运作的法律机制实现政府与市场之边界的完全界定，从而呈现市场机制以及以市场机制为基础的法律结构对政府治理权能的完整替代。[2] 当然，在政府与企业的内部也存在非常多样化的非正式治理机制。虽然完整的非正式

1　当然，除了国资委（包括地方国资委和中央国资委），还存在非常多的利用独立第三方实现政府与企业之间权能划分的制度化实践。例如，武汉市在扩大企业自主权阶段从简政放权着手，为了实现"放权"的"放心"，将市财办、一商局、二商局撤销，建立商业管理委员会，作为市政府管理商业和市场的机构，同时，对几十个二级公司进行改革（宗寒，2008：44）。这种模式就是典型的政府构建第三方实现契约治理的案例。

2　我国的股份制改革并非将完全独立市场作为第三方治理，这一方面说明，从理想类型而言，这样的治理机制是最为彻底的政府替代机制；另一方面也说明，我国的制度安排具有"混合性"。不仅如此，除了以市场为基础的法律结构，其他宏观制度也可能成为固化政府 – 企业关系的制度选择。例如随着中国加入 WTO，国际制度也可能成为约束政府 – 企业关系的制度机制（田野，2011）。还有一种第三方治理形式是"地方之间的竞争"，这可能体现出市场竞争的特点，约束地方政府的"掠夺之手"，促进国企改革的深化（张维迎、栗树和，1998）。

第三方治理不存在，但是，至少存在两种非正式治理机制固化政府和企业之间的预期。第一，政府与企业之间所形成的非正式惯例，包括有关利税的合理比例、各项权能划分的非正式预期[1]；第二，政府和企业之间可能形成一系列"长期合约"，在重复互动和博弈中，二者基于长期目标可能演化为一系列"关系合同"和"政企同盟"，从而结构化二者的预期。[2] 于是，"正式－非正式"以及"内部－外部（第三方）"，共同构建了治理制度矩阵，这是我国国有企业制度改革的"理想类型"。每一种都是对二者权利进行规范的治理机制。当然，纯粹类型的"内部"存在非常多样化的混合，即便是在国资委"内部"，也存在正式制度和非正式制度的混合。

图 3.2 政府－企业之间产权交易治理机制

1 例如，如果国有企业需要承担政策性负担，政治晋升可能就是政策性负担的"补偿机制"（廖冠民、沈红波，2014），这种机制可能是结构化的政府－企业间权能划分的非正式机制。这种非正式机制可能还会表现为"在职消费"以及"隐性腐败"等方式（杨德明、赵璨，2014）。

2 这种模式的表现形式非常多样。最为典型的是各种私营企业以"红帽子"的方式与政府构建千丝万缕的联系，构建"政治社会资本"，从而获取政府的政策性保护（李路路，1996；杨光飞，2004；雷志宇，2007；李健，2013）。这种政策性保护对于国有企业则具有先天的制度性优势（李岚，2013）。在集体企业中则表现为"关系性合同"所构建的长期信任关系，以约束乡镇政府的"掠夺之手"（刘世定，1999；杨治、路江涌、陶志刚，2007）。在国有企业中则表现为政企之间的"合谋"，特别是地方政府（徐传谌、王国兵，2005；白让让，2007；潘红波、夏新平、余明桂，2008）。

3.2.2.2　制度演化

由上文的分析可见，给定任何一种政府 - 国有企业产权分配的制度安排，也意味着特定产权分配的政治交易的实现。但是，由于存在政治交易成本，特定产权分配方案需要制度性的安排实现政治契约的结构化，或者说，需要特定的制度安排实现特定产权契约的事后约束。任何给定的国企改革的制度安排也是一种固化权能分配的契约治理机制。其中，对于企业来说，最为关键的是硬化"收益"约束；对于政府来说，则是硬化"补贴"约束。于是，国企改革的过程也是一个契约治理机制的演化过程。随着时间的演变以及不同行业的企业逐渐被甄别，制度安排的差异化也可以被有效地解释。

国企改革是从放权让利开始的，相比于传统的"统收统支"的"大锅饭"结构，此时，在国有企业内部出现了新的权能结构划分。放权让利在本质上是意欲通过某些国有企业控制权的下放以增强企业活力，最终实现国家利税上升的目标；同时，企业"自负盈亏"也可以约束企业对政府的"乞讨之手"（冯举、周振华，1981）。一方面，放权让利的改革是以"一企一策"改革为基础的，所以，放权让利之"放权"的动员成本和议程设置成本是非常低的；另一方面，相比于原有的"统管一切"的制度安排，权能下放确实起到了制度激励的效果。但是，在放权让利阶段，由于未涉及所有权改革，权力下放承诺的可信性存在缺失。再者，"一企一策"虽然可以在很大程度上节约议程设置和契约达成成本，但契约执行成本却因为契约的多样性和模糊性被大大提升。同时，政治摊派、行政命令以及利税比例的随意性等都在很大程度上损害了放权让利改革的彻底性。如是，针对企业的长期效率激励以及硬化预算约束的目标无法达到，企业限制政府"掠夺之手"的制度性机制也远未实现。[1]

政府很早就意识到只有通过产权制度改革才有可能真正采纳"自缚双手"

1　正如赵凌云（1999）的研究所显示的，"总体上看，1979~1982 年的放权让利仍带有浓厚的行政色彩，国家与企业之间的权利分配格局仍不规范，这既不能充分保证国家的权利，又不能充分保证企业的权利，不能真正赋予企业商品生产者的独立地位"。

的方式实现自身政治承诺的可信性，才能真正实现长期收益的最大化，所以，产权改革"势在必行"。初期的产权改革采用的是"承包制"这一来源于农村改革的制度实践。在承包制中，政府意欲通过对国有资产的承包来换取针对企业的长期激励，如是，放权让利下的短期合约可以长期化，同时，明确的承包机制也说明了政府的所有权边界，并且实现了政府和企业之间谈判行为的常规化和制度化（"国有企业改革与效率"课题组，1992），从而对企业干预的任意性有所缓解（马建堂、汪新波，1988；杨瑞龙、周业安，1998；陈建军，1993）。采用承包制的逻辑与放权让利改革的逻辑一脉相承：分散缔约可以有效降低契约达成的成本。所以，其也面临与"放权让利"改革几乎一致的契约治理成本高昂问题："一企一策"的承包制即便在短期内将政府的所有权让渡给了企业，政府针对企业的行政干预仍然非常强大（郑红亮，1992；杨瑞龙、周业安，1998）[1]；再加上承包"价格"采用基数承包的方法，"鞭打快牛"进一步增加了政府对国有企业的"掠夺性潜能"；而在"鞭打快牛"的情形之下，既然"包赢不包亏"，多种浪费国有资产的短期行为成为国企经理的现实选择，而在政策性负担无法剥离的情形之下，预算约束的硬化也是不可能的（宗寒，2008；赵凌云，1999；童年成，1999）。[2]

---

1 "政策多变"是这一阶段改革的基本状态，"国家为了控制企业的行为曾对国有企业取得分成利润的前提条件做出规定，但这些规定随着时间的推移内容愈来愈多"，"自承包合同签订之日起，上交基数或留成比例就注定要被修改"，"集资摊派"问题持续存在，还要为政府生产亏损产品，于是，对于签订长期合同的信心一直不足（忻文、杜荷，1989；"国有企业改革与效率"课题组，1992）。厂长经营自主权，特别是财务管理和人事权力自主性"尚未落实"（陈建军，1993；王全斌，1999）。在"一企一策"情形下，由于企业在谈判中的弱势，政府既能修改承包中的指标，也一直在修改承包指标（"国有企业改革与效率"课题组，1992）。这种情形又会被下述状况所强化：市场环境的变化使得政府与企业之间的长期合同的执行也变得困难（金梅，1992），况且，随着市场经济的兴起，国有企业有了更多的交易选择，这样的状况变得越来越频繁。
2 正如周叔莲（1989）所言，在过去十年国企改革中，政府的预算约束并没有真正硬化；而绿原（1989）对广州国企改革的研究则发现，在改革过程中，企业与政府陷入了"双重矛盾"："就企业来说，一方面期望彻底摆脱政府的行政干预，另一方面又留恋政府给予的优惠照顾；就政府来说，一方面从搞活企业的角度考虑，真诚地向企业放权，另一方面从政府的其他职能考虑，不自觉地干预、限制企业正常的生产经营管理权"。

所以，承包经营责任制无法真正实现政府与国有企业之间边界的明晰化，"承包制下的国有企业产权关系不是更清晰而是更模糊了"（吴金群，2008）。

很显然，政府逐渐意识到，承包经营责任制并非硬化国有企业和政府之间权能边界的理想选择，在承包制使得国有企业的产权更为模糊而不是更为清晰的情形下，真正的产权改革方案逐渐浮出水面。长期以来，对于我国国有企业的批评就在于其产权不清，而针对这一问题最为直接的解决方案就是市场化，其实现机制是股份制改造。[1] 通过股份制改造，国有企业被纳入市场之中，利用市场机制硬化国有企业的预算约束，可以实现真正的"自负盈亏"，且利用针对市场化主体的法律机制，可以有效降低契约执行成本，从而成为国企改革的理想选择（汪镇全、彭革、张国斌，1988）。[2] 但是，正如上文所言，对于政府来说，在竞争性行业和中小型企业中实行股份制改革和市场化是可行的，但针对大型国有企业并非最优制度选择。于是，针对大型国有企业进行现代企业制度建设，在企业内部通过法人治理结构实现所有者、管理者以及其他利益相关方之间关系的治理，在企业内部构建独立的第三方治理体系，从而实现政府和企业之间权力和责任状况的制度化。[3] 在法人治理结构之内，一方面，企业获得了

---

1 国家体改委副主任王仕元接受访谈的过程中专门谈道，"不能把拍卖小企业叫私有化，也不能把它叫作国有资产流失"（郑新法，1995）。这与当时有关市场化改革过程中所面临的问题是高度相关的。

2 这一实践试点于诸城，随后逐渐推开（中国市场经济研究会调查组，1995）。进一步分析可以发现，无论是通过"界定式私有化"还是其他，至少实现了"市场化"。其实，最好的说法也许是，这些企业在市场化过程中从来就是利用着非常多样化的内部制度机制在"市场"中"讨生活"。因为，即便在放权让利阶段，对于那些处于竞争性的国有企业来说，一方面，虽然具有"红帽子"，可能早就已经事实上私有化了（Whiting & Kirby, 2006）；另一方面，随着市场竞争的加剧，市场所能提供的信息甄别机制一直是国有企业效率的核心指针，竞争性比较可以识别企业的相对效率，如是，针对经理的差异化激励机制也就可行。所以，"小"之"激进市场化"在本质上并不是一场如此激进的改革，而是一种制度性衍生，只不过进一步被正式制度结构确认了。

3 在杨瑞龙和周业安（1998）看来，这样的制度安排可以"通过控制权的合理配置硬化企业的约束机制，使之与相应的激励机制相匹配，达到权责利的统一"。

自主经营的法人地位，从而保证了企业的独立性，阻断了政府任意干预的可能性（张文魁，2008）；另一方面，政府仍然可以行使出资人权利，并就基本企业控制和重大企业决策行使所有者权利，也在很大程度上满足了政府的目标和需求。

如果说"抓大放小"过程中，无论是抓大还是放小，都通过正式的第三方机制建构了企业治理权边界的清晰化，那么，无论"放小"中的市场化和股份制改造遭受了怎样的批评，其客观上解决了政府和企业之间的边界划分问题。但是，对于"抓大"中的现代企业制度，法人治理结构中政府对企业的决策和干预似乎从来都没有停止过。再加上，即便在企业内部构建了类似独立的第三方，政府对于法人治理结构的事实控制仍然导致完整的企业法人地位存在被任意干预的风险。一旦存在任意干预，企业接受市场制约这一法人地位的前提就会被损耗，这是一个恶性循环。[1] 于是，真正的既能代表出资人的所有者地位，又能真正实现企业法人地位，处于政府和企业之间的独立第三方就成为最终的治理机制选择。[2] 这就是早期试点于上海，最终于2003年成立的国有资产管理委员会（简称国资委）（黄金平，2009）。从权能分配来看，国资委代表作为出资人的政府履行大型国有企业的三大治理权——重大投融资决策权、收益分配权和经营者任免权，实现国有企业治理过程中的"归属清晰、权责明确、保护严格、流转顺畅"，"管人、管事和管资产"（冯禹丁，2015）。但是，即便如此，似乎国资委也一样卷入了企业治理边界的沉疴之中：即便如国资委一样的独立第三方，仍然没有有效的制度机制可以解决其对企业的任意干预问题。一方面，位于政府和企业之间的国资委既要优化产业结构，又要保证国有资产的保值增值，而这两个目标往往是矛盾的；另一方面，在多样化目标之下，国资委对企

1　例如，国有企业监督制度的"稻草人"现象就与此有关：无论是内部监督还是外部监督都是基于党政部门的意愿，但是其在激励监督者真正履行监督职能方面又存在制度性不足；这也与我国即便在法人治理制度之下，出资人缺位的制度性状况有关（郑石桥、李曼、郑卓如，2013）。

2　这一构想其实很早就在理论界出现。按照产权改革的逻辑，这被称为"模拟产权外部化"，是相对于法人治理机制之"外部产权内部化"而言的（"国有企业改革与效率"课题组，1992）。

业的干预和控制仍然给企业的独立性带来了较大的威胁，"管人管事管资产"的绝对权力成为新的"政企不分"的制度性根源（刘志毅，2015）。如张维迎（1996）早在 1996 年所指出的，"漆上白道道"的马怎么也变不了斑马，国资委一样无法解决国有企业改革中的政企不分问题。

3.2.2.3 多任务情形下的治理结构：演变中的混合型制度

总体来看，我国国企改革中制度安排确实是沿着固化企业和政府之间权能分配预期的方向演进的，这也确实在一定程度上证明了，我国国企改革是沿着制度效率方向前进的。这一过程在总体上是遵循政治交易成本最小化逻辑的：早先的"一企一策"以最小化契约达成成本；从"放权让利"到"国资委"和"股份制改造"则一步步硬化政府和企业之间的约束关系，逐步实现政治交易成本的节约（荣兆梓、陈文府，2005）。但是，循此逻辑，硬化政府与企业之间权能分配的最佳方案是市场化改革，但是，在"抓大放小"之后，这一逻辑只是在中小企业的改革中实现了，而对于大型国企，则是利用"国资委"这一独立的第三方治理机制实现的。这一制度安排说明，一方面，与上文分析的政府在国企改革中政治目标的多样性一致，在治理机制设置中，政府的多样性目标都会体现在特定制度安排之中；另一方面，由于我国国有企业性质的模糊性，多样化的主体对于国有企业拥有多样化的权利要求，在多重任务背景下，政府和企业最终达成的制度均衡解可能会混合非常多样化的治理制度安排以满足多样化权利诉求。这也正是即便实现了国有资产管理体制改革，政企分开仍然困难的原因（周叔莲，1998；赵凌云，1999）。

以此可以进一步理解我国国有企业改革过程中制度安排的多样性和丰富性。这种多样性和丰富性体现在两个方面：一方面，随着时间的演进，在"干中学"的逻辑下，政府和企业逐渐创造了一系列固化双方预期的制度机制，从而逐渐实现了国有企业产权分配的变革，并最终实现了制度化；另一方面，不同时期不同利益主体针对特定国有企业的产权状况存在差异，导致国企改革的过程中出现了非常多样性的制度性混合以实现政府与企业之间权能转移交易的制度化。这些制度交易混合了正式的文件和政策,也交织着政府与企业之间达成的各种非正式制度,包括信任、惯例以及一系列的长期契约关系等。[1] 所以,我国国企改革过程之所以充满争论,每一个阶段的制度安排之所以充满混合和矛盾(即便国资委亦如是),核心在于,国有企业产权的固有模糊性使政府对其拥有非常多样化的诉求,不同诉求使政府可能采纳相互矛盾的制度机制实现;而同时,为了约束政府的"掠夺之手",企业可能与政府达成非常多样化的正式或非正式默契,最终呈现的是一个混合型的治理制度画面。[2]

如上所言,如果不考虑其他因素,股份制以及市场化确实是解决产权问题的终极方案。但是,这一方案从来都不是我国的终极选择,而只是部分选择;或者说,以市场化为基础的完全的独立第三方治理在我国大型国企改革过程中从来就没有出现过。战略性改组和国资委成立之后的改革几乎变成了国有企业改革的终极形态。但是,这样的形态并不意味着契约治理机制的真正"硬化",新时期国有企业改革的路径选择仍然呈现混合型制度的特点。2015 年 6 月 5 日由中央深改小组通过的两份国有企业改革的重要文件——《关于在深化国有企业改革中坚持党的领导加强党的建设的若干意见》以及《关于加强和改进国有资产监督防止国有资产流失的意见》说明,正如前文所言,坚持党的控制,防止国有资产流失,仍然是政府控制的关键。于是,在"多任务"模式下,政府与国有企业的关系仍然被各种制度逻辑所缠绕,权能分配的清晰和明确仍然无法完全实现。[3] 一方面,党管干部的原则被进一步强调,其中,

---

1 例如,按照张文魁(2008)的说法,"以管理层为核心的内部人获得越来越多的控制权和剩余索取权",从而产生了"隐含民营化成分的非正式所有权改革"。

2 这可以理解"分类治理"逻辑中的"类型学划分"问题,不同的学者从不同的视角划分国有企业的类型。例如,从公有企业和非公有企业的划分来看,公有企业意味着政府对其不仅拥有收益索取权,还需要其确保公共物品的供给,所以政府可以代表公民对公共性国有企业索取公共物品,于是,企业的治理机制也必然是有差异的(黄速建、余菁,2008)。

3 即便分类治理已经成为十多年来国有企业改革的选择,但根据相关研究,当下国企改革并没有做到"因类制宜"(高明华等,2014)。这充分说明,即便是已经实现了产业甄别,多样性政治目标以及多样性制度机制仍是决定我国国企治理制度选择的关键性要素。

国有企业领导人必须是党的干部，由党组织任免，并向党组织负责。在公司法人治理结构中党组织拥有明确的法律定位，这进一步将党组织对国有企业决策权的影响扩大了。另一方面，国有股东不会放弃控股地位也说明，党将持续保有国有企业的真正控制权（冯禹丁，2015；刘志毅，2015）。按照"分类治理"和"混合型制度"演进的逻辑，国有企业改革会在政府的不同政治诉求之间进行制度要素的混合性选择。

3.2.3 权力结构及其再结构化

3.2.3.1 权力博弈与制度变迁

从政府与企业之间权能分配的制度化关系来看，国有企业改革确实是政府在握有制度变迁主动权的情形下，以最大化自身利益的逻辑进行的强制性制度变迁；同时，在企业与政府的博弈中，企业为了约束政府的"掠夺之手"，政府为了实现对国有企业的软预算约束，在契约达成成本较低的情形下，构建了一系列政治交易治理机制（严若森，2013）。但是，这只是问题的一方面。另一方面，任何制度变迁都与权力结构的变迁有着千丝万缕的联系，改革过程中权力结构变革是理解权能分配制度变革的关键。再者，正如有关国企改革过程中私有化逻辑所证实的，国企改革过程也是一个政治权力博弈的过程。在这一过程中，利益集团的相对权力状况往往决定了最终的政策选择，也重新结构化了利益分配格局（赵延东，1997；邓宏图，2001；吴金群，2007）。

由于我国国有企业改革过程中利益主体的复杂性以及改革过程的多制度逻辑，国有企业改革过程中充满了政治博弈。不同主体的利益博弈几乎贯穿国企改革的每一阶段，在每一项权能分配制度变革过程中皆有体现。在改革之初，财政部和国家经委之间的政治博弈，以及不同工业管理部门之间的博弈，是影响"放权让利"改革能否出台的关键（萧冬连，2008；宗寒，2008；萧冬连，2014）。在"承包制"改革过程中，虽然政府部门在承包合同的签订中处于支配地位，"但企业……会千方百计地影响上级部门制定承包目标"（郑红亮，

1992）。现代企业制度建设需要将"为众多的党政部门所分解"的国有资产所
有者权力集中到一个"漏斗"之中，这样的集中过程是一个充满政治冲突的权
力博弈过程（张春霖，1996）。在国有企业战略重组过程中，地方政府、不同
国有企业以及不同的政府部门会基于自身利益干预重组进程，以实现自身利益
最大化（张陈健，2010；彼得·诺兰，2000）。即便在企业内部——如下岗和
裁员的过程——也充满"车间政治"的色彩（李铟金，2003）。

可见，在国有企业改革进程中，多利益主体基于自身利益诉求参与政治
博弈，此时，权力结构以及权力博弈的机制在很大程度上决定了权能分配的过
程和制度性结果。这种影响主要体现在两个方面。一方面，权力结构的先在性
构成了改革的前提，这先在地决定了，在改革的过程中谁的利益会被考虑，以
及哪些利益主体可以进入政治谈判之中。例如，从上文有关国企改革的历程的
分析就可以发现，政府拥有制度性分配优势，所以其利益被优先考虑。另一方面，
权力结构也会对政治交易达成过程产生影响：①权力结构的变革可能对各个利
益主体，特别是政府的动机产生影响，从而影响政府推动变革的可能性；②权
力结构变革可能对政治交易中的政治交易成本产生影响，从而系统地影响政治
交易达成的可能性。基于此，首先，需要识别国企改革过程中的利益主体分化，
分析在国有企业改革过程中，哪些利益主体的利益得到了考虑，哪些利益主体
的利益被策略性地忽略。然后分析这些差异化的利益被制度化和结构化的方式，
即契约治理机制作为一种结构化利益分配的制度机制，从而产生了怎样的制度
性后果。其次，针对不同的利益主体，讨论不同利益主体的相对权力结构的演变，
以及这种演变对国企治理权能分配制度变迁过程的影响。

3.2.3.2 作为权力分配结构化的治理机制

至此，本书更多讨论的是政府与企业之间有关权能配置的关系，但是，
这一过程远比想象的复杂。这一利益链条包括政府各部门、政府与企业、政
商联盟与工人，以及政资关系与大众消费者之间的关系。在整个链条中，权
力结构几乎塑造了每一个主体之间的制度性关系。此时，契约治理机制体现

了政府与企业之间的权力关系的演变；同时，这样的制度性联合也是一种相对分配优势的再分配过程。从政府与国有企业的关系来看，虽然国有企业改革中政府与企业之间充满政治争夺，但总体来看，契约最终达成，并被进一步制度化了。这意味着，在整个改革过程中，即便政府是制度变迁过程中的"守门人"，但是，这样的制度结构仍然给了国有企业，特别是经理和管理人员足够的政治机会以撬动改革进程，并最终与政府达成了一系列契约治理机制，实现了政治权力的再分配。另外，随着"抓大放小"的推进，战略转型和行政垄断造成的消费者福利损失以及收入差距的扩大则是这一逻辑的另一个制度分配结果。

任何制度安排在本质上也是一种权力结构，其表现为在制度变迁过程中，权力结构引致的利益再分配的结构化过程。以这一视角理解我国国企改革，可以发现，改革的过程从来都是政府与企业——特别是企业管理人员——之间的契约达成过程，契约的制度化同时也是利益分配的结构化，最终表现为政府 – 企业之间的制度性"共谋"（赵文华，1998）。这一制度性共谋关系几乎体现在我国国有企业改革的每一个阶段。[1] "股份制"、"抓大放小"以及"战略性重组"的推进进一步加剧了利益分化，股权更多地集中到了"少数人"手中，造成了"赢家全赢"的分配性格局。[2]

从这一视角来看，任何阶段的企业治理制度安排都扮演了利益再分配角色，同样，在每一制度安排内部，不同制度机制也成为利益再分配机制。例

---

[1] 内部人控制是由青木昌彦观察到的存在于东欧私有化过程中的现象，即由工人和管理人员控制企业的现象，并且其也对中国出现的"内部人控制趋势"进行了警告（青木昌彦、张春霖，1994）。同时，有关苏联改革过程中出现的"经理人员私有化"、"官员私有化"等问题也出现在国企改革的进程中（智效和，1994）。其实，早在1986年就有"'厂长'代表谁"的讨论，此时，内部人控制问题就已经浮出水面（马建堂、汪新波，1988）；后来对于"内部人控制"、管理层收购（MBO）、"经理人"或"权贵私有化"导致的效率、社会公平和社会风险问题的讨论几乎从来没有停止过（张承耀，1995；何清涟，1997；秦晖，2003；张晓群，2005；汤吉军、年海石，2013）。

[2] 对于这一问题其实早在1989年就有学者敏锐地察觉到了（李茂生，1989）。

如，在法人治理结构下，党管干部原则以及政治晋升在政府与企业管理人员之间构建了一个事实上的"旋转门"，保证了政府与企业之间的利益联盟的稳定性（杨瑞龙、王元、聂辉华，2013；周彬，2013；王曾等，2014）。同样，政府与企业之间形成的多样性非正式关系也是利益再分配的重要机制，无论这样的机制是非正式的信任、惯例抑或默会的知识，还是可能存在的非法利益输送和结构性腐败，这些都构成了结构化利益再分配的机制（黄群慧，2006；王曾等，2014）。再者，任何制度机制的形成最终都有可能成为被俘获的对象，从而加剧这一再分配过程，即所谓的"监管合谋"（周彬，2013）。以行业为基础的行政垄断则以一种相对极端的制度化方式保证政府和企业之间的利益联盟关系（过勇、胡鞍钢，2003；周光辉、殷冬水，2012）。

于是，在整个改革过程中，国企改革与市场化改革一道，结构化了我国国企改革过程中的利益分化，其产生的影响远远超出经济领域，这体现在每一个改革阶段。

3.2.3.3 相对权力结构的演进与制度变迁

国企改革过程中的权力结构对治理制度变革的过程产生影响，同时，国企权利分配的制度结构也扮演了利益结构化的角色，这充分说明权力结构对国企改革过程中权利分配结构的影响。但是，上文的分析主要是针对不同主体的相对静态分析，如果将多主体之间的相对权力结构纳入考虑，那么，随着国企改革推进，不同主体的相对权力结构变革也会对制度变革过程产生深刻的影响。

这一影响首先体现在国企改革过程中政府和企业之间相对议价能力的改变。其实，既可以将国有企业改革过程视为一个有关权能分配的政治交易治理机制的制度化过程，也可以将其视为政府与企业之间有关权力和利益的争夺过程，在这一过程之中，国有企业的相对议价能力扮演了非常重要的角色（周冰、郑志，2001）。如果说整体上的改革是由政府主导的，那么，随着放权让利改革的推进以及企业自主权的扩大，相对政府而言，国有企业的经理和管理人员已经具备越来越大的支配性权力（张军、王祺，2004）。这种支配权一方面来自国企产权结构中存在的"委托－代理"关系，在这一关系中，经理和管理人员可以有效利用信息不对称获得谈判优势；另一方面，自主权的扩大以及经济地位的上升，使得国企管理人员的资源调动能力上升。于是，在国企改革过程中，就经济资源分配而言，国有企业占据了越来越大的份额，甚至在2003年之后的很长时间里国有企业都没有上缴利润。从权利分配来看，不仅国有企业经理和管理人员获得了事实上的剩余索取权。随着权能转让的深化，"内部人控制"的特点也意味着国有企业经理和管理人员在很大程度上获得了国企的大部分控制权。甚至可以说，国有企业改革的过程就是经理人员和管理人员的相对议价能力不断上升，并不断获得谈判优势的过程（龚红、宁向东，2007）。

3.2.4　政治交易成本、权力结构与放权改革：总的说明

我国国有企业权能分配改革的过程，既是政府基于自身利益最大化而有选择的放权过程，也是国有企业与政府之间就有关国企产权的分配达成的政治契约治理的过程，有关的制度安排既体现了政府的多样性政治诉求，也体现了国有企业与政府之间的各种契约保障机制。但是，这只是故事的一方面，另一方面，国企权能分配的过程也是一个政治权力结构变革的过程，一个充满政治博弈的过程（程民选、龙游宇、李晓红，2005）。这首先意味着，特定政治契约的达成，其本质就是一种分配优势结构化的过程。而在整个改革过程中，不同利益主体卷入政治博弈的程度、相对权力结构的演变以及政治交易的内部机制，共同决定了国有企业产权分配的制度安排，也进一步决定了改革过程中的利益分配结果。

如上所言，在整个国企改革的过程中利益主体以及其相互关系是非常多样化的（参见图3.3）。按照第2章提供的有关制度变迁的"结构－机制"分析逻辑，可以发现，首先，治理制度与结构化的权力关系约束了制度选择的过程和边界；随着改革的推进，不同利益主体在此之下进入政治博弈过程，达成政治契约，并构建相应的契约治理机制，其中，政治契约达成的可能性与交易成本高度相关。在这一过程中，权力结构通过对利益主体的利益结构、政治交易成本产生影响，最终影响

了契约治理机制被建构的可能性，并进一步导致特定分配结构的建构。如是，从先在的中观制度层次的"治理机制 – 权力结构"混合，随着时间的演进，逐渐演化出新的"治理机制 – 权力结构"混合，最终实现了权能分配转移的制度化。

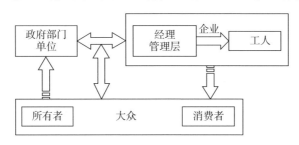

图 3.3　国企改革的利益关系结构

以这一框架为基础，可以理解我国国企改革过程中契约治理机制的演变，以及由此导致的分配性格局。改革是由政府占据制度优势和分配优势开始的，但是，随着政府基于自身利益主动下放某些权力，整个制度变革的过程逐渐被开启。从政治交易成本的角度来看，政府与企业之间是分散性缔约，所以较低的议程设置成本和契约达成成本保证了政府和企业之间可以形成非常多样性的契约治理机制以规范政府与企业之间的治理权分配，从而在很大程度上实现了国有企业的产权制度变革。

表 3.2　权力结构、政治交易成本与契约治理：总的说明

关系	先在权力结构	政治交易成本	治理机制	分配结构
政府 – 企业	政府优势 → 均势	低	多样性变迁	利益联盟
政府 / 企业 – 工人	政企优势	中	少	中制度性优势
政府 / 企业 – 大众	政企优势	高	无	高制度性优势

于是，最终的分配结构也就非常容易理解了：先在的权力结构约束了再分配政治交易达成的可能性；原有的分配优势则进一步通过制度性的政治交易治理机制得以加强，所以，政治交易成本和分配效应相互加强。[1] 正如

1　即便是分配结构，来自计划经济时代的制度性结构和集团性因素也是理解我国收入分配的关键因素（王天夫、王丰，2005；Feng, 2008；刘平、王汉生、张笑会，2008）。

Olson（2000）所言，规模越大、利益越难以界定的群体，其利益越有可能被剥夺，这是国有企业改革的分配效应最终产生的关键机制。于是，在整个所谓的"放权让利"过程中，不同的群体在这一过程中的收益分配是结构化的，并且这样的结构化被政治交易成本以及路径依赖状况进一步"锁闭"。变革后的契约治理机制加上结构化的利益分配状态，成为新的结构性约束，从而在根本上限制了我国国有企业改革的路径选择：在改革的过程中，那些已经获得利益的群体对改革过程的影响，比利益受损者群体更大（Hellman，1998；吴金群，2008；章奇、刘明兴，2007）。

3.3　从制度环境到制度化

将国有企业改革过程视为国有企业产权分配的制度变革过程，特别是政府与企业之间就国有企业治理权能划分的制度变迁过程，那么，这一制度变迁与政府自身的成本收益、企业在这一变革过程中与政府之间达成有关产权分配的政治交易的可能性及其治理机制，以及改革过程中的权力结构变革高度相关。同时，这一制度变革过程也是嵌入具体的制度环境之内的。这种嵌入性体现为两个方面。一方面，这一制度变革过程是嵌入在具体的历史制度环境中的，原有的正式和非正式制度环境对制度变革过程产生了基础性约束。这也意味着，随着改革的推进，原有制度环境的改变也会通过制度变革的内部机制对权能分配过程产生影响。另一方面，给定制度变革中制度安排的多样性，制度变革过程也是一个"制度升级"的过程。或者说，随着改革的推进，国企改革的制度化也会对整个制度环境产生影响，从而影响制度变革的整体历史进程。

3.3.1　制度环境与制度变迁

我国国有企业改革，以及相应的契约治理机制是嵌入在整个改革的历史进程之中的，原有的制度环境对我国国企改革过程产生了非常重要的影响（曲红燕、武常岐，2014；周冰、谭庆刚，2004）。首先，改革过程中的"历史逻辑起点"对国有企业改革的进程具有重要的影响。在不同区域，由于存在不同的制度基础，国有企业改革的历史进程会存在非常大的差异，不同的改革模式应运而生（邓宏图、曾素娴，2010）。其次，这体现在我国国有企业性质的模糊性方面。这种模糊性，一方面导致我国国有企业产权的模糊不清。这种权力模糊，使不同利益主体都拥有一定的从国有企业获得相应剩余索取权的制度合法性，这加剧了国有企业改革过程中的制度性争夺的激烈程度。另一方面，正是由于原有国有企业治理制度的混杂性，导致在国有企业改革过程中有关权能分配的制度安排充斥着混杂的制度逻辑。[1] 于是，政府往往利用这些模糊的、多样的制度逻辑获得自身政治收益，而企业则利用这些模糊的制度逻辑寻求政府的政治保护，最终，政府"越位"，企业"依附"（杨光飞，2004）。最后，改革的过程也是嵌入在我国特定的意识形态之中，意识形态的变迁对于解释我国国企变革进程也是至关重要的（张文魁，2008；邓宏图、曾素娴，2010）。

从制度环境对我国国有企业变革的影响来看，这种影响主要体现在三个方面。首先，宏观经济制度（也可称为配套制度）改革对国企改革的推进产生了非常重要的影响（黄速建，2014）。所谓的配套制度改革主要包括两个方面，一是市场制度的完善，二是社会保障制度的完善。从市场制度的完善来看，其会对国企改革的权能分配产生非常重大的影响。[2] ①私营经济和市场制度的兴起，扩大了政府的税基，既增强了政府承担社会负担的能力，也降低了国有企业私有化的制度成本。②市场竞争提供了新的信息甄别机制，为政府提供了更多的经济效率信息，从而将亏损企业所带来的收益损失进一步放大（蔡昉，1995；赵凌云，

---

1 典型的，有关国有企业的性质的争论（黄速建、余菁，2006），以及各种路径的评价（黄宗智，2012），都与国有企业地位的模糊性相关。

2 这种影响已经很早就被认识到了，何维达（1994）对国有经济参与"地下经济"，以及其对国企改革的影响所做的分析就是例子。

1999；张军、罗长远、冯俊，2003），增强了政府进一步私有化国有企业的决心，也降低了政府了解企业效率的委托代理成本。③市场竞争提供了有效的第三方治理机制，可以更为有效地约束政府的掠夺行为：在竞争市场上，政府的不恰当干预最终都需要政府承担收益损失（夏立军、陈信元，2007）。④市场机制的建构可能改变企业的相对议价能力：作为一个整体的企业群体可能获得新的身份地位，从而进一步制约政府的"掠夺之手"。可见，随着市场制度的完善，政府有更为强大的动机实行放权，而企业提供了更为多样化的契约治理机制，促使政府保证承诺的可信性。

从社会保障制度建设来看，如上所言，在社会稳定和经济效率之间，政府无法完全承担放权改革过程中的政策性负担，导致政府没有充分的动机实行更为彻底的市场化改革。但是，随着财政实力的增强和竞争的加剧，政策性负担的逐步剥离成为理解我国国企改革加速的关键因素（江华、戚聿东，2014）。一方面，政府逐渐认识到，社会保障制度的建设既与国有企业的竞争力有关，也与我国社会稳定高度相关，所以，国企改革与社会保障制度建设之间具有相互决定效应（陈佳贵，1999；谢春玲，2002；黄金平，2009）；另一方面，正是这种相互影响，随着社会保障制度改革的推进，国企改革的社会风险也逐渐消除，促进了改革的深化。

其次是法律制度变革。如上所言，市场经济的发展和市场制度的兴起是理解我国国企改革的关键环境变量，而支撑市场经济的核心制度体系是一套有效的法律制度体系。一方面，有效的法律制度体系可以确认企业的法律地位，从而有效制约政府的"掠夺之手"；另一方面，法律环境可以借助于独立的第三方实现政府和企业之间契约关系的治理，从而增强政府与企业之间权利关系的约束性：既约束政府，也会对高管的决策权产生约束（董红晔、李小荣，2014）。在我国国有企业改革过程中，一方面，法律环境的改善有效地促进了我国国企改革过程中的市场化战略（包括股份制改造、拍卖以及破产等）；另一方面，我国国企改革过程中公司法人地位的不断确立过程也说明，法律

体系的变革成为促进我国国企改革过程中权利分配关系结构化的关键因素
（刘发成，2008）。

最后，国企改革过程中的思想文化观念和意识形态变革也是影响我国国企
改革的关键。意识形态和文化观念通过对利益界定、谁的利益应该得到考虑以
及什么样的制度安排应该被选择等方式，影响着利益主体的认知过程，从而影
响国有企业的变革过程。[1]第一，意识形态一直是制约我国制度变迁的关键因素，
甚至可以说，我国国有企业改革过程就是对我国的意识形态因素进行改造的过
程。其中，在原有意识形态因素对我国国企改革的制度选择产生了基本制约的
情形之下，针对我国基本经济体制的"理论创新"是推进我国国企改革进一步
深化的关键因素。[2]第二，在我国国企改革过程中出现了非常多的理论争论，这
些争论也确实具有政策路线之争的特点（钱津，2010）。但正是思想观念的交
锋，促进了我国国企改革（周冰，2004）。例如，在国企改革的市场派和反思
派之间进行的思想交锋，为我国国企改革铺陈了多样化的制度选择路径（孙秀
丽、段晓光，2011；孙秀丽、田为厚，2012）。[3]这也说明，在国企改革过程中，
专家学者也扮演了非常重要的"合法化"机制角色。第三，社会变迁带来的思
想文化观念的变迁也对国企改革产生了重要影响。其中，典型的是随着改革的
推进，市场化观念逐渐对"铁饭碗"思想产生了非常大的冲击，这种冲击对于

1　这种影响是非常强大的，但其影响机制是多方面的（例如：马建堂、汪新波，1988）。
　　1985～1986年，"两权分离"的矛盾结果促使人们转向两种主要理论方案：股份制和资
　　产经营责任制，但"前者由于在某些人看来有'离经叛道'之嫌而未能广泛推行"（张文
　　魁，2008：20），而且，"私有化在1978年之后相当长时间里受到政府排斥"；《破产法》
　　作为规范政府与亏损企业之间权能分配的制度工具，在很长时间内没有得到应用，原因在
　　于，其与国有企业中一直存在的"父爱主义"传统相悖，企业破产从来就没有真正的作为
　　一个制度选项（姜晓军、张传德，2004）；不仅如此，先在的思想文化观念还会成为某些
　　利益群体的制度性动员机制，支撑其利益诉求，并降低政治行动中的政治交易成本（佟新，
　　2006）。
2　主要是针对马克思的所有制理论的发展，有关这一发展历程，参见黄速建（2014：26）的
　　总结。
3　特别是国有和民营的争论，以及"朗顾之争"（洪功翔，2008）。

改革过程中的受损方而言，至少在一定程度上扮演了制度合法性角色，有利于改革的推进（冯同庆，1993；周里安，2000）。总之，思想文化观念的变迁既促进了我国国企改革的深化，也是我国国企改革争论过程中的"观念库"，影响了国企改革的思想争论和路径选择。

3.3.2　制度化

给定我国国企改革的复杂性，国企改革在时间历程中的演进性，国企改革中不同政府层级的、针对不同企业的差异性制度安排，以及在不同区域之内存在的制度安排差异，可以发现，我国国有企业改革过程中制度安排存在非常多样化的制度形式。这些多样化的制度形式主要在两个维度上得以区分：制度的辖区边界以及制度的正式性程度。如上所言，我国有关国企治理权划分的制度结构既存在着多样性，也存在着制度性混合。在制度变迁过程中，不仅存在整体的制度形式演进，也存在非常多样的制度化过程。这种制度化过程主要包括两种类型：沿着正式性维度，将原有的非正式制度逐渐演变为正式制度；沿着辖区维度，原有的地方政府维度的制度安排逐渐在全国层次上推广，成为事实上的结构性制度的一部分。总体上来看，国企改革过程中制度变革的制度化程度是非常高的，即：有效的非正式制度安排往往会被正式化，有效的地方试点制度往往会被推广。是什么因素支撑这一过程呢？

之所以制度化过程相对容易，核心的原因在于，在政府内部存在激励兼容的可能性。这种可能性主要是由两个因素确保的：一方面，从作为整体的政府来看，政府收益存在共享性——至少在不同层级的政府之内，不存在根本的利益冲突；另一方面，即便存在利益冲突，由于国企改革的核心是经济收益，相对而言，激励机制设计的成本是较低的。所以，总体而言，任何可以增进政府收益的地方性制度安排，或者非正式制度安排，对于上级政府来说，都是可以利用的制度选择。这也体现在我国特殊的"中间型"制度变迁和"局部性制度改革"的模式中：在整体改革风险较大，且改革的制度绩效和信息不确定的情形下，通过中间层次的"制度试点"来降低制度变革中的风险和信息成本，本就是我国制度变革的政策选择（杨瑞龙，1998；杨瑞龙、杨其静，2000；章奇、刘明兴，2007；雷志宇，2007；周冰、黄卫华、商晨，2008）。可见，"试点 - 推广"模式甚至成为上级政府的制度变革策略。这也就可以理解，我国的国企变革的过程几乎都是一个"试点推广"和渐进性变革的过程。所以，总的来看，在改革过程中，减负和增收的目标得到了实现，基层政府和中央政府在解决这个问题上也具有激励兼容的特性，[1] 所以，相对原有制度的高组织成本，改革之后的激励兼容保证了较低的代理成本。[2] 正如 Coase 和 Wang（2012：191）观察到的，当 2001 年国务院号召"政府职能转型"时，地方政府的响应如此热烈：地方政府很快将自己从监管者角色中脱离，砍掉各种繁文缛节的政府管制，摇身一变，成为招商引资和各类企业的"服务者"。

确实，在地方政府与中央政府之间的也存在的权力争夺。例如，分税制改革对财权和事权的重新分配（周飞舟，2006），以及国企改制过程中中央政府和地方政府可能存在的多样化利益冲突（朱红军、陈继云、喻立勇，2006）等就是确证。但是，即便如此，中央政府仍然可以有效地建构针对地方政府的激励机制，并非常有效地解决代理成本问题。例如，通过"政治晋升的锦标赛体制"就可以实现有效的政治激励。[3] 正如很多学者所言，我国国企改革首先是从地方分权开始的，然后才是企业分权（张维迎、栗树和，1998）。这意味着，甚至可以将地方政府视为企业一样的权力主体（雷志宇，2007），将中央政府

1　事实上，国有企业改革几乎所有实践都是事先经由基层政府创新，然后报告中央政府，由中央政府默认或者进一步试点，进而成为全国政策，地方政府往往是改革的"排头兵"。
2　正如"预算软约束"体现的，这样的"统收统支"体制造成的不恰当激励是国有企业低效率的重要原因。所以，原有体制的组织成本是非常高的，体制改革的结果恰恰是组织成本降低的过程。
3　政治竞争的锦标赛体制（周黎安，2007）之所以可行，核心在于 GDP 是可以量化的，保证了低执行成本。

与地方政府的关系视为政府与企业之间的关系。[1] 而中央政府在"放权"的过程中，其遵循的逻辑与放权给企业的逻辑并无二致：中央政府有选择性地放权，按照自身的利益重新划分财权和事权；同时通过税收制度改革硬化地方政府和中央政府的权能关系，构建制度化的激励机制，确保地方政府和中央政府收入预期的稳定，并促成了整体收益的最大化（赵莹，2010）；而地方利益的兴起则逐渐改变着二者的相对权力结构（杨善华、苏红，2002）。并且，不同时期的税收体制和政治激励体制也确实对国企改革的历程，特别是基层政府的国企改革路径产生了非常重要的影响（陈抗、Hillman、顾清扬，2002）：分税制以前，地方政府的放权减负动机、中央政府的政治风险考量以及地方政府和企业的经济考量，使得"承包制"成为"一致的选择"（张超、孙健，2005）；但分税制之后，地方政府为了最大化自身的政治收益，持续推动地方国有企业民营化（赵文华、安立仁、席西民，1998），而此前长期存在的"藏富于企业"的倾向则因为明晰化的财政激励，变成了次优的策略选择（周飞舟，2006）；最终，这种制度结构也在根本上影响了我国地方政府的经济行为和市场策略（曹正汉、史晋川，2009；曹海涛，2013；孙秀林、周飞舟，2013；冯猛，2014）。这些制度选择最终大多成为整体制度选择的一部分，这进一步说明，非正式制度演变为正式制度，以及以地方政府和企业为基础的分散缔约，由于不存在利益的外部性，不存在利益的重新整合的必要，其可以有效地无成本地应用到中央政府与作为整体的企业之间的政治交易之中。

3.4　总结与评论

当下学界对国有企业改革历程的评价是多样的：或是一个不断推进和完善

1　这种政府－企业关系，在国有企业中几乎是一个公司内部的企业契约关系的另一种表述（Walder，1995）。

的过程（李善民、余鹏翼，2008），或是一个不断进入"误区"、"雷区"和"盲区"的过程（文炳洲、牛振喜，2007）。而这两种评价都抓住了事实的一些侧面。从本书的分析来看，可以肯定的是，这一过程绝不是一个单纯寻找"资源有效利用制度"（卢超群、宁小花，2010）的过程，而是一个没有统一模式，且具有独特性的"中国范式"，其具有内生性的特点（张文魁，2008）。对这一历程进行总结可以发现，国有企业改革的所有进程几乎都是国家推动的。但这不是问题的关键，关键在于国家推动与市场改革之间的"共识"是怎样达成的；或者说，政府与企业之间的交易是怎样保证了改革的持续深化的。虽然"没有输家的改革"（Lau，Qian & Roland，2000）这一界定对于我国国有企业改革的适用性存在疑问，但总的来看，这确实是保障我国国有企业改革得以推进的核心机制：没有输家意味着在与政府进行国有企业治理权的谈判中，契约是自致的，所以其达成是可能的。于是，可以将国有企业改革的过程视为建构性放权的过程：基于减负，政府转让了控制权；随后，基于增利，政府采取了"抓大放小"战略；同时，利用市场治理取代直接管理。正是这种"摸着石头过河"的过程，使其具有"中国范式"特点。

这种所谓的"中国范式"，既体现为政府基于利益最大化的目标审慎建构制度机制以实现补贴成本和组织成本的降低，以及财税收入增加的过程，也体现为在既有结构下，政府与国有企业建构相应治理机制，并将这一治理机制进行制度化的过程。这一过程既是试错性学习过程——特别是对农村承包经营体制改革经验，以及"边缘革命"经验的学习（Coase & Wang，2012），也是政府 – 企业、国家 – 市场之间持续的交织互动的过程。这既解释了国有企业改革的过程和成就，也解释了国有企业改革的结果和困境。同时，这也是一个嵌入具体的制度和经济社会环境的过程。原有的制度结构、国家政策和制度改革、来自"边缘革命"所建构的市场体制的逐渐深化和演进，三者都或快或慢，或积极或消极地影响了我国国有企业改革的历史进程（Coase & Wang，2012）。

第 4 章　目标冲突、共识建构与制度离散：社会组织管理体系改革的制度逻辑

　　作为"政府－市场／社会"关系的另一维，政府与社会关系的重构是我国政府职能转变的核心环节，理解这一过程的核心在于理解中国政府与社会组织之间的复杂关系。当下社会组织研究主要包括两个方面："市场－社会"关系以及"政府－社会"关系。在"市场－社会"框架下的研究基本上具有功能主义以及历史决定论的色彩，既将经济体制改革和社会组织发展视为一个必然发生的过程，也将其视为推动经济社会发展的关键要素。[1] 在"政府－社会"框架下的研究主要是对政府－社会组织互动机制的分析，其主要包括两个视角："统合主义"和"市民社会"（张紧跟，2012）。但总的来看，功能性分析对核心过程和机制不敏感，机制分析则由于方法上的单案例和范式上的政治性在一定程度上导致结论的非普遍性。本章将利用第 2 章提出的制度变迁分析框架，进一步回应中国社会组织管理体系改革中的核心问题，包括社会管理体制改革的动态性（Pei，1998）、不同社会组织与政府关系的多样性（周俊，2014）、社会管理体制改革过程和结果的"结构性缺陷"，以及相对于国有企业和市场改革

1　当然，对于这一"必然"，不同的学者是在不同的学科视角下去论证的。有的学者是以社会组织功能对政府／市场的替代性为基础的（王颖、折晓叶、孙炳耀，1992；刘文嫒、张欢华，2004），有的学者将波兰尼的双向运动引入，经济社会的发展只有"三足鼎立"的结构才具有稳定性，社会组织的发展既是双向运动的必然，也是必须（李培林，2013；王绍光，1999；2002）。也有学者从市场、政府以及志愿活动三重失灵的角度来理解我国政府与社会组织之间的关系（顾昕、王旭，2005）。

的滞后性（王名、贾西津，2002；张钟汝、范明林、王拓涵，2009；侯保疆，2003）。总的来看，这些问题很难在上述的单一框架下得到解释。

4.1 在"国家"与"社会"之间：从"结构分析"到"机制分析"

4.1.1 基本改革历程

如果说我国国有企业改革作为经济体制改革的核心部分几乎占据了我国整个"改革"的历程，那么，社会组织管理体制改革无论从政治关注的程度、政策出台的频繁程度等方面都远不及国有企业改革。我国的社会组织发展始于1978 年，随着改革开放的推进，原有的以单位制为基础的"自上而下"的全能主义社会组织管理体制逐渐被消解，[1] 社会组织作为新的社会整合机制逐渐发展起来。即便如此，作为"自下而上"的"社会"的组成部分的社会组织，从1978 年开始，仍然得到了非常巨大的发展（参见表 4.1）。

表 4.1　1978 ~ 2013 年我国社会组织发展状况

单位：个

年份	社会组织合计	社会团体	基金会	民办非企业单位
1978 ~ 1987	–	–	–	–
1988	4446	4446	–	–
1989	4544	4544	–	–
1990	10855	10855	–	–
1991	82814	82814	–	–
1992	154502	154502	–	–
1993	167506	167506	–	–
1994	174060	174060	–	–

1　传统社会组织体制以"单位体制"＋"街居体制"为基础，一是在"单位组织"的基础上建立起从业人员管理组织体系，其既是工作组织，也是生活保障部门和社会管理部门；二是在单位体制之外建立"街居组织"，管理其他社会人员，作为社会管理的辅助（李培林，2013）。

续表

年份	社会组织合计	社会团体	基金会	民办非企业单位
1995	180583	180583	–	–
1996	184821	184821	–	–
1997	181318	181318	–	–
1998	165600	165600	–	–
1999	142665	136764	–	5901
2000	153322	130668	–	22654
2001	210939	128805	–	82134
2002	244509	133297	–	111212
2003	266612	141167	954	124491
2004	289432	153359	892	135181
2005	319762	171150	975	147637
2006	354393	191946	1144	161303
2007	386916	211661	1340	173915
2008	413660	229681	1597	182382
2009	431069	238747	1843	190479
2010	445631	245256	2200	198175
2011	461971	254969	2614	204388
2012	499268	271131	3029	225108
2013	547245	289026	3549	254670

注：我国社会组织的统一注册始于 1988 年，所以，第一个十年的缺省。1988～2002 年，基金会被并入社会团体之中注册。表中陈列的仅仅是官方注册的社会组织的数量，没有涵盖未注册的社会组织，以及注册为企业单位的社会组织；[1] 同时，由于我国社会组织的特殊性，也需要对这一统计数据谨慎对待。[2]

资料来源：《中国民政统计年鉴》（2014 年）。

改革开放之后我国社会组织管理体制的改革大体经历了三个阶段（刘求实、王名，2009；王名、刘求实，2010；王名、孙伟林，2011）。第一阶段是1978～1992 年。在这期间，我国社会组织发展经历了从无到有的过程，是

1　按照康晓光（1999）的分析，我国至少存在 4 类"实际进行活动的社团"：经过登记注册并具有法人资格的社团（本表所列的社团）、经过登记注册但无法人资格的社团（"挂靠社团"）、注册为企业法人的社团以及未注册的社团。

2　由于我国社会组织的法律地位与实际属性不完全对等，登记管理的社会组织可能"并不是中国非营利组织的全部或者典型"（王名、贾西津，2003）。

我国社会组织发展的兴起时期。这一时期的典型特征是社会组织并不存在宏观和正式的制度约束。正是因此，这段时间爆发的能量也是惊人的：学者通过各种数据检索发现，"估计在这 14 年间，发育并活跃于中华大地的民间组织总数大约在 100 万家左右"（刘求实、王名，2009）。

第二个阶段，1993～2000 年，是社会组织的规范管理阶段。在这期间，政府逐渐加强了对社会组织的管理，社会组织管理体制逐渐被构建。1988 年 7 月成立的民政部社会团体管理司，被国务院指定为社会组织管理统一登记机关。其后，《基金会管理办法》和《社会团体登记管理条例》分别于 1988 年 9 月和 1989 年 10 月先后出台。以此为基础，我国社会组织管理体系经历过了登记机关的成立、两次清理整顿以及多部相关法规的颁布，最终构建了一套被称为"双重管理体制"的社会组织管理体系。并且，这一管理体制一直延续到当下，并随着一系列社会组织相关规定的出台愈发完善。1998 年颁布的《社会团体登记管理条例》在制度上是对"双重管理"体制的明确化和具体化，2004 年 3 月颁布的《基金会管理条例》亦如此（康晓光，1999）。

第三阶段始于 21 世纪初，延续至今，算得上是社会组织发展的"高潮期"。在这一阶段，虽然社会组织管理体制并没有非常大的调整，但随着市场经济的发展和改革开放的深入，社会组织的数量和能力都得到了提升。一方面，从官方注册数据来看，1999 年之后，社会组织每年新增约 30%，且新社会组织的覆盖领域愈发广泛；另一方面，在社会生活的其他领域——特别是环保、扶贫、妇女儿童权益保护等，社会组织逐渐扮演重要角色，横向联结逐渐增多，成为我国"政府－市场－社会"各部门之中至关重要的"第三部门"。

4.1.2 从分散管理到规范化：社会组织治理权分配的演变

从经典社会组织理论来看，对于社会组织的分析，其核心问题在于相对于政府的独立性和自主性——这被视为社会组织的核心价值；但是，由于我国社会组织的发展是基于全能主义的国家传统，并且，发展过程中建立的双重管理体制也在根本上影响了我国社会组织的独立性和自主性，这被视为我国社会组织发展的最为根本的制度性障碍。但是，这样的分析是相对结构性和静态性的。一方面，正如学者研究所言，所谓的独立性和自主性，其内涵是不同的——特别是对于我国而言，且独立性和自主性所包含的权能范围也是有差异的（王诗宗、宋程成，2013）；另一方面，我国针对"社会组织－政府"之间关系的制度安排是变化的，单一的"独立性－自主性"维度也是不够的。

从权能分配视角来看，社会组织治理结构也是一个层次性系统。在这一系统中，每一个制度层次规定了社会组织的"组织权"分配状况，[1] 而政府构建的社会组织管理制度则是政府通过正式制度的方式对社会组织之组织权的强制性分配。一个完整的社会组织权能包括三个方面：宏观上的"法权"、中观上的"独立权"以及微观上的"自主权"（参见表 4.2）。[2] 宏观上的社会组织权是"公民权"的组成部分。对于社会组织而言，这是一个"包"，一个权利束，其在本质上体现为一种制度安排，可以有效地对"政府－社会组织"关系进行制度化约束。这一方面表明社会组织有其制度性的权利和身份；另一方面，这体现为一种权力分配状况，其中，社会组织可以就其利益和权能边界与

1　有关组织权的问题，这一分析与刘世定（2012）从产权角度对商会的分析是一致的。在刘世定（2012：94）看来，相比于企业，企业主构建的商会并没有排他性的组织权，不具备产权的完整性，说明"企业中的组织权与非企业社会中的组织权的社会界定过程存在差异"。

2　这是对当下有关中国社会组织的"自主性"和"独立性"之机制研究的借鉴和深化。首先，学者们也对所谓的自主性的内部要素，包括人事、财务以及活动自主性等进行了区分，并且认为在不同的条件下，这些自主性的组合状况是不同的（张沁洁、王建平，2010）。其次，已有学者将社会组织的自主性视为一种"多层次结构"，包括"政治结构意义上的自主性"和"行动策略与技术层次的自主性"，且二者"相互交织"（黄晓春、嵇欣，2014）。最后，已有学者将社会组织的独立性和自主性视为"相互关联但本质上不能互相替代的概念"，其中，独立性是指"组织在资源或制度层面不依赖其他组织"，强调相对于政府"制度化分离"，而自主性则是指组织"免于受到外部控制"，强调"行为上的志愿参与和自我调节"（王诗宗、宋程成，2013；宋程成等，2013；王诗宗、宋程成、许鹿，2014）。

政府进行制度性协商，即"利益代表"或"利益中介"职能。"独立性"是指社会组织与其他社会主体——特别是与政府——打交道时，在多大程度上能够以制度化的方式获得资源（包括经济资源和合法性资源等）。[1]"自主性"则与社会组织的内部决策系统的完整性有关。每一个层次的治理权能都是内部可分的。这意味着，社会组织的治理权可能存在非常多样化的组合方式；并且，每一种社会组织的治理权分配状况都是由一系列的制度结构支撑的，这些制度安排结构化了社会组织治理权分配，是社会组织管理体系的核心组成部分。

表 4.2　社会组织治理权的层次结构

权能类型	主要内容	核心特征
法权	针对社会组织的基本制度安排，与"结社权"这一基本的人权有关	具备充分的利益代表性，具备"权力分配"的属性
独立权	针对社会组织资源汲取、基本功能等的制度安排，决定了社会组织与其他社会组织或部门之间互动的基本法则	社会组织独立确定自身的"组织领域"，以"志愿"精神为基础汲取社会资源，或以"契约"或制度化的方式获取政府资源
自主权	针对社会组织内部的战略、人事、财务等的决策权	社会组织在特定的法律范围之内完全决定自身的人事、财务等的权力

如果以这一视角分析我国社会组织管理体系的变革历程，可以发现，从先期的"无管理"到后期逐渐精细化为"双重管理"体制，是政府以制度化的方式逐渐介入社会组织治理权分配的过程。首先，这一过程是以社会组织的兴起和"政府－社会组织"之间相互依赖程度加深为基础的，但这并不意味着我国社会组织管理体制改革是一个"逐渐规范化"的线性过程；相反，我国社会组织管理体系的改革历程是一个非线性的、曲折的过程。其次，从宏观上来看，我国社会组织管理体制改革并没有清晰的改革思路和统一的制度安排，且改革的频率和改革的纵深程度也是比较欠缺的。可见，这是一个逐渐在中观上加强管理的过程，而宏观和微观上的管理在政治制度改革层面并没有明显的体现。再次，我国社会组织管理体制存在着"碎片化"特点，即在宏观政策的模糊性

1　宏观层次的"法权"主要源于"市民社会"研究，特别是有关社会组织需要满足的基本制度标准，包括组织性、民间性、非营利性、自治性以及志愿性。

和事实上的制度多样性并存。最后，我国社会组织管理体制存在"多重性"制度混合。这种多重性来自多个方面，既包括宏观上的"公"与"私"的不分（White，1993），也包括中观上和微观上的"多重制度逻辑"，即控制机制的"民间－官方"、资源汲取的"体制内－外"以及需求来源的"社会－政府"（康晓光，1999）。多重性制度逻辑对我国社会组织的发展造成了非常重大的影响（于晓虹、李姿姿，2001），包括合法性不足、资源（人力和资金）不足、能力不足、自治缺失以及发展不平衡等（王名、贾西津，2002；邓莉雅、王金红，2004；俞可平，2006；Nee，1996）。

4.1.3　基本思路

对于我国社会组织与政府之间的制度关系的解释，核心的路径主要在市民社会（Civil Society）理论和法团主义（Corporatism）理论之间展开。但是，对于市民社会－法团主义，二者作为静态解释工具面临方法论的困境：二者都是不完美的型构，很难对内部机制做出恰当的解释，对于事实上的偏误也是有选择性地进行谨慎的规避。不仅如此，在宏观的制度架构之下存在的多样性的中观和微观制度安排（这往往被视为"策略"或"生活"的部分），这在"市民社会－法团主义"的视野下则被忽视了。于是，为了逃避市民社会－法团主义之结构性和建构性研究倾向，越来越多的学者开始关注政府－社会组织关系的微观互动机制（江华、张建民、周莹，2011；康晓光、韩恒，2005；Hsu & Jiang，2015）。

基于此，一方面，本书在权能分配的视角下，将社会组织治理权在社会组织－政府之间的制度分配作为核心的解释变量，强调在不同时空下，社会组织治理权能分配的制度集合的层次性和多样性；另一方面，本书认为，需要将这一过程视为一个制度变迁过程。依循第 2 章建构的制度变迁框架，本章的核心在于解释我国社会管理体制改革过程中的制度多样性以及变革过程的动态性。这一框架延续了对政府－社会组织关系研究中对于动态性和多样性（Dickson，

2000；Foster，2001；范明林，2010），以及制度变革过程中社会组织和政府之间的相互交织和作用之过程的关注——而不是单一地强调政府或者社会组织的策略（赵秀梅，2004；Perry，1994；汪锦军、张长东，2014），既可以视为我国基于中国经验重构分析框架的努力（姚华，2013；Bergere，1997），也可以视为针对社会组织的"结构 – 行动"以及"制度 – 生活"研究策略的细化和拓展（陈为雷，2013；张紧跟，2012；姚华，2013；黄晓春、嵇欣，2014）。这一过程是由四个核心的变量和机制驱动的：政府的动机以及以此为基础构建的权能分配状况；社会组织基于自身的利益寻求政治交易，从而试图达成政治交易的可能性，以及以此构建的契约治理机制；原有的权力结构在政治交易达成过程中的动态演化；以及这一过程嵌入的制度结构及其演变过程。正是这一过程，可以解释我国社会组织治理权分配的制度变革过程，从而超越"市民社会 – 法团主义"的两分法。

4.2　政府收益与交易治理

本书的研究框架是从政府的制度选择开始的。从我国社会管理体制改革的进程来看，社会组织治理权能的分配是从政府拥有完全的组织权开始的，所以，要讨论社会组织治理权分配的变革，首先需要对作为核心制度供给方的政府及其激励机制进行分析。随着政府根据自身利益变革社会组织的治理权，社会组织也会参与到治理权的政治交易之中。社会组织可能与政府进行复杂的再协商，从而实现社会组织 – 政府之间有关社会组织治理权能的再分配，并构建一系列的制度安排以结构化这一治理权交易，制度重构的可能性取决于政治交易成本。最后，政府 – 社会组织的政治交易及其制度化过程是在特定的权力结构之下展开的，相对权力结构的变革也对这一制度交易过程产生影响，并最终通过治理制度安排的方式重新结构化了新的权力关系。所以，社会组织治理权变革的过程是一个复杂的制度建构、制度再协商以及权力结构再造的过程。

4.2.1　减负与风险：政府的抉择

4.2.1.1　制度供给的边界：减负与风险

对于我国社会组织管理体系的变革，一般的分析都是从社会组织的制度需求开始的——强调社会组织的独立性和自主性对于社会组织的功能性需要。但是，在制度变迁的分析框架下，既然改革前我国传统体制的核心是政府对组织权的高度垄断——无论宏观的基本制度体系还是微观的组织自主权，都掌握在政府手中（刘世定，2012），那么，对于现代社会管理体制建设而言，核心的问题是：政府为什么愿意将本属于自身权力范畴的社会组织治理权能让渡给社会组织；政府的动机是什么；在这样的激励体系之下，政府可能构建什么样的制度安排以分配社会组织的治理权呢。

对于社会组织，中国政府面临两难的困境：社会组织可以减轻经济社会治理负担（这对于处于市场转型期的中国具有非常重要的意义），提供公共物品；但社会组织也具有集体行动潜能，这使得政府必须加强控制（田凯，2003）。一方面，政府需要促进经济发展，提供公共服务；另一方面，政府需要加强社会控制，两个相互矛盾的需求在我国经济社会改革持续加深的条件下都得到了强化，特别是社会治理负担的转移需求（Fostert，2001；康晓光、韩恒，2005；刘世定，2010）。改革的深化改变了我国的社会结构，利益多元使公共服务的需求多元，而非营利组织的志愿性和灵活性在理论上更有可能补充"市场失灵"和"政府失灵"带来的困境。再者，改革的深化也是社会矛盾加剧的过程，社会组织在化解社会矛盾，提供社会稳定方面具有重要的作用（张紧跟，2012；Zheng & Fewsmith，2008；Spires，2011），或者说，中国的社会组织总是伴随着社会问题的出现而出现的（邓莉雅、王金红，2004；吴忠民，2015）。最后，随着社会组织的发展，对社会组织进行严密控制的组织成本太高，社会利益和社会结构的转变也使得政府必须寻找新的社会整合机制以及加强社会控制的手段（Howell，2007）。正是基于这些考虑，政府虽然在持续地控制和"清理整顿"，社会组织仍在政府的默认下得到了一定的发展（张紧跟，2012；岳经纶、屈恒，2007；赵甦成，2007；邓莉雅、王金红，2004）。

一方面需要利用社会组织转移社会治理负担，另一方面需要对社会组织进行精细化控制。两方面的考虑使得政府对于社会组织的认识逐渐完善，在治理策略上则逐渐精细化，这构成了我国社会组织管理体制改革的核心逻辑。从早期来看，1978～1989年，我国社会组织的发展几乎处于"野蛮生长"的状态（Unger & Chan，2008；王名，2008），但是，社会组织的发展确实给我国社会稳定带来了一定的负面影响，这恰恰是我国对社会组织进行规范化管理的核心理由。1988～1989年，我国社会组织迅猛发展。1990年前后，我国连续出台了多项制度规定，确定了社会组织管理的基本制度体系，这正是第一次"清理整顿"的背景（Pei，1998；Saich，2000；Foster，2002；顾昕、王旭，2005；王名、刘求实，2010；Kojima et al.，2012）。于是，1991～1992年，我国社会组织数量出现了回落（吴忠泽、陈金罗，1996：7）。但是，经济改革催生了社会团体的经济功能，于是，随着社会组织的进一步发展，在1990～2000年，社会组织对经济发展的潜力逐渐受到关注（康晓光，1999），其中，"民办非企业"作为社会组织的重要组成部分恰未纳入社会组织管理体系之中。于是，中央着手第二次清理整顿（王名、刘求实，2010），其核心在于，在"政府职能转变"的背景下，社会组织对于政府职能的"承接"。社会组织的重要性得到了进一步的认可，"社会中介组织"这一概念被提出（Foster，2001；Unger & Chan，2008）。[1]同时，在2000年前后，社会组织对政府的"社会职能"的承接也被视为社会组织的重要发展潜能之一。所以，2000年之后，我国社会组织的规范化管理逐渐往纵深方向发展（王名、

1　正是在1998年，我国提出"转变政府职能"。在这期间，社会组织"承接政府职能"的潜力逐渐被挖掘，成为我国社会组织改革的又一关键制度节点。

孙伟林，2011）。但是，在政治威胁和经济社会发展之间，政府面临基本矛盾（Wolch，1990；Evans，1995）。如是，一个精细化的管理框架被建构。这一精细化框架一方面最大化利用社会组织的经济社会发展潜能，同时对政治威胁和社会风险进行控制。首先，所有的社会组织都需官方注册，在注册时需要业务主管单位和挂靠单位，并需要定期再注册。其次，在相同的领域之内，只允许唯一的社会组织注册。最终，随着一系列政策的出台，一个包含着宏观鼓励与微观约束、分级登记、双重管理、多头管理、政府法规、党的政策等多重性的精细化制度体系逐渐构建（王名、贾西津，2002；俞可平，2006；Unger& Chan，2008；Saich，2000；康晓光，1999）。

4.2.1.2　分类俘获：服务的行政吸纳

这就可以理解我国社会组织的分布状况以及历史进程。从历史发展状况来看，我国最早兴起的社团是各种研究机构和协会。这与我国改革开放之后对科技教育的重视有关。随着科教兴国战略的提出，科技和教育类社会组织得到了迅猛发展（Pei，1998；康晓光，1999）（参见表 4.3、表 4.5、表 4.5）。1990 年代之后，虽然我国社会组织的发展"举步维艰"，但是，随着经济改革的推进，作为经济治理的一种手段，行业领域和商贸领域的社会组织逐渐出现，政府也确实需要这些商贸组织辅助经济事务的治理。工商业服务类组织可以有效地"中介"经济主体的需求，从而有利于整体经济发展，所以，类似于商业协会等经济服务组织得到了迅猛发展（Pei，1998；康晓光，1999）。2000 年前后，随着"服务型政府"概念的提出，一系列与社会服务有关的社会组织逐渐成为政府重点发展的对象。正因为此，在 21 世纪，类似于教育、社会服务等社会组织的发展十分迅猛。虽然历史上我国社会组织的发展分行业发展状况几乎阙如，但是，根据近几年我国社会组织分行业发展的状况也可以证明这一趋势。总体来看，我国社会组织发展确实迅速（参见表 4.6）。并且，各行业社会组织的发展都相对迅速：教育、社会服务、文化、体育、工商业服务以及农业与农村发展等政府重点关注的社会领域的发展尤为迅速[1]；而一直以来受到学术界重点关注的类似于生态环境、法律服务以及宗教服务等社会组织的增长则相对缓慢（Pei，1998）。这说明我国社会组织的发展具有高度的选择性（参见表4.7）。另外，从我国社会组织的行业分布状况来看，那些着重解决我国公共服务之资金短缺的民办非企业和基金会成为我国教育服务和社会服务的发展重点；而政府关注的农业与农村发展，则主要是以"社团"的方式存在。或者说，对于农村的发展而言，真正扮演服务供给者角色的社会组织并不多见。

表4.3 1992年与1979年全国性社会组织状况的对比

	1978年		1992年	
	数量（家）	比例（%）	数量（家）	比例（%）
自然科学、技术以及工程	53	51	138	17
娱乐和友爱	19	18	69	9
社会科学、人道主义和管理研究	13	13	224	28
艺术、健康和教育	5	5	71	9
宗教	5	5	8	1
专业和管理	3	3	44	6
商业和贸易	3	3	212	27
慈善组织和基金会	3	3	16	2
公共事务	0	0	8	1

注：国家级的数据并没有权威机构的统计，本统计是根据《中国社会团体大辞典》中的数据计算而成。其数据源于全国性的调查，但是其也可能有所偏误（下同）。
资料来源：范宝俊主编《中国社会团体大辞典》，警官教育出版社，1995。

表4.4 1978年与1992年省级社会组织数量对比

	1978年		1992年	
	数量（家）	比例（%）	数量（家）	比例（%）
自然科学、技术以及工程	204	57	638	20

---

1 这印证了对于社会组织的"功能论"研究：一方面，社会组织可以利用其"志愿性"特点解决公共服务供给中的"搭便车"问题，同时有利于解决诸如贫困等社会问题；另一方面，在社会分化的背景下，社会组织可以扮演市场拓展者和社会协调者角色，这可以在很大程度上降低政府的供给市场秩序和公共服务的成本（陈健民、丘海，1999；张新文，2004；王绍光，2002；刘文媛、张欢华，2004；刘求实、王名，2009；汪锦军，2009；曹飞廉、陈健民，2010；阳敏、张宇蕊，2012）。

续表

	1978 年		1992 年	
	数量（家）	比例（%）	数量（家）	比例（%）
艺术、健康和教育	60	17	387	12
社会科学、人道主义和管理研究	30	8	846	27
宗教	20	6	47	1.5
娱乐和友爱	19	5	273	9
专业和管理	10	3	232	7
商业和贸易	8	2	682	22
慈善组织和基金会	4	1	27	1
公共事务	0	0	17	0.5
总计	355	100	3149	100

注：省级的数据并非全部的省份，而是在《中国社会团体大辞典》中选择了其中的八个省份：贵州、河南、江苏、江西、吉林、辽宁、山东、陕西。

资料来源：范宝俊主编《中国社会团体大辞典》，警官教育出版社，1995。

表 4.5　1979 ~ 1992 年我国全国性新设社会组织状况

单位：家

年份	社会科学、人道主义和管理研究	商业和贸易	自然科学、技术和工程	艺术、健康和教育	娱乐和友爱	专业和管理	宗教、慈善和公共事务	总计
1979	33	3	16	2	2	2	0	58
1980	34	2	16	1	2	1	3	59
1981	19	5	5	7	6	3		45
1982	14	5	0	1	0	1	0	21
1983	9	7	2	1	4	0	1	24
1984	17	10	4	6	2	4	2	45
1985	10	12	13	5	4	3	2	49
1986	11	20	5	1	9	3	0	49
1987	6	17	7	4	3	3	1	41
1988	6	24	1	4	2	4	3	44
1989	18	20	5	2	6	5	4	60
1990	6	26	4	7	1	1	2	47
1991	12	24	4	7	2	2	2	53
1992	16	34	3	18	9	9	5	92

资料来源：范宝俊主编《中国社会团体大辞典》，警官教育出版社，1995。

表 4.6　2007 ~ 2014 年我国社会组织分行业发展状况

单位：家，%

	2007 年	2008 年	2009 年	2010 年	2011 年	2012 年	2013 年	增长率
科技研究	26551	28847	29594	29754	30161	29698	31210	17.55
生态环境	5709	7652	7786	8078	7907	7942	7059	23.65
教育	99282	102619	106213	111337	118190	129496	158015	59.16
卫生	40378	39234	38828	36601	32470	31541	31317	−22.44
社会服务	48882	55696	59368	62831	66490	75263	79615	62.87
文化	22383	25154	26988	29180	31483	35808	39022	74.34
体育	16054	17761	19234	19934	21274	23590	28255	76.00
法律	4234	4120	4020	3929	3806	3902	3814	−9.92
工商业服务	19813	23018	24938	25499	27134	29747	33609	69.63
宗教	3668	4270	4445	4554	4838	4847	4916	34.02
农业及农村发展	37102	43266	46859	49484	54057	57668	60485	63.02
职业及从业者组织	16335	16693	17755	19115	19820	21868	20931	28.14
国际及涉外组织	477	604	735	474	582	575	489	2.52
其他	46048	44726	44306	44861	43759	47323	48508	5.34

注：对于不同社会组织类型按行业分类的统计，《中国民政统计年鉴》始于 2008 年，之前针对不同行业的统计数据处于缺失状态。

资料来源：根据《中国民政统计年鉴》（2008 ~ 2014 年）数据整理。

表 4.7　2014 年社会组织的分行业分布状况

单位：家，%

	民办非企业单位（占比）	基金会（占比）	社会团体（占比）	总量（占比）
科技与研究	13729（5.39）	82（2.31）	17399（6.02）	31210（5.70）
生态环境	377（0.15）	46（1.30）	6636（2.30）	7059（1.29）
教育	145210（57.02）	1052（29.64）	11753（4.07）	158015（28.87）
卫生	21234（8.34）	130（3.66）	9953（3.44）	31317（5.72）
社会服务	36698（14.41）	1140（32.12）	41777（14.45）	79615（14.55）

续表

	民办非企业单位 （占比）	基金会 （占比）	社会团体 （占比）	总量 （占比）
文化	11694 （4.59）	213 （6.00）	27115 （9.38）	39022 （7.13）
体育	10353 （4.07）	33 （0.93）	17869 （6.18）	28255 （5.16）
法律	511 （0.20）	39 （1.10）	3264 （1.13）	3814 （0.70）
工商业服务	2335 （0.92）	243 （6.85）	31031 （10.74）	33609 （6.14）
宗教	94 （0.04）	21 （0.59）	4801 （1.66）	4916 （0.90）
农业及农村发展	1617 （0.63）	43 （1.21）	58825 （20.35）	60485 （11.05）
职业及从业组织	1162 （0.46）	26 （0.73）	19743 （6.83）	20931 （3.82）
国际及涉外组织	4 （0.00）	4 （0.11）	481 （0.17）	489 （0.09）
其他	9652 （3.79）	477 （13.44）	38379 （6.02）	48508 （8.86）
总量	254670	3549	289026	547245

数据来源：根据《中国民政统计年鉴》（2015）数据整理。

在后续的改革中，我国的社会组织管理体系并没有如预见的那样逐渐将社会组织视为具有独立性和自主性的组织主体。即便"政府职能转变"被提出之后，有关社会组织的管理也逐渐向控制性和精细化的方向迈进。这种控制化和精细化是以对社会组织的政治–经济功能的详细分类为基础的。在分类管理的基础上，针对特定的社会组织，政府还会在微观上进行非常多样化的机制构建，以实现"嵌入性监管"以及"行政吸纳服务"的目标（康晓光、卢宪英、韩恒，2008；康晓光、韩恒，2005；唐文玉，2010；刘鹏，2011）。由于政府的核心动力机制在于政治经济收益以及政治风险之间的权衡，针对存在不同政治社会风险和政治经济收益的组织，政府可能完全采取不同的治理权能的制度性分配策略，以最大化自身政治经济收益。

于是，在这一激励体系下，沿着"政治风险"和"政治经济收益"两个维度，可以构建政府的"禁止－控制－监管－扶持"策略矩阵。其中，对于政治风险较低以及政治经济收益较高的社会组织（以可以优化经济治理和提供公共服务的社会组织以及基金会为典型案例），政府一方面给予更大的独立性和自主性空间；另一方面，政府也会对这些社会组织进行扶持，从而获得更大的政治经济收益（郁建兴、阳盛益，2007；范明林、程金，2007；徐宇珊，2008；赵秀梅，2008；Nevitt，1996；Unger，1996；汪锦军，2008；刘世定，2010；李凤琴，2011；甘思德、邓国胜，2012；吕纳、张佩国，2012；杨宝，2014；陈为雷，2014；向静林、张翔，2014）。[1] 对于可以带来政治经济收益，但有可能带来政治风险的社会组织（例如工会组织，可能还包括环境组织），视其可能带来的政治风险的强度，政府会选择自我办理，或者对社会组织运作进行强监控策略。这种对社会组织的外部资源、内部运作以及整体制度安排进行强控制的手段，是具有"统合主义"色彩的典型案例（Chen，2003；冯钢，2006；游正林，2010；肖存良，2014；Chan，1993）。但是，某些社会组织可能既没有办法带来政治经济收益，也不会带来社会风险，对于这样的社会组织，政府的管制成本太高，于是，其更有可能处于"野蛮生长"的状态。例如，处于基层的体育文艺类社团就是典型的"疏离型"案例（邓燕华、阮横俯，2008）。最后，某些社会组织几乎不能带来政治经济收益，但存在非常高的社会风险，这样的社会组织往往成为"控制－禁止"的对象。例如，对于很多权益性组织，特别是全国性权益性组织，以及具有国际背景的社会组织，其合法性以及运作几乎不存在任何政治和社会空间（刘祖云，2008；徐贵宏、贾志永、王晓燕，2007；黄岩，2011）。当然，

---

1 例如，上海市民政局局长施德容曾言："我们没有专职的专业的人做这项工作……现在上海有很多慈善团体搞起来了，是好事。他们就像我们的左右手，他们有专门的人才，有专业的理念和方法，能把社会公益活动搞得更加活跃和有效。我们政府当然愿意把我们有的资源拿出来与他们合作，这种'官民协作'是政府、基金会、百姓三方受益"（辛甜，2002）。

针对特定类型的社会组织，并非完全采用一致的策略类型。例如，在"官民二重性"的背景下，任何社会组织都有可能成为"禁止 – 扶持"连续谱中的制度策略组合（于晓虹、李姿姿，2001）。

表 4.8　社会组织发展中的政府策略矩阵

		政治风险	
		低	高
政治经济收益	高	自主性 – 扶持 （商业协会社会服务）	自我办理 - 强监控 （工会组织）
	低	疏离 （基层社团）	控制 – 禁止 （权益组织）

不仅如此，在这些政策背景下，首先，很多社会组织就是在政府的鼓励下建立的（White，1993；Unger&Chan，2008），社会组织成为政府执行自身意志的工具（Foster，2002；邓宁华，2011；耿曙、胡玉松，2011）。其次，这表现为政府最大限度地划分政府部门，控制横向组织联结机制，加强社会控制，降低社会组织之间的联合行动能力，从而降低政治威胁的努力（Saich，2000；朱健刚、胡明，2011；吴月，2013）。最后，即便针对同一社会组织，也会对社会组织的功能进行非常微观的管理，将非政府组织政府化（尹海洁、游伟婧，2008；邓燕华、阮横俯，2008），组织结构"纵向化"（邓金霞，2012；吴月，2014）。任何类型的社会组织，一旦出现"集体行动"潜能，政府就会对其进行更为强力的控制和管制，从而消除社会风险隐患（邓燕华、阮横俯，2008；朱健刚，2004）。由于我国"压力型体制"以及基层政府目标的相对多样化，基层政府必须在基层将社会矛盾解决，所以，面对既是社会矛盾的潜在来源，同时也是社会矛盾潜在解决机制的社会组织，基层政府对于这种双重策略的应用有更加明显的体现（Foster，2001；张钟汝、范明林、王拓涵，2009）。其实，这样的趋势也可以从有关社会组织行业分类的状况有所了解。

4.2.1.3 小结：矛盾的制度结果

这种策略也可以在我国社会组织面临的核心困境中寻得：中国的社会组织发展面临的核心困境是制度（表现为法律政策）和资源（主要表现为资金）的约束，这种约束在很大程度上来源于我国政府对社会组织发展采取的严苛控制策略（Foster，2001；王绍光，2002；邓莉雅、王金红，2004；高丙中，2000；俞可平，2002；2006）。结果，我国社会组织发展具有"权变共生"（Contingent Symbiosis）或"分类治理"的逻辑：如果社会组织政治社会风险不可控，这样的社会组织被严格控制；如果社会组织可以承担经济社会服务职能，其可能得到鼓励和保护（Spires，2011）。于是，那些承担经济社会服务职能的社会组织得到了优先发展（王名、贾西津，2002；李国武、李璐，2011）。如是，无论动机、过程抑或结果，我国社会组织管理体系是政府对其实行精细化引导和控制的产物，始终处于降低政治风险和满足政府需求的夹缝之中。

1993年，政府宣称要对社会组织加强宏观控制和监督，同时实现政府–社会组织的功能分离，结果，"宏观监控和监督"确实得到了加强，但是，"功能分离"则沿着功能精细化的目标演进了。在"社会建设"的思路之下，新时期的社会组织建设是沿着"分类治理"的路径前进的，强调的是社会组织对于提供公共服务，承接政府社会职能，以及调节社会冲突，整合社会需求的潜能。如是，在"承担政府职能"的过程中，我国的社会组织存在的制度性弱势可能并不是因为社会组织的孱弱，更有可能是政府策略选择的结果，与政府所释放的空间和控制机制存在着非常紧密的联系。

4.2.2　从交易成本到治理机制

虽然我国社会组织管理体制变革由政府主导，但这一体制也与社会组织与政府之间的持续再协商过程有关。这恰恰是很多学者忽略的一个方面：在政府的强控制逻辑之下，社会组织仍会尽可能最小化政府的渗透，以社会组织的利益为基础重塑社会组织–政府之间的制度关系（Saich，2000；张紧跟，2012）。

只有理解社会组织在这一交易过程中面临的困境以及达成交易的策略，才能理解我国社会组织管理体制变迁的多样化过程、社会组织与政府之间多样性的关系，以及其带来的混杂性后果。

4.2.2.1　政治交易成本问题

如上所言，政府根据自身对社会组织可能为政府带来的政治经济收益和可能带来的社会风险进行权衡，从而构建了一个"权变"性的社会组织治理权分配结构；社会组织也会在具体的制度场域中与政府进行策略性谈判，以获得更大的发展空间。但是，这一政治交易可能存在非常高昂的交易成本，这决定了交易达成的可能性，以及政治交易的可治理性。政治交易成本问题的核心在于：社会组织是否有可能跨越交易成本障碍，从而获得与政府谈判的资格（与国有企业改革不同）。一旦跨越了政治交易成本的障碍，是否能够构建有效的契约治理机制，将二者的政治交易结构化呢？任何政治交易的达成都包括两个阶段：交易达成以及交易治理，社会组织与政府之间有关治理权分配的政治交易也不例外。在交易达成阶段，社会组织需要识别自身的利益，寻求政治交易议程；在政治交易达成后，还需要构建一系列的契约治理机制实现契约治理。只有当社会组织成功地就社会组织治理权的分配与政府达成政治协议，并成功地将其制度化，才能说实现了社会组织治理权的转移。

按照第 2 章对政治交易的分析，政治交易可以按照诉求的"权利性－经济性"以及缔约的"分散性－整体性"两个维度划分，不同的政治交易，其政治交易成本也存在差异。这一结构同样也适用于社会组织－政府之间关系的讨论，其中，社会组织的诉求在社会组织－政治交易中，与社会组织的功能有关。于是，按照社会组织的"服务性－权利性"，以及"分散性－整体性"程度，可以将政府－社会组织的政治交易划分为四个类型（参见表 4.9），每一种类型的政治交易成本存在差异，其达成政治交易的可能性，以及相应的契约治理机制出现的可能性也是存在差异。

表 4.9　"社会组织 – 政府"政治交易类型及代表性组织

社会组织功能		分散程度	
		分散性	整体性
社会组织功能	权益性	农民工权益组织	工会组织
	服务性	基层社会服务组织	全国性的基金会

4.2.2.2　"共识点"的建构与协商的可能性

要和政府就社会组织治理权进行"再协商",最为核心的在于是否能够取得政府的信任,从而降低议程设置成本,而能否取得政府信任的关键就是寻找与政府利益相关的"共识点"。或者说,在具体的政治交易过程中,能否有效地建构相互依赖的关系体系,保证政府放权的政治经济收益是可预期且稳定的,成为能否达成政治交易的关键。于此而言,一方面,不同的社会组织 – 政府交易类型,其政治动员和利益界定成本存在差异,共识点建构的可能性就存在差异;另一方面,共识点的建构也是一个动态过程,在与政府进行互动的过程中,社会组织也会利用多种策略实现共识点的重构。

首先,从不同的政治交易类型来看,共识达成的可能性存在一系列差异。对于分散性的服务型组织而言,服务型组织可以有效缓解政府的经济社会治理压力,所以,无论是政治动员成本还是利益界定成本都较低,且政治风险低,所以交易共识是很容易的达成的。但是,对于分散性的权益性组织,虽然是单个的社会组织与地方政府进行谈判,但是权益性所隐含的诉求不确定,以及其造成社会风险的潜能,使得其共识的达成需要非常长时间的"相互试探"。对于与整体性的服务性组织进行的政治交易,如果社会组织本身就是作为全国性的社会组织与中央政府进行缔约,这样的政治交易是非常容易达成的,典型的是各种全国性的基金会。但是,如果特定类型的社会组织意图作为一个整体与中央政府缔约,那么,由于存在高昂的动员成本,以及横向联结可能导致的政治风险,这样的政治交易达成的可能性是非常低的。对于整体性的权力型社会组织,想从政府手中获得自主权几乎是不可能的。所以,总体来看,社会组织在多大程度上可能与政府进行政治交易——利用自身的社会服务换取各种组织权力——是存在非常大的差异的，并且，这种差异是结构性的。

表 4.10　"社会组织 – 政府"政治交易之共识点建构的可能性

		分散程度	
		分散性	整体性
社会组织功能	权益性	中	低
	服务性	高	中

　　寻找共识，以及在"掠夺性"的可能下寻找进一步使双方承诺可信的治理机制成为理解我国政府 – 社会组织关系的核心（Foster，2001）。确实，在不同政治交易中，社会组织能否达成政治交易确实存在结构性的差异，政府也确实会构建制度性的约束体系。但是，社会组织 – 政府之间的关系也是动态的，在社会组织与政府的持续互动过程中，社会组织也会采用非常多的"自我约束"策略，以实现政府 – 社会组织的共识建构，从而增加社会组织 – 政府就某些权利安排进行再界定的可能性。这些机制包括如下几个方面。第一，放弃寻求自治的努力，将自身嵌入政府的需求之中，从而寻求吸纳。这一策略的核心在于，社会组织将自身的需求以及自治权主动转让给政府，换取政府的资源支持（Dickson，2008；Foster，2001；2002；Spires，2011；朱健刚，2007；曹飞廉、陈健民，2010）。于是，社会组织在功能选择上主动"去政治化"，在利益表达的过程中"去组织化"，此时，社会组织强调的"压力集团"或"利益组织"的属性被策略性地隐藏，转而将自身打造成政府的"合作者"角色，使得社会组织进一步接近政府变得可能。[1]第二，组织"外形化"，即将组织的形式和运作机制分离，创造与政府之间利益融合的制度空间，换取政府的默许和支持（田凯，2004）；或者，社会组织通过对政府机制的复制，以增强达成共识的可能性（尹海洁、游伟婧，2008）。第三，"非正式"政治，即社会组织和政

---

[1]　多个案例分析都说明这种状况（White，1993；赵秀梅，2004；Spires，2011；唐文玉、马西恒，2011；朱健刚、胡明，2011；陈晓运，2012；Knupp，1999；牛冬，2015）。

府之间进行持续的互动，在互动过程中建立紧密的社会和信任关系，通过"做加法"的方式，审慎地建构双方的共容利益空间（张紧跟、庄文嘉，2008；姚华，2013）。第四，审慎地采取社会组织间的联合行动，在联合行动过程中采取"不完全合作"的策略（朱健刚、赖伟军，2014）。正是社会组织的策略性努力，使得即便在相同类型的社会组织之间，政府与社会组织之间的权能分配可能存在非常重大的差异。

4.2.2.3 制度关系的构建

在分析我国政府–社会组织关系时，政府–社会组织之间的相互依赖关系被视为理解我国社会组织–政府之间复杂制度性关系的根源（Hsu，2010；陈天祥、徐于琳，2011；李凤琴，2011）。一方面，由于中国对社会组织的发展在资源和政策上的强控制，以及社会组织的"官民两重性"特点（康晓光，1999），社会组织的发展必须得到政府的支持，包括政治资源、经济资源、人力资源以及合法性资源（Xu & Ngai，2011；邓丽雅、王金红，2004），特别对于那些具有权力诉求的社会组织，资源的稀缺更加突出（和经纬、黄培茹、黄慧，2009）。另一方面，在政府治理能力不足的情形下，确实需要社会组织提供很多经济和社会服务。但是，认为资源依赖都会达成制度性的政治交易，这样的假设是不现实的。需要深入分析的是，在资源依赖增加了二者达成政治交易的可能性的前提下，二者怎样构建制度性的机制解决政治交易中的可信承诺问题（徐贵宏，2009）。如前所言，一方面，政府的干预可能降低社会组织的能动性和制度弱势，导致社会组织的社会功能无法得到充分的发挥；另一方面，任何的"放松控制"都有可能成为社会风险源，为了约束政府和社会组织的权能边界，需要一系列的契约治理机制（刘祖云，2008）。

一旦政治交易达成，促使政府和社会组织信守制度承诺，将二者的"权利和责任"进一步制度化就成为契约治理阶段的关键。一个制度化的契约治理机制可以结构化二者的制度预期，从而实现权能分配的制度化：一方面约束（至少明确）政府的干预范围和机制；另一方面约束社会组织的范围和机制。[1] 同样，按照"正式 – 非正式"程度以及第三方治理的可能性，可以将政府 – 社会组织之间的交易治理机制划分为四种纯粹类型（参见表 4.10）。其中，需要说明的是，对于我国而言，基于社会关系和信任建构的非正式机制在我国社会组织 – 政府之间交易的治理中扮演了非常重要的角色（Dittmer，1995；Nevitt，1996；辛甜，2002；宋程成，蔡宁、王诗宗，2013；皮特·何，2012）。再次说明，对于特定的社会组织 – 政府关系的治理而言，可能存在非常多样性的制度安排以解决二者的契约治理问题。例如，二者既有可能利用正式制度严格划分二者的制度性边界，又有可能同时通过二者的正式制度关系在具体运作过程中实现非正式的权利制约。

表 4.11　"政府 – 社会组织"关系的治理制度矩阵

		是否存在第三方治理	
		第三方治理	自我治理
正式性程度	正式	法权结构 政府监管	纵向一体化
	非正式	—	社会关系 – 信任

从纵向的演进来看，我国宏观社会管理体制是逐渐从原有的"无治理"和非正式治理逐渐向正式的制度方向演进的，但并非向"法权结构"的方向演进，而是向类似于正式性的自我治理方向演进的——这与前面讨论的大部分中小型国有企业存在着根本差异。事实上，1989 年和 1998 年的社团登记管理条例，以及持续的清理整顿，其治理机制演进的方向并不是将二者的关系逐渐演变成"法人治理"（二者功能严格分开，将独立性和自主性完全赋予社会组织），而是将二者的关系进行精细化的控制，即在具体运作过程中，通过为社会组织找"归口管理"单位(业务主管部门),将政府 – 社会组织之间的制度关系保留在特定的政府 – 社会组织之间，从而在极度分散的情形下，切事化地界定政府 – 社会组织之间

1　如果不存在这样的机制，社会组织可能"不敢合作"，这成为很多边缘性社会组织的生存状况（何艳玲、周晓锋、张鹏举，2009）。

的权力分配状态。[1]事实上，正是这样的制度交易状态，客观上也降低了社会组织与政府展开政治交易的交易成本，从而使社会组织的合法性得以提升，资源汲取能力上升，并利用多样性的机制将政府的干预明确在特定的范围之内。

如果说我国社会组织治理权改革的过程并没有遵循"法权化"的道路，在时间上的演进是相对分散的，那么，对于不同类型的社会组织-政府之间的政治交易，其契约治理机制却存在结构性的关系（参见表4.11）。对于整体性的权力型社会组织，政府会通过纵向一体化的方式（主要是自我办理-自我生产）治理二者的契约关系。这是因为，利用社会组织的交易成本太高，在此情形之下，并不存在切实有效的制度机制实现契约治理：政府担心社会组织自主性带来的社会风险，社会组织担心政府的利用从而丧失自身的自主性。典型的案例是类似于工会、妇联等权益性的社会组织与政府之间的制度性关系。"整体性-服务性"社会组织与政府之间的关系则主要体现为一定程度的政府整合以及较弱意义上的契约化。或者说，即便是服务性组织，很多全国性组织也是政府整合的对象，甚至是政府创建的。这里所谓的契约化，是指政府是以监管者而不是运作者的角色进入社会组织治理体系，其遵循由第三方独立机构（主要是法院）确保的正式法律法规。这种契约关系典型地体现在非常多的私募基金会与政府之间的关系中。其中，政府通过与基金会达成制度性契约，并根据特定的基金会法案对社会组织进行监管，并将事实上的控制权交给基金会组织。分散的服务性组织与政府之间的关系更多地体现为契约性色彩，但在中国的社会组织-政府关系的情形下，政府也会对社会组织的内部运作进行非常多方面的微观干预，体现为社会组织在一定程度上的行政化（朱健刚、陈安娜，2013；范明林、程金，2007；邓金霞，2012）。这种以"契约化"关系为主的社会组织-政府关系主要体现在非常多样的基层服务性社会组织和市场服务组织中（于晓虹、李姿姿，2001；黄晓春、嵇欣，2014）。

---

1 即"一事一议"以及社会组织和政府双方的"策略性应对"（黄晓春、嵇欣，2014）。

表 4.12　不同"政府 – 社会组织"政治交易的契约机制类型

		分散程度	
		分散性	整体性
社会组织功能	权益性	分隔化（主） 非正式制度	纵向一体化（主） 整合
	服务性	监管（主） 行政化	行政化（主） 监管

4.2.2.4　小结：脆弱的制度关系

社会组织确实会策略性地建构新的制度安排以重新结构化政府 – 社会组织之间的权力分配，但是，由于交易成本的存在，这样的努力取决于这一政治交易达成的可能性，以及建构特定契约治理机制的可能性。于是，在不同政治交易中，政治交易成本的高低以及契约达成的可能性存在差异，最终导致社会组织 – 政府之间的权能分配状态存在系统性差异（参见表 4.11）。如果按照"市民社会 – 法团主义"的分野，可以发现，在不同的社会组织 – 政府关系中，最终构建的制度模式存在系统性差异。对于整体的权益性组织而言，纵向一体化的控制机制最终导致社会组织对政府的依附，体现的是法团主义的制度模式。但是对于整体性的服务组织 – 政府关系而言，由于契约关系的建构给了这些社会组织更大的制度空间，从而体现为较弱意义上的法团主义模式。对于广泛存在的分散的服务型组织，由于契约关系的构建，其与政府之间的关系体现为弱的市民社会模式。而对于分散性的权益性组织，由于二者都没有动机整合对方，最终的权能分配状况是极端不确定的。这种极端不确定无法通过零散的非正式制度得以确保，最终体现的是非常脆弱的市民社会模式。[1]

---

[1]　这样的制度交易往往被视为"市民社会"的案例，但事实上的界定是：在国家管制体系下，有关社会组织的控制权被置于"公域"，国家虽然声明具有法律意义上的控制权，或者正式控制权，但这样的控制权并不存在完整的制度机制来实现。有学者将这样的监管结构界定为"游离性监管"模式（刘鹏，2011）。社会组织需要发展，社会组织 – 政府之间就资金、内部运作以及决策等的控制权必须明确；一旦不明确，控制权最终可能被置于公域，导致公民权社会组织的碎片化（体现为社会组织的"不敢"以及政府的打击）。这也说明，"无干预"状态并不是"无制度"，恰恰是"无干预"需要更多的基础性制度来保证。这也是是那些成功地"嵌入"体制内的社会组织更有可能产生社会影响的原因（Hsia & White, 2002）。

表 4.13 "政府 – 社会组织"政治交易的制度化：总结

政治交易	交易达成的可能性	核心治理机制	权能分配状况	制度模式
整体 / 权益性组织 – 政府	低	纵向一体化	完全依附	法团主义
整体 / 服务性组织 – 政府	中	纵向一体化 监管	整体依附 较大的独立性和自主性	弱的法团主义
分散 / 服务性组织 – 政府	高	监管 行政化	较大的独立性和自主性 策略性依附	弱的市民社会
分散 / 权益性组织 – 政府	中	非正式制度	脆弱的独立性和自主性	脆弱的市民社会

总的来看，"政府 – 社会组织"具有"分散订约"的属性，这有利于政治交易达成。从类型上而言，不同类型的社会组织与政府存在不同的"共识空间"，使得某些类型的社会组织与政府之间的政治交易更有可能被治理，这在另一个侧面也证实了为什么不同的社会组织与政府之间的关系呈现不同状态。以时间维度而言，"共识"的达成以及治理机制的建构是随时间演变的，所以，政府 – 社会组织关系也处于动态变化之中。

4.2.3 权力结构转移

上文分析了社会组织治理权分配过程中政府的成本 – 收益以及由此引致的权能分配结构，社会组织基于自身利益诉求与政府达成政治交易，并利用一系列的契约治理机制实现权能分配关系重构的过程。但是，纯粹从理性选择视角分析这一制度过程是不够的：无论是成本 – 收益、政治交易的达成还是契约治理机制，都嵌入特定的权力结构——"先赋性博弈结构"——之中（刘祖云，2008）。先在的权力结构会对政治交易过程产生影响，使得政治交易出现的可能性以及治理机制存在系统性差异；进一步，权利分配状态的进一步制度化又使得新权力结构制度化，从而在权力结构上呈现"路径依赖"的特点。

4.2.3.1 权力结构与政治交易

政府相对于社会组织的相对议价能力优势体现在如下两个事实中：首先，

政府始终保持着在社会组织管理过程中的制度性分配优势，同时既控制着资源分配，也垄断了社会组织的组织权（刘世定，2012）；其次，在谈判的过程中，社会组织需要承担交易成本，而且，在政治交易过程中，政府可能利用多种机制影响政治交易成本在不同交易中的分布。

正是由于政府事实上具备社会组织的"剩余控制权"，使得无论在社会组织与政府之交易的初始状况，还是政治交易达成的过程都受到政府的影响。

无论是制度交易的结果还是具体的社会组织运作过程，政府都利用自身的相对权力优势对其资源汲取过程、核心的功能和决策过程以及内部的运作实行微观管理，从而保证社会组织与政府之间的"契合性"。[1] 例如，政府会依自身的需要界定社会组织的功能，政府会在社会组织内部设立党支部以传递政治需要；或者，政府会掌控社会组织人事权，并将其视为"精英招募"和"政治吸纳"的组成部分，等等（Dickson，2000；尹海洁、游伟婧，2008；耿曙、胡玉松，2011；邓宁华，2011）。不仅如此，在政治资源、经济资源等存在系统性不对称的情形下，社会组织也自愿地"依附"于政府机构，从而将不对称的权力结构进一步制度化。例如，社会组织将自身的组织结构"官僚化"，以更为顺畅地应对政府的需要（邓金霞，2012）；社会组织可能将自身的"志愿性"色彩隐藏，转而利用可以得到政府支持的话语和理念（庄文嘉，2011）；社会组织可能与政府内部官员保持各种非正式联系，从而获得政治信任和政治支持。总之，通过这一过程，政府对政治交易过程的系统性干预，对政治交易结果的审慎控制，保证了政治交易过程中政府的权力结构优势，并策略性地实现了自身利益的最大化（李景鹏，2011）。

4.2.3.2　相对议价能力的改变与制度变迁

虽然在整体上，我国的社会组织治理权分配的改革过程在很大程度上"复制"了原有的权力结构，但是，随着时间的演进，在特定制度场域内，社会组

1　正如康晓光（1999）所言，"社团的'双重管理体制'之所以能够确立并实施，不完全取决于政府的偏好，还在于政府的强大"。

织相对于政府的相对议价能力可能发生变化。或者说，社会组织可能通过多种机制重构特定场域之内与政府的相对资源和权力状态，从而有可能对特定的政府 - 社会组织的权力分配状态进行变革。一旦权力结构变革发生，在分配治理权的过程中，政府需要更为周详地考虑社会组织的利益——政府需要对忽略社会组织的利益可能带来的政治经济后果进行更为详尽的审视；同时，一旦相对权力结构改变，作为整体的社会组织就更有可能开启政治议程，政治交易就更有可能达成。甚至可以说，社会组织的潜能本身就可以被视为一种政治权力，其相对政府的权力结构变动本身就可能成为政治权力再分配的组成部分。此时，社会组织的治理权分配结构可能也在一定程度上反映社会组织相对政府的权力状态。于是，一旦权力结构发生转移，社会组织会策略性地利用政治机会，权力分配状态可能产生系统性变革。

随着时间的转移，这种权力结构变革可能来自非常多样化的渠道。渠道之一是政府内部权力结构的分散化。在特定的社会组织 - 政府关系场域中，政府从来都不是铁板一块的。作为整体的政府，其内部也存在非常多样化的权力关系（Howell，2006；Hsu & Hasmath，2013）。政府部门之间、上下级之间、不同的社会组织和利益集团等共同参与了社会组织制度结构的构架，于是，社会组织 - 政府关系的建构过程也深深嵌入当下权力结构范畴之内（Spires，2011；汪锦军、张长东，2014；周俊，2014；Hsu & Jiang，2015）。政府层级之间、不同的政府部门之间以及"条块"之间的利益争夺和权力结构演变，成为我国社会组织重点利用的权力结构场域，从而为我国社会组织重构其相对于政府的权力结构制造了多样化的机会（赵秀梅，2008）。这典型地体现在我国环境社会组织争取控制权，以及产生政策效应的运动之中。在中央政府和地方政府，环保部门和其他政府部门之间，存在非常大的利益分歧；于是，环境类社会组织通过在不同的政府部门之间进行系统性"斡旋"，通过对不同政府机构的"甄别"，并与那些具有共同利益的政府部门建立制度化联系，从而重新结构化了包绕环境社会组织的权力结构状态，并最终为自身的发展壮大和政策影响奠定了基础（晋军、何江穗，2008；童志锋，2009；Thompson & Lu，2007；黎尔平，2007；Ho，2001；Lin，2007）。

再者，这样的权力重构也可能发生在经济社会变迁过程中。首先，经济发展和经济社会结构的变革，给社会组织提供了新的机会，改变了不同组织的资源获取能力，进而改变了相对议价能力，使得重构社会组织与政府之间的相对谈判地位成为可能。其中，最为核心的就是市场改革带来的后果。市场改革改变了资源分配的结构，这种再分配降低了社会组织的政治性交易成本，从而有利于社会组织的发展（White & Howell，1996；邓莉雅、王金红，2004）。其次，社会结构和利益多元化也使政府控制社会组织的能力降低，这增加了社会组织的相对权力（Ma，2002；Saich，2000；Spires，2007）。最后，全球化以及国际社会组织的进入也在事实上制约了政府策略的空间，对社会组织相对议价能力的提高有所助益（Howell，1995；黄岩，2006；Chen，2010；黄岩，2011；许怡，2015）。经济资源的分散、新的社会组织作为制度协调者的出现，以及新社会理念等的进入，第一，可能增强社会组织的资源汲取能力，从而增强社会组织出现的可能性；第二，随着时间的演进，多样性社会组织之横向联结机制可能逐渐出现（谢静，2012；高丙中，2006；徐宇珊，2008）；第三，随着新技术（如新媒体和互联网）的发展，单一社会成员被组织，以及社会组织之间建立组织性机制的可能性也会上升（郭巍青、陈晓运，2011）；第四，新理念的传播（如有关社会组织的自主性理念）有可能成为新的聚合个人利益的机制，从而降低社会组织利益聚合的成本。于是，随着社会组织的资源增多、组织成本下降、社会组织的相对权力上升，社会组织的利益在政府决策中所占的权重将会上升，议程设置成本降低，达成政治交易的可能性也会上升，治理权的分配可能改变。这可能是理解近年来我国社会组织独立性和自主性逐渐上升的关键。

4.2.3.3　作为权力结构的制度机制

如果说相对权力结构在社会组织治理权分配过程中扮演了非常重要的角色，其形塑了社会组织治理权分配过程中的权力竞争过程，那么，政府－社会组织之间的制度性关系同样也体现了整个社会组织权力的分配状况；或者说，政府 – 社会组织之间达成的多样的有关组织权的分配状态也是对社会组织能力的制度性分配，从而体现了相对分配优势的结构化过程。这一过程首先体现在政府与社会组织的关系上。正如前文所言，一方面，随着社会组织相对政府的资源结构和组织能力的增强，社会组织获得了越来越大的权力，是故，政府可能让渡一定的组织权；但是，另一方面，在我国政府掌握基本组织权的情形下，这样的让渡是在政府处于制度性优势之下进行的。

其次，不同社会组织通过与政府建立制度性联系，也会在社会组织之间造成制度性的不平等。在双重管理体制下，政府对社会组织的类型和功能进行了详细的规定，同一类型的社会组织在特定的区域之内享有制度性的垄断权。于是，得到政府鼓励的社会组织也愿意将自身的控制权让渡给政府，将其功能和运作更紧密地"嵌入"政府之中，从而获得更为强大的制度性优势（范明林、程金，2007）。例如，提供基层公共服务的某些社会组织由于更有可能与政府建立制度性联系（有些甚至是政府主办的），社会组织可能采纳深层嵌入的策略，在"合同外包"过程中获得垄断性供给地位，从而获得制度性分配优势（汪锦军，2008）。

最后，更为重要的是，在给定组织权作为最基本政治资源的情形下，不同社会组织通过与政府建立不同的制度机制，事实上造成了组织权的不公平分配。社会组织的基本功能之一就是扮演利益中介者角色，所以，如果特定利益主体能构建具有自主性的社会组织，意味着其影响政治决策的可能性会大大提高。在不同政治交易中，政治交易的达成以及制度建构的可能性存在差异，所以，在不同类型的社会组织之间，政治资源就可能存在系统性差异。特别是那些处于社会底层的利益主体，其利益更为碎片化，但其组织资源更为稀缺（孙立平、李强、沈原，2004；晋军、何江穗，2008）[1]；而城市精英

1　例如，我国的社会组织的组织数量和能力在农村与城市之间存在系统性的不平等状况（Pei，1998），这种不平等分配也是我国城乡关系的映射。农村基层自治组织并非社会组织，有关这一问题，下一章将更详细地论述。

群体则通过多机制构建了多样的制度性联合，甚至是"总体化的精英"，享有各方面的资源优势（孙立平，2003），而可以作为受损群体与制度精英实现制度联结的"中间地带"则是缺失的（蔡禾，2012）。对于我国而言，全国性的、拥有更大自主性的社会组织，要么是提供公共服务的社会组织（如各种基金会），要么是服务于市场的社会组织（如工商联等），所以，在社会变革的过程中，那些拥有组织权的利益主体——例如国有企业群体——的利益更有可能被考虑（刘世定，2010；郑小勇，2008；马秋莎，2007）。[1]

4.2.4　中观到中观

政府有充分的动机根据自身的利益对社会组织的治理权分配进行系统性甄别，从而针对不同类型的社会组织构建差异化的治理权分配结构，这样的治理权分配结构构建了我国社会组织的基本制度环境。于是，在社会组织基于自身的利益意图与政府达成制度性的交易以重构社会组织治理权的过程之中，利益诉求的差异以及组织分散化程度的差异决定了交易最终是否可能达成，也决定了政治交易的治理结构。同时，这样的制度性交易过程也是嵌入具体的权力结构之中的。一方面，先在的权力结构约束了政治交易达成的可能性；另一方面，权力结构的变革会成为社会组织重构权力关系和治理权分配的契机。最终，契约治理机制也成为先在权力结构、权力关系的变革以及分配性效应制度化的表征，"契约治理 - 权力关系"成为理解政府 - 社会组织之制度性关系的"一体两面"。

1　本书第 3 章对国有企业 - 政府之间的非正式制度（核心体现之一就是各种商业性的社会组织）可能带来的制度性分配效应进行了分析，这种效应在此也是典型：那些拥有组织权的社会组织主体更有可能构建制度性渠道对政府决策产生影响。甚至这样的制度分层在特定的商会组织也存在。例如，王达伟发现，在厦门，中等企业家是独立商会的坚定支持者，因为其"为他们提供了保护和与官员接触以获益的机会"，但小私营企业主则并没有这样的热情，而大型的商业组织则已经成为"政府合作伙伴"，并不需要"独立商会"实现这一目标（Wank，1989）。

具体到政府 – 社会组织之间的制度性权能分配变革，可以发现以下几方面。首先，从时间上来看，我国社会组织变革并没有沿着"微观 – 宏观"的路径演进。即，我国的社会组织治理权的制度性分配并不是一个由逐渐放开微观治理权到逐渐放开宏观治理权的过程。但是，这确实是一个权责关系明晰化的过程，只不过，这样的制度明晰是在微观上和中观上实现的。其次，从多样性角度而言，我国社会组织的制度多样性主要体现在不同类型的社会组织 – 政治交易之中。所以，总体来看，我国社会组织治理权的分配体现为：在分散的社会组织 – 政府之间，就中观层次和微观层次的治理权分配进行制度化的谈判和交易，最终根据分散化的谈判结果确定相应的契约治理机制。于是，这样的制度交易是单一的政府组织与单一的社会组织之间就社会组织的功能、资源状况以及内部运作等进行的"切事化"谈判，最终呈现的权能分配结果也就是非常"权变的"和"切事化"的，也是多样性的和脆弱的。

4.3　制度环境与制度化

作为一个制度过程，社会组织与政府之间有关社会组织治理权的制度性分配和协商也是在具体的制度环境中进行的。这体现为三个方面。首先，社会组织是嵌入在具体的制度性权能分配的历史中的。在变革过程中，社会组织的治理权分配也会体现出"路径依赖"的特点，从而影响治理权能分配的制度过程和制度结果（田凯，2003；贾西津，2005；Riley & Fernández，2014；Salmenkari，2008；马秋莎，2007）。其次，社会组织本身也是嵌入在复杂的制度环境之中的，不同制度环境下，社会组织的机会、资源以及合法性的获得等都有系统性差异（李国武、李璐，2011；Salamon & Anheier，1996；Seibel，1990；邓莉雅、王金红，2004），从而使社会组织与政府之间的相对议价能力、政府的收益以及政府与社会组织之间的交易成本也呈现差异。最后，虽然制度环境存在结构化效应，但是，分散的制度变革仍有可能成为总体性制度变革的"先导"。通过分散的制度实践，随着时间的演进，总体性的、结构性的权能再分配也可能出现。当然，其能否被整合，以及在分散的制度安排与总体性的制度安排之间存在多大的整合的可能性，则受多种因素的影响。

4.3.1　制度环境

相对议价能力以及权力结构的微调是一方面，另一方面是我国社会组织管理体系所嵌入的特定历史和环境。虽然我国社会组织运作过程中国家参与的"传统"本身就需要解释（王名，2002），但这一传统确实为我国政府与社会组织之间关系的重构建立了制度性基础。这意味着中国与西方社会组织的发展路径不同：中国是"先整合后分化"，而西方国家是"先分化后整合"（张紧跟，2012）。这基本上决定了权力结构的历史性分配优势，决定了谁在这一关系重构中承担交易成本。从历史上来看，我国的基本社会组织单位是家族。虽然也存在一定的慈善、宗教和救灾性的社会组织，但是，在"秦制"之后，我国基本上是"权力性社会"结构（王毅，2009）。到清末民初，在一些城市地区逐步出现了具有市民社会特色的商会、工会以及其他如哈贝马斯界定的"公共领域"（如公园、茶楼等），但是，这些社会组织几乎总是与政府保持着千丝万缕的联系，且自主性非常不足（哈贝马斯，1999；魏文享，2004；王卫平、黄鸿山，2007；胡悦晗，2010；黄柏莉，2014）。与当下的争论具有一致性，更多的学者对其进行再界定，如黄宗智（2003）就将其视为"第三域"。随着中华人民共和国成立，即便如"第三域"也逐渐被整合到"全能主义"国家体系之中（Tsou，1967）。[1] 在这样的历史结构下，我国社会组织的独立性和自主性面临历史性不足，我国社会组织的"多重性"本就具

1　对于这一问题，学界存在一定的争议：至少，中华人民共和国成立之后的"集权主义"范式肯定是不成立的，即便在"文革"期间，这样的断定也是不合理的（Harding，1993）；新的研究则认为，我国的社会从来没有融入国家控制（Whyte，1992），但"全能主义"应该是一个比较恰当的判断。

有历史性（Pearson，1994）。

其次，多样性制度环境对社会组织的权力分配至关重要。社会组织的治理权能的分配是层次性、多样性制度环境包绕的。正如有关社会组织的"双重性"研究所说明的，我国社会组织是嵌入在具体的社会制度场域以及政治制度场域之中的，且在社会组织场域和政治制度场域内部也存在多样性的制度逻辑（黄晓春、嵇欣，2014；徐湘林，2005）。于是，随着政治制度环境以及社会制度环境的改变，一方面，二者都有可能给社会组织在争夺分配权的过程中带来制度性的阻碍；另一方面，多样性制度场域之间的"制度缝隙"可能成为社会组织加以利用的制度机制，从而成为社会组织争夺治理权的制度性机制（Yang，2005；Hsu & Jiang，2015）。于是，随着政府对社会组织可能带来的政治经济效益愈发认可，社会组织作为公共服务供给者以及利益协调者的角色逐渐得到确认，政府逐渐认识到过度干预可能对社会组织带来一系列困境，从而逐渐对社会组织的"志愿性"特征加以维护。同样，随着改革开放的推进，社会组织之"志愿性"和"自治性"特点也逐渐在社会领域中扩散，媒体、知识分子、大学生以及志愿服务者等逐渐将这一理念传播，从而使其在社会领域中的合法性上升，可以"结盟"的主体变多，资源汲取能力上升，从而有利于扩大自身的自主权（Steinberg，2003）[1]。

再次，历史上，我国的政治思想传统是以儒家思想为合法性基础的，其以"家 – 国"为基础，核心是伦理秩序（贾西津，2005），对于"公域"和"私域"之间的关系并没有严格区分。中华人民共和国成立之后，我国又是以"国家"和"人民"为基础的"整体性社会"——这也可以被视为伦理秩序的延续（Tsou，1967），并不区分"公域"和"私域"。在这样的政治文化传统中，有关"权力"的观念也不是西方传统意义上的权力，更经常地体现为"权益"的概念。于是，

1　有关"上升中的权利意识"问题，裴宜理（2008）、沈原（2007）以及陈鹏（2009）等学者通过对业主维权运动的分析认为，我国的业主维权运动逐渐具备了"公民权运动"的特点。

一旦存在所谓的"权利"抗争或"维权"，其抗争或维护的不是在西方政治学传统上所界定的"公民权"，而是某些制度性的利益。这些利益是已经由政府法律界定的"合法利益"，具备传统的"道德经济"属性，或者其他"公平性"考量，在语言和符号的使用上也接近于正式的制度话语，这成为"维权"的本质（裴宜理，2008；朱健刚，2011；刘春燕，2012；和经纬、黄培茹、黄慧，2009）。

最后，即便我国的政治制度环境和社会制度环境对我国社会组织争取结构性的自主性建构了结构性的约束条件，但是，随着改革开放的进行，经济社会结构的改变，也在很大程度上重塑了先在的制度环境，从而为社会组织开启了新的空间。经济社会环境的改变主要包括四个方面：经济社会资源的增长和自由流动、媒体和知识分子的作用、新技术的兴起，以及全球化。四个方面的综合作用，都会对政府的成本收益、社会组织与政府的政治交易过程以及相对权力结构产生影响，从而使社会组织的权能分配状态改变。

具体而言，第一，经济社会结构的改变，一方面使得社会利益和社会结构分化，多样性的共同利益使组织化的需求上升，且利益冲突的加剧也加大了政府坚持原有制度安排的成本；另一方面，经济资源的自由流动使得社会组织获取社会资源的能力上升，同时增加了政府监管资源流动的成本，于是，社会组织的组织潜能逐渐增强，其争取自主性的可能性逐渐增强（李汉林、魏钦恭、张彦，2010；Zhao，2001；孙立平，1993；李国武、李璐，2011；White，Howell & Shang，1996；Ma，2002）。第二，媒体和知识分子作为最为核心的"理念建构者"，成为合法性理念的主要传播者。随着媒体力量的增长、大众传媒的兴起以及专家学者针对社会组织的报告和研究的增多，社会组织的合法性上升，其"志愿性"以及相对于政府的独立自主性理念进一步得到了政府和社会的认可。于是，其得到社会支持（既包括经济支持，也包括合法性支持）的可能性上升，基于权力型社会组织的权力争夺更有可能出现并取得成功（Zhao，2001；曾繁旭，2006；李艳红，2006）。第三，新技术的兴起在两个方面对社会组织争取权能分配的过程产生影响。一方面，新技术的兴起使得信息的传播速度大为上升，所以，某些新的理念通过新媒体可以得到更为迅速的传播，同时，新媒体也是聚合共识性利益的关键机制。另一方面，新技术改变了利益主体的组织成本（谢静，2012）。特别是在某些集体行动中，随着新技术的应用，以互联网、新媒体等技术为载体的"虚拟性"集体行动逐渐成为可能，这系统地改变了社会组织 – 政府之间的相对权力结构，从而有可能改变社会组织与政府之间的权能分配（黄荣贵，2010；Hsu，2011；谢金林，2011；郭巍青、陈晓运，2011；汪建华，2011；卜玉梅，2015）。最后，全球化带来了全球问题和国际性 NGO，使得社会组织的能量进一步增强。事实上，我国社会组织的发展几乎从来没有脱离国际性 NGO 的影响。例如，我国"自下而上"的新型社会组织的出现，正是因为 1995 年的世界妇女大会（Zhao & Xiumei，2001）；同样，我国环境 NGO 以及劳工 NGO 就与国际性 NGO 保持着千丝万缕的联系，是全球性环境运动和劳工运动的组成部分（黄岩，2006；2011；Chen，2010；许怡，2015）。全球化的影响体现在三个方面：①全球化会对政府的合法性产生影响，政府为了维护自身的形象和合法性，更有可能遵循"国际惯例"放松对 NGO 的管理（赵秀梅，2004；Zhao，2002）；②国际性 NGO 带来了更为先进的社会组织理念以及专业服务的观念，影响了社会组织的能力和合法性；③国际性 NGO 的介入使社会组织的组织能力上升，政治动员成本下降，且国际性 NGO 会带来更多的政治资源、经济资源和合法性资源，从而提升了社会组织的能力（Zhao，2001）。所以，全球化是一个非常重要的促进社会组织争取治理权的因素。

4.3.2 在中央和地方之间：兼论制度化问题

从我国制度变迁的历程来看，"基层实验"对于我国制度变迁都具有非常重要的意义：地方政府通过制度创新获得政治经济发展，经过政府的合法性确认，从而被中央政府采纳，形成整体性的、全国性的政策。但是，这样的制度路径在中国并没有出现。从分散缔约 – 整体缔约的角度，我国的整体性缔约主要是针对单一的全国性组织的整体性缔约，或者针对某一特定类型社会组织的整体性缔约（如基金会），对于社会组织的整体性缔约则非常少（仅有《社会组织登记管理条例》）。更为重要的是，从制度层次而言，我国宏观上的制度约束几乎不存在，社会组织管理条例等规定更加强调对于社会组织的精细化分类和对中观和微观的过程进行管制。这与我国基层政府 – 社会组织之间存在的多样性制度安排存在非常重大的差异。或者说，我国社会组织的管理体系改革，地方改革努力较多。

一直以来，对于社会组织管理体制创新，地方政府总是走在前列。例如，随着"政府职能转移"目标的提出，我国基层社会组织的发展十分迅猛；近年来，随着"服务型政府"理念的提出，北京、上海、广州等地方政府纷纷出台新的制度性规定以重新划分政府 – 社会组织之间的权能边界（刘鹏，2011）。之所以如此，主要与如下几个因素有关。第一，基层是社会矛盾的集散地，地方政府面临着很大的地方治理压力，利用社会组织作为提升社会治理能力的动机更强（徐湘林，2010；杨宝，2014）。第二，服务型政府的提出并没有带来相应的"财权 – 事权"的重新分配。事实上，自从分税制改革之后，虽然基层公共服务的供给职责越来越大，但相应的"财权"却越来越少，导致基层政府迫切需要利用多样化的制度机制解决"事权"问题，于是，服务性社会组织就成为非常重要的替代性制度选择（Nevitt，1996；敬乂嘉，2011）。第三，"锦标赛体制"的激励结构使得地方政府经济发展成为最重要的砝码，而经济发展带来的财政收入上升又是解决地方公共服务供给问题的关键。于是，"地方法团主义"经济发展结构逐渐出现。在"地方法团主义"序列之中，地方政府会策略性地将商会作为重要的"统合"对象，作为地方经济治理的关键环节（Liu，1992；Nevitt，1996；Foster，2001；陈剩勇、魏仲庆，2003；郁建兴、阳盛益，2007；江华，2008）。第四，我国的基本制度环境将社会组织的管理职能尽可能下沉，使得地方政府天然成为社会组织意欲"附属"的对象，这客观地造成了这样的现实：寻找"挂靠单位"和"注册单位"的社会组织分散地与政府组织缔约，节约了政治交易达成的制度成本，零散的制度变革也更可能发生。或者说，对于地方政府来说，社会组织可以作为"统合主义"的对象，在特定的地方治理范围之内，通过对不同社会组织的经济社会功能进行精致地区分，并对社会组织的运作过程进行详细的控制，以及对不同的社会组织赋予不同的组织权，以达到自身的政治经济目标（Unger & Chan，1995；Oi，1992；张钟汝、范明林、王拓涵，2009）。此时，地方政府也就更有可能与社会组织达成"伙伴关系"（Saich，2000）。

　　但是，从整个社会组织管理体制改革的历程来看，基层的多样性社会组织制度安排并没有成为中央政府采纳的对象。为什么在地方存在的非常多样化的制度安排没有成为宏观制度的组成部分？首先，这与中央政府的利益关切有关。对于中央政府而言，社会组织是否会带来经济社会效应是非常难以确定的。虽然"让社会组织承担更多的政府职能"是一个理性选择，但是，在总体上让社会组织参与社会治理过程则是非常高风险的，所以，中央政府会更关注社会组织的自主性，对于社会组织的独立性存有更高的警惕（Foster，2002）。正是这样的制度关切，使得中央政府更多地关注社会组织的注册登记和管理控制。"双重管理"事实上也是消除社会风险的策略选择：将社会组织的管理单位下沉，以属地化的规则破解横向联结机制，从而将社会组织的风险尽可能化解在基层，也将社会组织的需求尽可能消散在基层。这样的策略也是将社会组织治理成本转移的机制。其次，这与制度整合的成本有关。一旦社会组织的类型多样，针对不同的社会组织进行真正的宏观分配就是不可能的：在目标存在多样性的情形下，要对这些收益进行系统的分析和界定是不可能的。也许，某些类型的社会组织由于其高度的同质性以及对中央政府可能带来的制度收益更为可见，其更有可能以专门性法规的方式构建更为规范性的制度安排（例如针对基金会的《基金会管理条例》）。但是，对于大多数社会组织，以特定类型的社会组织进行分类安排则非常困难。要实现这种宏观权能分配，需要利用"组织权"这一基本的"权利筐"才能容纳。但是，从中央政府角度来看，这样的"权利束"所带来的社会风险是非常不确定的。所以，在宏观层次上，这样的制度安排出现的可能性也就非常低。

正是中央政府的成本收益、地方政府的成本收益考量以及中央政府构建的基本制度体系的激励，导致我国中央政府与地方政府在社会组织治理上存在不一致。对于中央政府而言，降低风险、降低社会组织的管理成本，成为社会组织管理职能下沉的原因。对于宏观上的制度管理则主要以控制性的制度安排为主。但是，事权下移和经济发展构成了地方政府的激励机制。在拥有中央政府赋予的社会组织管理权能的制度性优势之下，地方社会组织会采用多种策略构建多样性的权能分配制度，社会组织也会在地方性的相互依赖结构下重构与地方政府之间的制度联系，从而构建了非常多样化的地方化和内部化的制度安排。于是，地方政府的多样性制度安排无法真正整合为宏观制度架构，使得制度化过程受阻（参见图 4.1）。在这样的结构下，中央政府采取的"制度模糊"（周俊，2014；黄晓春、嵇欣，2014）本身就是一个非常好的策略：将经济社会潜能放置于基层，并给予基层政府 – 社会组织以制度空间。于是，社会组织治理权在不同层级政府之间的分配也遵循着收益最大化的逻辑。

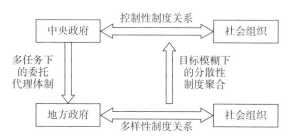

图 4.1　中央 – 地方有关社会组织制度安排的制度化机制

最终，从政治交易模式来看，我国社会组织与政府主要以分散缔约模式进行，在不同的政府部门 – 社会组织以及不同区域之间，政府 – 社会组织的制度安排存在差异，但整体性缔约非常少见。从制度层次上来看，作为制度基础的"权力型"制度结构没有出现，而中观层次和微观层次则呈现非常多样的制度安排。于是，分散性的社会组织与分散性的政府达成了分散性的多样性政社关系，但是，这样的关系几乎没有在宏观上得到体现。

4.4 总结与评论

从上文的分析可以看出，我国社会组织管理体制的过程和结果是转型期政府的收益、政府与社会组织之间的交易成本以及相对权力结构的转变形塑的，同时也嵌入在我国经济社会结构以及制度结构转型的背景之中的。政府在处理社会组织方面的矛盾心理，以此为基础对社会组织进行的分类控制策略，社会组织在与政府再谈判过程中的政治性交易成本、协商机制的存在与否以及交易本身被治理的可能性，以及这些变量在相对议价能力转变过程中的演变，共同决定了我国社会组织与政府之间关系的制度化重构过程。这一重构的结果是，分散的基层政府与分散的社会组织进行缔约，政府基于社会组织的功能进行分类控制；此时，社会组织持续地与政府互动以构建"共识空间"以及政治承诺的事后约束机制，使得主动吸纳成为"政府－社会组织"之关系重构的制度化表现。这种放权路径，本书将其界定为"吸纳性放权"。

这一路径也有利于理解我国当下研究社会组织－政府互动的两个理论视角之间的关系：统合主义的视角更加关注政府对社会组织的整合和控制，而市民社会视角更加关注社会组织本身的自主性。但根据本文的分析，虽然统合主义视角相对来说更有解释力，但忽视社会组织再协商的努力过程和策略也是有缺陷的。更重要的是，要进一步理解我国政府与社会组织之间的关系，需要将政府的利益和诉求、社会组织追求自主性的努力和策略，以及社会组织与政府之间的再协商过程和制度性互动机制结合起来。此时，将市民社会或者法团主义分解为一系列的连续谱，在社会组织权分配的视角下对不同的制度模式所内含的社会组织权的制度性分配状态进行分割，分析多样性的制度安排出现的条件，可能是一个更为恰当的分析思路。

同时，如 Salamon（1992）所言，社会组织产生和存在的首要原因是历史性的，所以也需要将政府与社会组织之间的政治交易纳入历史的视角下去理解。所以，市场与社会之间的"双重动力"确实有助于理解这一关系（White et al.，1996：7-10）。但是，在将政府引入之后，给定嵌入的制度背景和历史背景，这样的双重动力可能很难如波兰尼所假定的，以及后来的学者认为的，市场经济扩张将推动社会组织的兴起，并形成与市场经济抗衡的"能动社会"（波兰尼，2007；Burawoy，2003）。至少从目前来看，正如 Spires（2011）所言，社会组织"可能带来民主的压力，但是远无法保证这一点"。所有有关我国未来社会的发展的论断，无论是社会合作主义、"现代社会组织治理体系"，抑或"强政府 - 强社会"模式（康晓光，1999；顾昕、王旭、严洁，2006；Kojima et al.，2012；李培林，2013），从本书的分析来看，这些判断最好被视为一种社会倡导，而不是可由当下经验证明的理论所预设的发展方向。从当下的理论预测来看，我国的社会组织管理体系可能沿着精细化的方向持续演进，而不是任何总体性的制度模式的出现。

第5章　负担转移与制度性隔绝：乡村治理体系变革

　　任何现代国家的建设过程都需要处理政府与基层之间的关系。对于现代国家而言，需要将自身的"触角"和边界实现制度性下沉；从政府－社会关系角度来看，政府需要就基层治理相关事项与基层组织达成制度安排，这界定了政府基层治理的职能。甚至可以说，所谓的现代国家建设过程，就是国家权力不断下沉，以及政府不断扩展基层治理边界的过程。但是，政府职能边界的扩张并不是一个无限的过程：一方面，任何现代民族国家的职能下沉都是有限的，且不同的国家，其职能下沉的程度存在系统性差异；另一方面，从历史的角度看，特定国家职能的"集中－分散"的历史也是变动的。即便是改革开放之后，虽然总体上我国政府职能有"回撤"的趋势，但是，仔细分析我国的历史就会发现，对于特定的基层治理，政府职能也并不是一个完全回撤的进程。那么，是什么因素导致政府下放或回收地方治理职能？为了回答这一问题，本书将以我国村治变迁的历程为基础进行分析。理解政府将某些公共事务治理权力转移给地方的过程，是理解我国上下级政府间关系，以及我国基层治理体系的演进问题的关键组成部分。

5.1　乡村治理：经验、理论与分析路径

5.1.1　乡村治理

什么是乡村治理？虽然我国乡村治理研究非常丰富，但是对于这一基本概念的理解事实上并不明确。例如，赵旭东（2008）就专门撰文对治理这一概念在乡村治理中的错用和滥用进行过批判，而基于乡村治理的研究也往往将这一概念视为松散的乡村现象的集合。[1] 有学者利用治理理论的视角对乡村治理进行研究（俞可平、徐秀丽，2004），也有学者在更为宽泛的意义上将其界定为地方权威的实现过程，以及"地方集体行动的形成和执行过程"（沙安文、沙萨娜、刘亚平，2009）。这些界定虽然相对宽泛和零散，但是，两个要素是给定的：第一，乡村治理是针对具体的地方公共事务的；第二，在具体的公共事务的治理过程中存在多样化的治理主体；第三，乡村治理的核心是针对特定的公共事务在特定的公共治理主体之间达成制度性集体行动的过程。所以，乡村治理的核心是，不同的治理主体针对特定的乡村治理事务达成的集体行动的制度安排。任何乡村治理的制度安排，都可以被视为一种地方治理权的制度性分配状况；而对于地方治理而言，核心在于，对于具体的乡村治理事务，政府和地方组织之间就具体的乡村治理事务所界定的权力、责任和义务关系，即治理权的分配状况。一旦这样的权责分配被制度化，就可以认为，乡村治理过程中政府职能的边界得以下沉或回撤。

对于我国乡村治理而言，核心的乡村公共事务包括三个方面：公共事务

1　针对这一问题，有学者专门撰文对其"指控"进行了争论（吴毅、李德瑞，2007）。即便争辩有一定价值，但是，事实上他们也承认他们使用乡村治理概念主要是针对特定现象的"思考"，学理上的梳理相对欠缺。

治理、地方资源的汲取以及基层组织权。[1] 其中，公共事务治理包括社区性公共物品的提供（例如道路、桥梁、基础教育以及医疗等）和地方秩序的维护；地方资源的汲取主要是指农业税费的征收和义务劳动负担；基层组织权则与地方自治有关，是指基层是否有足够的自主性实现自我治理，一方面提供公共服务，另一方面代表村民的利益诉求，并制约基层政府的权力。事实上，在乡村治理中，这三个方面的公共事务相辅相成，构成了乡村治理的三个核心要素。资源汲取构建了乡村治理的资源基础，基层组织权分配架构了在基层公共事务治理过程中的决策权分配状况，而公共服务的供给权则说明了基本公共服务资源的支出责任的分配状况。三者共同构建了基层公共事务治理的核心要素和环节。

同时，对于特定公共事务治理权的划分同样也是一种层次化和结构化的关系。宏观层次的"权利"，在农民一端是指农民作为"公民"的基本权利保障，在公共事务治理中是指基层公共服务供给的"平等"，在资源征集中意味着征税权的统一化，在基层组织方面意味着基层治权的制度性保障以及非常重要的"组织权和代表权"。[2] 中观层次的权能，主要是在特定"乡村场域"之中特定公共事务的治理权在乡镇政府与村和农民之间的分配，从基层组织而言，主要指基层组织的"自主性"，即不依赖乡镇政府的自我组织（刘伟，2009）；从资源汲取角度来看，是指具体的资源汲取的数量，即"农民负担"的多寡。从公共

1　对于基层政府的核心职能，不同学者的界定存在很大差异。最为常用的界定是两职能说，即整合和汲取，"整合"是指"通过国家的经济、政治、文化等力量将国家内部的各部分和要素结合为一个有机的整体"，又称国家的一体化（徐勇，2006）；"汲取"是指对基层社会的资源抽取过程，二者互为表里，相互配合，相互影响（吴理财，2006）。但是，这样的界定相对宽泛，且不利于对乡村治理过程中不同主体的具体权力分配状况做精细化的分析。所以，本书将所谓的"整合"和"汲取"进一步划分为三项核心的治理事务，从而能更为微观和精细地处理我国乡村治理过程中的权力分配状况。

2　这样的制度模式也是张静（2000：212）所界定的"新的基层治理规则"，即"以宪政和法治为基础的代表性村民自治"，实现"对权利、责任和义务的分化性配置，促进社会整合"。

事务治理来看，是指具体公共服务供给过程中乡镇政府 – 村之间的权责关系。最后，微观层次的治理权，是指乡村治理中具体的运作程序和过程，包括税收征集过程的具体运作、公共服务供给过程的具体运作以及"自治组织"的具体运作。

5.1.2　乡村治理变迁的经验历程

从这一视角来解剖我国基层治理权能的划分，可以对我国纷繁复杂的乡村治理演进历程进行更为精当的分析。纵观改革开放历程，首先，从乡村治理的具体事项来看，针对具体的乡村治理事务，总体上是微观回撤的过程。计划经济时期的乡村治理是以"总体社会"和"全能主义"为特点的，在"三级所有、队为基础"的结构之下，几乎所有地方治理事务都是自上而下的国家安排——包括基本的经济自主权。以此为基础，基层的组织权、公共事务的治理以及资源的汲取都是一个自上而下的过程（杜润生，2005）。[1] 但是，随着家庭联产承包责任制的推行，政府逐渐退出了基层的经济治理过程。此时，以组织经济为基础的行政管理体制在被抽掉基本的功能基础之后，也逐渐淡出了乡村治理过程。所以，对于基层治理，政府逐渐退出了微观权能领域（孙宅魏、韩海浪，2000）。但是，微观治理领域的退出并不意味着政府放弃了对基层治理的关注，相反，对于乡村治理，特别是中观层次的治理权能安排，我国进行了非常复杂的改革，这也构成了我国乡村治理改革经验的主体。

由此可见，我国的乡村治理变迁的过程主要体现在中观层次的"乡镇 – 村"之间有关治理权分配的变革中，且不同乡村治理事务，其治理权分配存在重要差异。首先，从组织权来看，改革之后，随着基层政权的撤出，在经历了短暂的乡村组织混乱之后，一方面进行基层政权建设，乡镇政府相继建立，另一方面将早期广西宜山兴起的村民委员会制度作为村组织基础，从而建立了基本的

1　这一结论并不是"共识"。例如，张静（2007：30–33）认为，集体化时期国家下沉仅仅实现了政权组织结构的"集中与整合"，并没有达到"管辖与治理的深度"。

基层权力主体（张立涛，2006）。随着1982年底村委会和村民自治被写入宪法，1988年《村民委员会组织法》的颁布和1998年的修订，"自我教育、自我管理、自我服务"的基层自治组织逐渐在乡村治理中扮演关键角色。可见，从基层组织权的角度来看，政府逐渐在微观上退出了基层组织过程，并在中观上对乡镇与村之间就基层组织权进行了较为精细化的改革，村委会作为基层自治组织的自主性逐渐明晰化。但是，在具体乡村场域中，由于"乡镇指导"的权能很可能被滥用，村民自治组织的自主性往往被虚置。

如果说基层组织权能是在中观层次上逐渐明晰乡镇政权与村之间权力关系的过程，那么，有关资源汲取和公共事务的治理过程则更显混乱。从资源汲取方面来看，改革开放之后的自主权下放使得地方拥有了非常大的税收征集权，于是，从1980年代到1990年代，我国农村最为基本的特点是税费数量和征收过程的无序化。除了农业税和"三提留五统筹"等"合法"负担之外，各种临时性摊派层出不穷，且征收过程中也充满暴力，这是我国"三农问题"的重要制度性根源。随着基层矛盾加剧，中央政府曾三令五申，以减轻农民负担，但并没有从根本上解决问题。于是，2000年之后，税费改革逐渐推进，并于2005年彻底取消了农业税。这在根本上解决了资源汲取过程的无序化，也在客观上重构了我国农民和乡镇政权以及国家之间的关系（徐琰超、杨龙见、尹恒，2015）。

如果说，资源汲取权改革是通过彻底取消农业税的方式实现乡村关系的规范化，那么，基层公共服务的供给权的改革则更为混乱。家庭联产承包责任制之后，我国基层公共服务的供给几乎处于崩解的状态。随着乡镇政权和村民自治组织的建立，大部分的公共服务供给权被下放给了乡镇和村。于是，一直以来，我国的基层公共服务主要依靠乡镇的统筹和集资摊派实现，在乡镇以下则由村民自治组织提供社区性公共服务。随着税费改革和新农村建设的推进，原有的乡镇统筹和集资摊派权被取消，基层公共服务供给权逐渐被转移：一方面，对于基本公共服务，包括教育和医疗，其投资责任逐渐被转移到县一级；另一方面，对于社区型公共服务，例如道路、水利等，则主要通过自上而下的项目制以及以村为基础的"一事一议"实现。由此可见，基层公共事务的治理是一个决策权下放和选择性集权的双重过程。

所以，总的来看，不同乡村治理事务的治理权转移过程存在很大的差异。从组织权来看，基层组织权在乡村之间的分配逐渐明晰；从资源征集权来看，其逐渐集权并最终被取消；从公共服务供给来看，基本公共服务供给权逐渐上移，社区型公共服务的决策权则逐渐下移。为什么政府放弃或重新承担了某些基层治理权能？例如，为什么政府愿意将基层组织权让渡给村？为什么不同公共事务的治理权分配存在差异？再者，为什么我国基层治理权的转变只发生在"中观层次"？最后，我国基层治理权的差异化分配逻辑和中观层次的改革给我国基层治理带来了怎样的影响？这是本章致力于回答的问题。

5.1.3　在结构与行为之间：从"结构/制度"到"机制/策略"

可能没有什么比中国村治改革更能激起国内外学者的关注了。随着1980 年代村民自治改革的推进，国内外学者对中国村治改革过程进行了非常多层面的探讨。似乎，对于村治的研究可以被视为一项"公共运动"了，这样的"公共运动"具有非常多样化的来源（吴毅、李德瑞，2007）。同样，在这一"公共运动"中，存在非常多的研究主题和研究路径。例如，贺雪峰（2007）认为，村治研究主要包括三个方面：一是社区研究，二是我国乡村治理的制度和制度基础研究，三是农村公共物品研究。从国内来看[1]，主要包括华中乡土派以"国家－社会"以及国家制度建设为框架进行的非常多样化的经验研究[2]，以治理视角为基础的理论探讨（俞可平、徐秀丽，2004），以

1　有关村治研究近年来的发展，可参见：王习明，2011。
2　早期有关村治研究的进展，可以参见：贺雪峰，2007。有关华中乡土派近年来的研究，可以参见刘金志和申端锋（2009）的综述性研究。

历史为基础对我国村治历史的评估以及未来走势的预测（甘信奎，2007）。从国外来看，研究主题包括中国村治改革的特殊性，其与中国民主改革前景之间的关联性（吴国光，1998；郑永年，1998），以及其与经济发展之间的关系（O.Brien，1994；Lawrence，1994；Oi，1996；Epstein，1996；Shi，1999）。

　　从整个乡村治理研究脉络来看，我国有关乡村治理的研究几乎总是处于"国家－社会"研究视角之下的，这构成了我国乡村治理研究的基础。[1] 但是，如果说早期"国家－社会"视角的研究主要强调国家的现代制度建设在乡村治理中的角色，即"国家中心"的视角，那么，后期的乡村治理研究逐渐将研究重心转移到具体农村社区之中，讨论社会结构对基层治理造成的影响。从研究的路径来看，早期的村治研究主要强调正式的制度结构对村治变革的形塑作用——特别是"压力型体制"（荣敬本等，1997；沈延生，2003）。但是，随着"事件－过程"研究路径的兴起，对于村治变革的研究逐渐从单向的结构和制度性描述中脱离出来，重点关注在具体乡村治理过程中不同利益主体怎样调动不同制度性资源，影响基层政权的运作过程和行为。这也为"国家－社会"关系分析带来了动态视角（申端锋，2006；饶静、叶敬忠，2007）。[2] 如是，在不同的视角下，采用不同研究路径的学者对我国乡村治理展开了非常多样化的研究。

1　对于我国的乡村治理研究，海内外学者自晚清我国现代国家建设伊始就开始使用"国
　　家－社会"框架研究。例如，费孝通（1994）讨论了现代官僚权威对"地方社会的侵蚀"
　　以及从"双轨政治"演变为"单轨政治"的过程；张仲礼（1991）提出了"士绅的官
　　僚化"理论，杜赞奇（2004）对"营利型经纪"和"保护型经纪"的区分等都是典型
　　案例。近期来看，于建嵘的《岳村政治》（2001）、吴毅的《村治变迁中的权威与秩序》
　　（2002）都是在"国家－社会"框架下研究乡村治理结构和秩序的变迁，而张静（2000）
　　和王铭铭（1997）等则分别从政治社会学和政治人类学的视角利用"国家－社会"范
　　式进行分析。
2　比较典型的是以吴毅等学者为代表的"发现乡村，进入农村"的"学术重心下沉"的研究
　　路径（吴毅，2005；吴毅、李德瑞，2007）。

表 5.1　乡村治理的研究视角和路径

		研究视角	
		国家中心	社会中心
研究路径	制度 – 结构	现代国家政权建设	治理的社会基础
	过程 – 事件	权力的制度机制	基层的制度策略

　　虽然我国乡村治理研究已经取得了重大进展，但总体来看，一方面，研究视角的相对单一在很大程度上影响了系统结论的达成。这些研究或者着眼于机制的深描，同时，在对"制度 – 结构"关系进行分析的情境下，无法在基本的制度和行为之间，以及不同的理论脉络之间建立机制性关系，从而影响了整体性解释力。另一方面，研究过程中的理论借用和经验的不当应用也是一个比较常见的问题。这特别体现在对我国村民自治的"民主问题"的研究中。非常多的学者利用"现代化"理论预设，或陷入决定论的窠臼，或对经济转型与民主发展之间关系进行了简单化的处理（Lin，Ran & Liu，2005），导致不同研究路径之间的差异性解释。正因为此，有关我国乡村治理中的多种研究对象，多种理论视角以及多种经验累积，既丰富了我国村治的研究，也进一步模糊化了乡村治理的整体性的理论讨论。所以，对于历史经验的解释和未来的预测也得出了迥异的结果。

　　本研究是在治理权能分配的视角下讨论乡村治理的，这是分析的基本前提。一方面，本研究将乡村治理的核心视为一个从国家到农民个体的组织链条，而作为研究对象的乡村治理则是其内部的一个"场域"。在这一场域内，代表国家的政府（包括中央政府和基层政府）与代表基层的农民和村民自治组织之间就各项村治权能的分配进行多样性的互动和谈判。随着时间的演变，不同的乡村治理事务的治理权被结构化地分配到不同的主体之中。另一方面，任何治理权的分配都依赖于不同主体之间达成的政治交易，只有就有关治理权的交易通过不同主体之间的互动得以制度化，这样的权能分配才具有真实的效力。可见，对于不同公共事务治理权的分配，可能存在非常多样化的制度机制影响乡村治理权的分配，并最终将特定的乡村事务治理权"均衡"到特定的制度脉络之中。

以此而言,在不同乡村治理场域之内(Warner, 2014)[1],在不同历史时期之中,不同乡村治理权能的分配都存在很大的差异。本章将利用第 2 章所开发的制度变迁框架,分析这一过程。一方面,这一分析框架是新近乡村治理研究的延续;另一方面,这一研究视角也具有超越性。这种超越性主要体现在三个方面。首先,原有的研究对于乡村治理的对象并没有做明确的区分。但是,对于不同乡村事务的治理,其治理权能的分配和制度安排存在很大的差异。所以,讨论不同治理事务的权能分配结构的制度性差异,以及不同治理事务之间的相互关系,有助于澄清我国乡村治理的诸多争论。其次,本章的研究框架不仅关注制度结构以及不同主体之间的博弈策略,更为重要的是将权能分配的制度安排视为核心对象,此时,乡村治理中的权能分配是动态的和变化的,而不是给定的。这可以更有效地分析乡村治理中治理权分配的事实状况。最后,这是一个更为统一和整合的"制度 – 机制 – 行为"分析框架,可以对具体结构之下不同主体之间的制度关系和策略行为进行更为整体性的分析,从而对我国村治变迁的历程实现更为整体性的解释。总之,本章将提出一种不同的思路,以期将政府的目标、地方政府以及农民的策略,与转型的背景结合起来,解释我国乡村治理变革过程中的政府权能边界的"回撤"和"下沉"的过程。

5.2 缺失的政治交易与离散的制度化

5.2.1 政府成本问题

5.2.1.1 基层治理的成本与收益

无论事实上如何,我国乡村治理变革的过程都是以政府对基层公共事务的

---

1 例如,正如贺雪峰和苏明华(2006)所言,我国乡村治理的研究"缺乏比较的视角",事实上,对于我国不同的区域,由于历史地理等的差异,其村治模式存在系统性的差异(贺雪峰,2012)。

完全控制为基础的。同时，在基层治理权的制度性分配过程中，政府总是扮演着基本的制度供给者角色（朱新山，2000）。所以，对乡村治理权能分配的制度变迁过程的分析，首先需要从政府的成本－收益入手。这构建了基本的权能分配结构。

那么，对于基层治理而言，政府有哪些成本和收益呢？基层治理的成本和收益主要体现在两个方面：经济方面和政治方面。经济成本主要体现在两个方面：一是乡村治理中的直接财政投入，这包括基层公共服务供给，以及为了支持乡村发展所提供的扶持性资金；二是为了实现政府目标所花费的组织成本，既包括构建基层组织结构的人力和物资成本，还包括在中央－地方组织结构之中的委托－代理成本（李慧中、李明，2011；谭秋成，2012）。[1]经济收益则主要是指基层的资源汲取收入，包括：直接的税收征集；农业税和各项费；以及为了支援城市建设，对粮食的强制征收，以"价格剪刀差"的方式实现的资源汲取；还包括各种义务工等乡村经济资源和人力资源的征集。政治成本主要体现为社会无序和社会风险。政治收益则与政治支持和政治信任的上升有关。

对于理性的政府而言，政府总是会尽量增强自身的组织能力，提升自身的资源汲取水平，并尽量压低乡村治理过程中的公共服务水平，尽量获得更多的政治信任和政治支持，控制可能的政治风险和无序（陈那波，2009）。但是，在具体乡村治理变革过程中，任何的治理权的重新分配可能对不同的目标产生差异化影响，且不同的目标往往是冲突的。例如，基层组织权的下放可能导致政府失去对乡村社会的控制，从而影响社会稳定（吴思红，2000）；但是，组织权的下沉可能降低组织成本和委托代理成本，降低基层公共服务供给成本。同样，税收汲取的增加以及基层公共服务供给的减少可能降低基层民众对政府的政治支持，从而增加政治风险。于是，在特定基层治理权能变革过程中，政

1　事实上，组织成本的高昂，即国家能力问题，正是制约传统政权下沉的关键因素，于是"皇权不下县"（党国印，1999）。

府会基于自身的利益对不同的目标进行权衡，这构成了特定公共事务治理权是否被转移到社区和农民手中的关键因素。

5.2.1.2 收益汲取与村民自治

5.2.1.2.1 治权的不完整下沉

传统中国在村治问题上几乎采取了无治的策略，只要保证了基本的税收和秩序，进一步延长权力触角的组织成本实在太高（许纪霖、陈达凯，1995；党国印，1999）。但中华人民共和国成立之后，中国政府却利用一种"政社合一"的体制解决了三个问题：秩序和公共服务的提供、剩余汲取的制度化机制以及国家自上而下的政策达成机制（叶兴庆，1997；戴玉琴，2009）。但"政社合一"体制在家庭承包责任制之后事实上寿终正寝，"权力真空"出现，基层"无治"状况凸显，我国村治结构需要变革（Wang，1997）。随着基层治理的崩溃，几个问题的出现开始对政府在农村治理中的角色产生压力。首先，基层不满日益加重，其主要是由于权威真空的出现造成的社会无序，这种无序对于政府统治的可持续来说是危险的（O.Brien，1994；Kelliher，1997；Wang，2007）。其次，政府在基层失去了制度性机构，使政府政策的实现在基层失去了控制力保证。再次，随着家庭联产承包责任制的推行，原有的以"政社合一"为基础的公共服务供给体制也随之崩溃，迫切需要新的制度机制实现公共服务供给（张军，1997）。于是，一场有关"自治与控制"的艰难选择开始进入中央政府议程（Kelliher，1997），这就是基层自治得以在1982年被写入宪法，并拉开我国村治改革序幕的原因。

但这并不是解决我国村治问题的终点，因为中央政府的多样化政策目标持续塑造着村治改革的进程。中央政府的主要政策目标有五个：粮食征集、农业税征收和计划生育政策的执行，同时也包括地方经济的发展以及社会稳定。为了更好地完成国家目标，需要对农村的可持续控制（Kelliher，1997；O'Brien & Li，2000）。自上而下的多目标压力最终在基层政府导致了两个相互关联的问题。第一，多目标的达成最终需要地方政府执行，但"上面千条线，下面一根针"的组织结构使地方政府的治理能力面临重大挑战（彭真，1991；徐勇，2005；2002）。地方政府不得不利用多种制度工具来达成这些目标，如"村财乡管"、"乡政村治"、村干部准公务员化、"派驻"、"诫勉制"（沈延生，1998；崔永军、庄海茹，2006；徐勇，2005）。但这些非正式策略在"合法"与"非法"之间的界限并不清晰。第二，地方政府的应对策略也带来了另一个几乎贯穿于中国历史进程的政治问题：组织成本问题。或者说，怎样控制政府的权力触角。政策压力的增加是一方面，地方政府代理人的逐利动机也进一步将农村治理推向了危险的方向。这特别表现在 1980 年代中期到 1990 年代中期农村治理的演变过程，即干群关系的持续恶化。地方政府"收粮、派款、刮宫、引产"使国家权力以一种"硬化"的方式暴露在农民面前（沈延生，1998），"恶人治村"，以及 1994 年之后的税费改革进一步加重了农村负担（Oi et al.，2012；吴理财，2001；朱钢，1995），乡村债务急剧上升（文先明，2003；谭秋成，2014），干群关系持续恶化（吕德文，2008）。于是，整个 1990 年代，我国农村的政治不稳定状况越来越严重（项继权，1993）。

于是，解决地方政府代理成本过高问题成了中央政府进一步深化村民自治改革的动力——村民自治可以通过对地方代理人的监督实现代理成本的降低，以维护社会稳定，重新获得农民的政治支持（刘亚伟，2001；Alpermann，2001）。这是中国 1987 年《村民委员会组织法（试行）》通过，以及 1998 年《中华人民共和国村民委员会组织法》得以通过的核心原因（Kelliher，1997；O'Brien & Li，2000）。

最终，村民自治成为国家权力在村治过程中"钝化"的手段（Alpermann，2001），其根本的目标是实现政府的政策目标。"分权"也是一个自上而下的国家行为（Bernstein & Lü，2014），而村民自治自身也成为控制与自治的混合体（徐勇，2007）。从理论上而言，甚或从政策规定上而言，村民自治的核心都是独立于政府的，具有完整自主权的基层政治组织。但是，一方面，在政策上，由于村民委员会组织法已经规定了乡镇政府对村民委员会的"指导"

和"支持"职能，这为乡镇政权侵入村民委员会的自主权奠定了政策上的合法性（张厚安、谭同学，2001）。另一方面，在"压力型体制"下，政府可以利用非常多样化的制度手段"诱惑"村干部和村民（如"目标责任制"）（贺雪峰、苏明华，2006），使其依附于乡镇政府，以达到控制基层的目标（沈延生，2003；张乐天，1997；徐勇、黄辉祥，2002；谭秋成，2014；Chen，2015）。

5.2.1.2.2 公共服务供给权的下沉

村民自治除了是一个降低代理成本，实现国家政策目标的手段，也是一个减轻政府农村公共服务供给负担的手段。这既体现在1994年"分税制"改革之后地方干群关系紧张程度加剧的事实之上（Oi et al.，2012；沙新华、李呈阳，2009）——政府是以收入为基础的，也体现为在地方公共物品供给方面政府一以贯之的回避策略。这种回避在人民公社时期体现为利用"政社合一"体制实现公共服务供给的制度外供给，这是一种隐性的地方公共物品提供机制（叶兴庆，1997）。人民公社解体后，村民自治委员会之下公共服务供给机制仍然采用延续下来的制度外公共服务供给机制——即便乡财政已经建立起来，县级财政抽取的高数量仍然没有改变地方自我供给的事实（叶兴庆，1997；王小宁，2005）。这体现为政府针对农村的财政支出历程中：从1980年开始，财政支农支出总体上一直下降——从1979年的13.6%到1988年的8.59%（楼继伟，2000），但农村居民的公共服务需求却异常紧迫（林后春，1995）；同时，社队医疗机构的解体使农村医疗成本急剧上升（王绍光，2008；周飞舟、赵阳，2003）。但是，国务院于1991年颁布的《农民承担费用和劳务管理条例》规定，农村基础设施建设、社会保障、医疗卫生等众多支出项目均由乡镇统筹、村提留公积金、公益金和管理费以及义务工、劳动累积工来支出（武恒光、王爱华，2004）。最终，超过70%的公共物品——包括道路、饮水以及灌溉——最终都是由村委会解决的（Liu et al.，2009）。虽然在税费改革之后农村建设投资有所上升（具体原因下文详述），但农村公共物品供给的缺口仍然很大（贾康、赵全厚，2002；叶春辉、罗仁福，2008）。

所以，利用更为制度化的手段将乡村公共服务供给权下沉给地方确实是村民自治改革的初衷，但是，以"自治"为基础的国家制度性回撤并没有提高基层公共服务供给能力（郑永年，1997），基层公共服务供给仍处于持续的短缺状态（黎炳盛，2001；张兵、楚永生，2006）。除了以社区为基础的公共服务供给权被"甩"给了乡村，同时，政府并没有承担起某些基础公共服务供给的职责。尤为重要的是，在人民公社体制之下由政府承担的教育和医疗服务逐渐被弃置给了基层。从教育来看，为了解决集体经济组织解体之后的教育问题，中共中央于1985年出台了《中共中央关于教育体制改革的决定》，提出了"分级办学"制度，"把发展基础教育的责任交给地方，有步骤地实行九年制义务教育。实行基础教育由地方负责、分级管理的原则"，"乡财政收入应主要用于教育"，"农村中小学校舍建设投资，以乡、村自筹为主"（国家教育委员会，1991）。于是，"将应该由国家、社会和家长共同承担的（农村）义务教育中的'义务'，主要转嫁给了农村社会和农民"（张玉林，2003）。从医疗服务来看，20世纪80年代的集体经济体制解体，合作医疗也迅速瓦解。同时，在我国乡村医疗服务中扮演过重要角色的赤脚医生体系也顷刻瓦解（方小平，2007），乡村医疗服务人员持续短缺（参见图5.1）。1984年以后，随着基层政权和乡镇财政的建立，"全国许多省、市陆续把乡镇卫生院的管理权下放到了乡镇政府"。于是，一方面，乡村卫生机构的"私有化"程度不断上升（朱玲，2000）；另一方面，农民承担了非常大份额的医疗支出，乡村卫生机构也更多地开始依赖于对患者的收费（参见表5.2）。根据张元红（2004）的研究，从1991年到2000年，政府农村卫生投入占总体卫生支出的比重从12.54%下降到了6.59%，农民个人支出从80.73%上升到90.15%，相应的，社会卫生投入从6.73%下降到了3.26%。

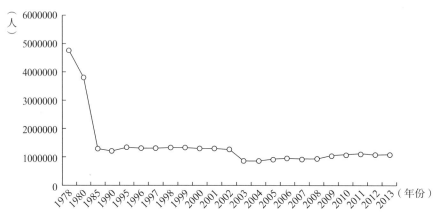

图 5.1　我国乡村医生和卫生员数量：1978 ～ 2013 年

资料来源：《中国统计年鉴》（2014）。

表 5.2　我国乡村医疗服务状况：1985 ～ 2013 年

年份	村卫生室（个）						行政村数（个）	设卫生室的村数占行政村数（％）	乡卫生院
	合计	村办	乡卫生院设点	联合办	私人办	其他			
1985	777674	305537	29769	88803	323904	29661	940617	87.4	47387
1990	803956	266137	29963	87149	381844	38863	743278	86.2	47749
1995	802388	297462	36388	90681	354981	22876	740150	88.9	51797
2000	709458	300864	47101	89828	255179	16486	734715	89.8	49229
2005	583209	313633	32396	38561	180403	18216	629079	85.8	40907
2009	632770	350515	45434	31035	183699	22087	599127	90.4	38475
2010	648424	365153	49678	32650	177080	23863	594658	92.3	37836
2011	662894	372661	56128	33639	175747	24719	589874	93.4	37295
2012	653419	370099	58317	32278	167025	25700	588475	93.3	37097
2013	648619	371579	59896	32690	158811	25643	589447	93.0	37015

资料来源：《中国卫生和计划生育统计年鉴》（2014）。

5.2.1.2.3　资源汲取与农民负担问题

但是，以村民自治为基础的组织权下沉，以及以乡统筹和村民委员会为基础的基层公共服务供给权的下沉,并没有如前文所料的降低我国农民的负担（参见表 5.3）。但是，事实上，在"压力型"体制之下，即便中央三令五申，不仅我国总体的农民负担没有减少，而且，由于高昂的监督成本，农民的隐性负担远超正式的统计数据。整个 20 世纪八九十年代，我国农民负担问题持续恶化，且几乎都是以隐性的方式增长的（李文学，1993）。农民负担的增长速度显著快于农民收入的增长速度（崔效辉，2002）。例如，项继权（1993）针对湖北某乡镇的调研表明，1989 年，该乡农民负担增长了 18%，人均达 100 元左右，其中合同以外的摊派超过了 50%。这充分说明，在压力型体制下，我国乡村治理过程中的资源汲取权仍然扮演着最为关键的角色，农民与政府之间的收益博弈仍然是整个政府 – 农民关系的关键环节。

表 5.3　改革开放后我国农业税负担情况：1978 ~ 2005 年

年份	实征农业税（亿元）			农业税占实际产量（%）	
	合计	正税	附加	合计	其中：正税
1978	123.13	108.07	15.06	4.4	3.9
1979	107.82	94.6	13.22	3.5	3.1
1980	101.37	89.13	12.24	3.3	2.9
1981	103.00	90.65	12.35	3.2	2.8
1982	106.14	93.42	12.72	3	2.6
1983	118.59	104.16	14.43	3	2.7
1984	124.74	109.66	15.08	2.9	2.6
1985	111.26	98.22	13.04	2.7	2.4
1986	118.06	103.94	14.12	2.9	2.5
1987	122.49	107.69	14.8	2.9	2.5
1988	127.53	112.43	15.1	3.1	2.7
1989	116.07	102.17	13.9	2.7	2.4
1990	122.51	107.75	14.76	2.6	2.3
1991	114.02	100.24	13.78	2.4	2.1
1992	119.52	105.09	14.43	2.5	2.2
1993	119.38	105.01	14.37	2.4	2.1
1994	119.93	105.53	14.4	2.5	2.2

年份	实征农业税（亿元）			农业税占实际产量（%）	
	合计	正税	附加	合计	其中：正税
1995	124.6	110	14.6	2.4	2.2
1996	123.71	108.98	14.73	2.3	2
1997	123.31	108.87	14.44	2.3	2
1998	126.01	110.99	15.02	2.3	2
1999	182.54	162.44	20.1	3.6	3.2
2000	140.47	123.12	17.35	2.9	2.6
2001	143.8	124.1	19.7	3	2.6
2002	302.65	249.5	53.15	6.2	5.1
2003	319.89	268.35	51.55	6.2	5.2
2004	232.75	195.31	37.44		
2005	13.88	10.93	2.95		

资料来源：《中国财政年鉴》（2013）。

5.2.1.3 治权上移与基层政权悬浮

政府需要基层政府达成多样化的政策目标——税收汲取、粮食征集、降低公共物品投资等，这使得基层政府几乎可以按照"他们认为合适"的方式治理农村（Rozelle，1991）。最终，过高的组织成本使农村治理体系改革在21世纪的当口转向了不同的方向，即转移支付的增加和农业税的取消。这样的转向包括三方面的原因：第一，干群关系的持续恶化导致获取充分政治支持变得困难，这在根本上对政府的第二个需求，即统治的维持造成了危机（陈洪生，2004；周飞舟，2006；胡荣，2007）；第二，市场的发展使政府的利润基础上升，同时分税制改革也增加了中央财政所占比例（参见表5.4）；第三，农业经济在国家整体的产业发展中的地位降低（陈那波，2009）。于是，延续农村的汲取逻辑在收益上来说变得相对较低，而过高的政府代理成本和农民负担又增加了统治风险。为了重建政府的权威和合法性，一系列减轻农民负担的政策得到了实施，并于2006年彻底取消了农业税（吴理财，2002；林万龙，2003；

徐勇，2006）。[1]但是，实施转移支付本身也需要一个代理机构来完成，而先前的经验则表明，原有的代理机构只有经过系统化的激励再造才能完成任务（杨瑞龙，1993）。所以，为了重新实现政府控制，中央政府最终选择了"项目制"来达成新的农村政策目标（Montinola, Gabriella & Weingast, 1995; Liu et al., 2009）。但是，项目制的持续运作对于农村治理产生的却是非常混杂的结果，基层政权"悬浮"（渠敬东，2012）。

表 5.4　农业税在财政收入中的地位：1978 ~ 2005 年

年份	实征农业税（亿元）	财政收入（亿元）	农业税占比（%）
1978	123.13	1132.26	10.87
1979	107.82	1146.38	9.41
1980	101.37	1159.93	8.74
1981	103.00	1175.79	8.76
1982	106.14	1212.33	8.76
1983	118.59	1366.95	8.68
1984	124.74	1642.86	7.59
1985	111.26	2004.82	5.55
1986	118.06	2122.01	5.56
1987	122.49	2199.35	5.57
1988	127.53	2357.24	5.41
1989	116.07	2664.90	4.36
1990	122.51	2937.10	4.17
1991	114.02	3149.48	3.62
1992	119.52	3483.37	3.43
1993	119.38	4348.95	2.75
1994	119.93	5218.10	2.30
1995	124.6	6242.20	2.00
1996	123.71	7407.99	1.67
1997	123.31	8651.14	1.43

1　于建嵘（2002；2004）于 20 世纪 90 年代农民为减轻负担而进行依法抗争的调查具有代表性。经验分析表明，税费改革以及农业税的取消确实增加了基层农民对政府的政治信任和政治支持（肖唐镖、王欣，2011）。

年份	实征农业税（亿元）	财政收入（亿元）	农业税占比（％）
1998	126.01	9875.95	1.28
1999	182.54	11444.08	1.60
2000	140.47	13395.23	1.05
2001	143.8	16386.04	0.88
2002	302.65	18903.64	1.60
2003	319.89	21715.25	1.47
2004	232.75	26396.47	0.88
2005	13.88	31649.29	0.04

资料来源：《中国财政年鉴》（2014）。

农业税的取消深刻地影响了我国的农村治理权的分配。首先是对我国基层资源汲取权的影响。随着税费改革的推进和农业税的取消，随之而来的是支农资金的增多和农民负担的降低（Tao & Qin, 2007；叶春辉、罗仁福，2008）。同时，乡镇政权的基本任务逐渐从征粮征款的制度需要中摆脱出来。在"项目制"和转移支付的基本财政制度下，一方面，通过"乡财县管"，乡镇政府的财政收支权被进一步上收，这也是分税制改革之下"财政集权"逻辑的延续（侯经川、杨运姣，2008）。另一方面，乡镇政权的主要任务已经不再是"对下"的资源汲取，而是"对上"的资源祈求。资源依赖方向的转变彻底改变了乡镇政府的激励结构，从而在根本上重塑了基层资源汲取的逻辑（饶静、叶敬忠，2007；刘祖华，2008；曾明，2008；Oi & Zhao, 2007；李祖佩、钟涨宝，2015）。这对乡镇政权造成了非常强大的冲击："吃饭财政"问题进一步恶化，基层公共支出压力陡增，乡镇债务负担更为彰显（朱钢，2002；吴理财，2004）。

财政集权不仅改变了我国乡村资源汲取权的分配，对于公共服务的供给也带来了非常大的影响。一方面，随着各种税费摊派的取消以及项目制的推行，原有的基于"乡统筹"的公共服务项目——如农田水利、道路桥梁等公共服务供给采取"项目制"的方式由各部门提供资金；但是，项目资金的分配则绕开乡镇政府，其决策权主要通过村委会"一事一议"的方式实现（饶静、叶敬忠，

2007）。另一方面，对于教育和医疗服务，国家投入逐渐上升。同时，在保障教育和医疗供给方面，县政府逐渐将支出责任上收，"以县为主"使得基本公共服务的供给权进一步上移（周飞舟，2006；杨振杰，2006；李祖佩、钟涨宝，2015；付伟、焦长权，2015）。最终，我国村庄公共物品供给水平并未因农村税费改革而上升（徐琰超、杨龙见、尹恒，2015）。为什么"绕开基层"？核心原因在于，原有的以乡镇为基础的公共服务供给体制为乡镇带来了太多的掠夺空间，这甚至成为我国官民矛盾的核心来源，威胁农村社会的稳定。例如，"三提留五统筹"为乡镇政权的"乱摊派"开了巨大的制度性口子，而"乡镇财政主要负担教师工资"的教育供给体系则往往由于乡镇财政的"统筹"而被挪用（周飞舟，2006；周飞舟、赵阳，2003）。于是，中央政府采取了"釜底抽薪"的策略，将几乎所有的基层公共服务供给权能要么上收，要么下放，以规避乡镇政权的"掠夺性角色"（谭秋成，2012；Oi et al.，2012）。

　　财政收入的集权和公共服务供给权的分割，对村民组织权能也产生了影响，只不过这样的影响并不是通过正式的制度约束实现的，而是通过对乡镇政权的激励体系的改变产生的。一方面，资源汲取路径的上移使得乡镇政权对于县政府的依赖程度上升，"跑项目"成为乡镇政权最为重要的工作内容（周飞舟，2006；王丽惠，2015）；另一方面，依赖方向的改变也改变了乡镇政府对村民自治的兴趣。如是，乡镇政府不再以控制和工具目标为基础加强村民自治，而是以"维稳"逻辑"指导"村民自治（周雪光，2009）。在维稳的逻辑下，乡镇政府有更多的动力保证基层选举的公平和公正，这可能是近年来我国村民自治产生的争议较小，但进展同样较小的原因（欧阳静，2011）。同时，由于"绕开乡镇"使得乡镇对县的制度性依赖加强（付伟、焦长权，2015），而项目落地需要村的配合，于是，村级治理的半行政化甚至有加剧的趋势（王丽惠，2015）。这是"悬浮型"政权得以出现的核心制度逻辑。很显然，原有的意欲通过税费改革"正逼"乡镇政权走向"服务型"政府的目标于此大相背离（吕德文，2008；周飞舟，2006；刘祖华，2008），从"管制"到"服务"的政府职能转变极其迟缓（吴理财，2008）。所以，从整体的我国农民自治的改革历程来看，正如戴玉琴（2009）所言，"中国农村治理模式的变迁始终受制于国家从农村提取资源以及不同时期中国共产党整合农村基层社会的需要"，如是，"村民自治"可以被视为有利于达成这一目标的制度性手段。在不同历史阶段政府政策目标存在差异，同时，政府为了规避政策达成的组织成本，这是理解我国农村治理体系改革的主线。

5.2.2　政治交易与治理

有人认为村治改革的过程是利益相关方——包括地方政府、中央政府以及村民——之间讨价还价的结果，但也有人将这一交易视为政府下放村级事务治理权力，从而换取降低代理成本，以及农民对国家政策服从的结果（O'Brien，1994；李远行，2004）。如是而言，对于不同公共事务治理权，地方组织和村民会就具体的政府责任边界进行制度性的谈判。于是，能否进入有关政府治理边界的政治交易过程，以及是否存在特定的政治交易治理机制，是理解基层治理权能分配能否变革，以及特定权能分配能否制度化的关键。

5.2.2.1　结构下的政治交易

如果说，村治的核心是针对具体的村治权在不同主体之间的制度性分配，那么，如上所述的"自上而下"的资源汲取制度分配机制可能并没有成为最终的治理权分配状况。事实上，正如本章对村治结构的界定，一旦考虑到村治制度安排的多样性和层次性，特定制度安排完全可能在乡镇层次得到重构，而这一重构的逻辑就与不同利益主体围绕村治权力所构建的复杂的制度互动有关。[1] 一旦特定的利益主体针对特定村治权力的政治交易可以实现，那么，村治权结

1　需要说明的是，我国乡村治理的核心互动场域是集中在乡镇－村一级的，这与我国的"蜂窝状"政治体制有关（Shue，1988），也与我国基层政权的设置有关。于是，乡镇作为基层政权的末梢成为与农民和农村社区进行互动的核心制度主体（张丙宣，2013）。所以，关于乡村治理权的分配的政治互动和谈判基本上发生在乡村场域之内（程为敏，2005；叶本乾，2005；农村组织制度课题组，1989；杨善华、苏红，2002）。

构的变革就有可能被再造。于是，即便一系列正式的制度结构确实构建了我国基本的基层治理权分配状况，但是，两个方面的原因使得这样的治理权分配具有非常大的可变性。首先，正如上文所言，总体上来看，乡村治理权的结构性分配总是不完全的，这为乡镇政府基于自身利益重构特定治理权分配构建了非常充足的制度性空间（谭秋成，2012）；其次，卷入特定乡村政治场域的不同利益主体也可能建构非常复杂的制度关系体系，实现村治权的重构。

于是，对于特定的乡村治理权能的配置，基层政府有可能采用策略性行为以"掠夺性"的方式行使特定政府权能。最为显见的是资源汲取。虽然乡镇政府是在乡村公共服务的名义下汲取资源的，但是，在"发展型政权"的激励体系下，更多地汲取税收资源已经成为乡镇政权的主要工作。并且，这一权力还有可能被滥用。于是，乡镇政府完全可能露出其"利维坦"角色，以各种显性和隐性名目"乱集资、乱摊派、乱收费"，从而大大越过制度性边界。[1] 再者，从公共服务供给方面来看，乡镇政权虽然有"三提留五统筹"等摊派作为公共服务资源，但是，其支出职责往往由于"统筹"而挪用。再加上愈演愈烈的基层腐败问题，具体公共服务的供给责任则经常处于缺位状况（项继权，1993）。最后，从村民组织权角度来看，在压力型体制下，乡镇政权有十分充分的动力将乡镇政权的"指导者"角色演变为"控制者"角色，从而导致基层自治权的虚化和行政化。于是，基层组织的自治权被侵蚀（胡荣，2002；刘志鹏，2004）。

即便如此，农村社区仍然有可能与乡镇政府谈判，以重构乡村关系中的权责分配，从而实现乡村治理权的再造。但是，这样的再造与特定治理权再造的政治交易成本高度相关。一旦特定类型的政治交易成本过于高昂，潜在的政治交易就有可能无法达成，治理权的制度性分配也就无从谈起。所以，在治理权分配变革过程中，最为关键的是政治交易成本的分布状况。这首先与特定治理权分配交易过程中的利益结构和组织成本有关，二者共同决定了特定政治交易

---

1 如前所言，这正是我国税费改革之前乡镇政权的面貌（杨善华、苏红，2002；孙潭镇、朱钢，1993；樊纲，1995）。

的性质和出现的可能性。对于税费负担而言，由于相对剥夺感的存在，针对税费负担的利益识别意愿是非常强烈的。但是，税收涉及与乡镇政府的"对抗性"关系，所以，这种组织出现的政治风险也是较高的。所以，针对税费负担的政治交易，其组织成本处于中等水平。然而，对于政府来说，税收作为最基本的资金来源，乡镇政府有充足的理由收紧议程设置权力，这导致政治交易的议程设置成本过高。最终，有关税费负担的再分配交易出现的结果是非常混乱的：一方面，有关税费负担的政治抗争——这也是一种政治交易形式——持续增多；但另一方面，这样的政治交易几乎没有真正成为制度化的政治交易（下文将对这一问题进行更为深入的分析）。但是，对于不同于税费负担，因为基层公共服务的供给属于乡镇政府的基本职能之一，所以，乡镇政府并没有充足的理由抗拒。于是，有关基层公共服务供给的治理权再分配性政治交易的议程设置成本相对较低。但是，由于基层公共服务的公共性，"搭便车者"持续存在；再加之就具体公共事务之利益增减的识别可能存在困难，农村公共服务治理权的向上问责存在"搭便车"问题，组织成本相对较高。最终，农村公共服务供给的政治交易出现的可能性处于中间状态。所以，虽然对于乡镇政府而言并没有很高的成本损失，议程设置成本也相对较低，有关村民自治权的政治交易出现的可能性恰恰是非常低的。

表5.5　乡村治理中实现政治交易的可能性

治理事务类型	利益识别的可能性	乡镇政府成本	组织成本	议程设置成本	政治交易出现的可能性
税费负担	高	高	中	高	中
公共服务供给	中	中	中	中	中
村民自治权	低	低	高	中	低

5.2.2.2　税收和公共事务：治理制度及其变迁

几乎所有的政治交易都有可能启动，但是，即便交易达成，在交易双方都可能采纳机会主义行为的情形下——特别是在特定的激励体系之下乡镇政府的机会主义行为，任何政治交易的治理成本都可能非常高昂，任何治理权的转移都会因为其可能带来的政治成本 – 收益，导致任何的权力转移的政治承诺变得不可信。所以，政治交易能否制度化，在很大程度上依赖于是否存在特定的制度安排实现政治交易的治理。例如，理论上而言，由于较低的组织成本和议程设置成本，有关基层组织权的政治交易可能是较为容易出现的，且可能进一步被制度化。

由此可见，对于乡村治理而言，有关税费负担和基层公共服务的治理权分配成为乡村治理权交易的主要内容，二者被治理的可能性是解释我国基层治理权分配的重要变量。税费问题可能构成了最为基本的治理问题。但是，对于税费与公共服务供给之间的关系，农民对于这一问题的认识并不清晰。即便中央政府对农民的"三提留五统筹"以及"一事一议"等有着明晰的"税费 – 公共服务"之间的交易关系，但是，事实上，这样的制度性关系也很难说是一种制度性交易。所以，最好将这二者的关系理解为分离的——当然，这样的分离也与在基层公共服务供给以及税费征收过程中的"乡村精英 – 农户"之间存在的"委托 – 代理"结构有关。所以，对于税费的边界以及对于公共服务供给的边界，二者往往并不是在一个政治过程中实现的，而是通过不同的政治过程实现的。这样的划分有利于理解我国基层治理权能及其所附着的"权力"状况的多样性和变动性。

同样，在乡村治理中，特定政治交易的治理机制也是非常多样，包括"正式 – 非正式"制度安排。在乡村治理中，乡村关系是纵向的组织关系，所以，一般而言，乡村治理制度安排主要存在两种制度性关系：在村庄社区之内的横向制度关系以及"乡 – 村"之间的纵向关系。于是，沿着这两个维度，可以将乡村治理中的治理制度主要划分为四种类型。从内部关系来看，一是村庄内部的正式制度，主要是村民委员会，而村民委员会的制度初衷就是规范基层治理的正式制度工具，即"在单凭自上而下的制度安排无法完成的情形下对乡村力量的借用"（Wang，1997）。二是村庄内的非正式制度，即村级治理的内部资源和"社会基础",也有学者将其称为"民间法",这包括非常多的类型,如人情、礼俗、族规(梁治平,2001),以及各种农村社会组织,农村宗教组织等(贺雪峰、徐扬,1999)。外部治理的核心就是作为总体的村与基层政府之间的制度性交易,这主要体现在各种"政务"之中。此时,村委会可能成为一种解决政治交易成本的制度机制,卷入到与上级政府的交易中。同样,在"乡镇 – 村"之间的政治交易治理也存在两个方面的治理制度安排,正式的制度安排主要包括特定公共事务治理的法律和政策安排(如有关村治安排的"村组法"),非正式制度是指乡镇与村在政治互动中所形成的非正式的组织、文化和惯例,这特别体现在乡村之间的"共谋关系"(周雪光,2009;陆文荣、卢汉龙,2013),以及杜赞奇所界定的"权力的文化网络"中(杜赞奇,2004),这构成了所谓的"半正式行政"或"非正式行政"的制度实践(黄宗智,2008;欧阳静,2009;Wang,2014;Travis,2014)。于是,针对不同的村治事项,核心的制度关系,以及政治交易被治理的可能性存在非常大的差别。在不同的治理关系中,村民 – 村组织的利益、农民的组织成本以及特定利益与乡镇政权的悖逆程度成为解释特定治理权是否会被重构的关键因素。

表 5.6　乡村治理中政治交易的制度安排

	正式制度	非正式制度
外部关系治理	法律 – 政策	非正式问责
内部关系治理	村委会	宗族、庙宇、社会组织、传统文化、政治信任

从公共服务的制度供给来看,对于不同的公共服务,可能卷入的政治交易主体存在非常大的差别。对于主要由社区提供的公共服务(如水利设施),其制度安排主要是通过内部交易完成的;对于主要是由乡镇供给的公共服务,其制度安排可能涉及"自下而上"的政治交易(如教育服务)。在税费改革之前,

农村公共服务供给主要是通过内部治理完成的。一是通过正式的村委会[1]，二是通过非正式的制度安排，这被学者称为社会资本，主要通过人情、社会关系、宗族等机制等实现。[2]从纵向关系来看，不存在非常明确的正式制度安排实现制度供给，所以，在公共服务的供给中，纵向上乡镇政府公共服务供给责任的保证是通过各种非正式政治过程完成的（Tsai，2007；Huisheng，2015）。但是，任何非正式制度对于乡镇责任的确保都是不够的（林万龙，2002），例如，教师工资就有可能在被"统筹"之后进一步挪用。正是由于非正式制度安排无法实现乡村公共服务供给的制度化，随着税费改革的推进，上级政府将公共服务供给权进行"上解"和"下放"，从而抽掉了乡镇政府采纳策略行为的空间。随着公共支出权的"上解"，特定公共支出的支出责任更加明确，正式制度填补非正式政治过程，更有利于保证基本公共服务的供给。例如，一旦教育支出"以县为主"，专款专用，教育服务供给的责任更有利于制度化。而随着决策权下沉，"一事一议"的决策结构则更依赖于村委会的制度建构（项继权，2006）。

理论上而言，税收可能是"公民-国家"关系最集中的体现。可能存在多样性的制度关系对基层政府的"掠夺性"权力进行制约，从而达成一些非正式的制度机制以对二者的制度性权力进行分配。不断加重的税费负担，以及由此引致的基层抗争就是最为显见的证明。于是，对于农村社区以及村民而言，核心的制度交易是在乡镇政府与村之间进行的。对于掠夺性政府边界的扩张，基

1　很多学者对村委会以及村民选举对乡村公共服务供给的影响进行了研究，并且几乎得出了一致结论：村民选举和村委会的制度能力有利于提高公共服务的供给水平（张晓波等，2003；Wang & Yao，2007；刘荣，2008；杨丹、章元，2009），"一个不能兑现承诺或不能为村民谋福利的村委会干部要想连任是较为困难的"（郎友兴，2003）。

2　对于这一问题，国内外学者进行了多样化的研究，主要的视角包括两个：一是制度分析视角，二是功能主义视角。二者得出的结论具有一致性：非正式制度对于乡村公共服务供给具有基础性作用（Tsai，2002；罗兴佐、贺雪峰，2004；陈潭、刘建义，2010；赵凌云，2005；孙秀林，2008；王水雄，2009；孙秀林，2011；王振威、闫洪丰，2012；温莹莹，2013；陈天祥、魏晓丽、贾晶晶，2015；Xu & Yao，2015；蔡起华、朱玉春，2015）。

层村民可能也存在一些制度机制对其进行制约。[1] 这些机制包括各种正式－非正式的制度安排。正式的制度机制主要包括国家的各项政策，例如，政府曾多次颁布一系列降低农民负担的文件，规范基层政府的税费征收行为。同时，诸如乡村之间达成的"隐性契约"关系和"共谋关系"，以及在税收资源征集过程中的"正式权力"的非正式运作（吴毅，2002）。但是，总体来看，无论是正式的制度关系还是非正式的制度关系，都没有办法真正限制乡镇政府的"掠夺之手"，这体现在我国逐步加深的农民负担，以及稳步提升的基层不满和针对农民负担的政治抗争之中（俞德鹏，2007）[2]；或者说，对于基层政府的"掠夺性"机制，村民只有利用"抗税"的机制进行制度性反制（于建嵘，2005；Liu et al.，2012；桂华、贺雪峰，2013）。而这种反制确实是非常羸弱的，没有办法真正形成对乡镇政府之边界的制度性制约。最终，税费改革和农业税的取消则通过抽离最基本的权能的形式，将资源汲取行为的"掠夺性"基础粉碎，实现了基层资源汲取的另类制度化。[3]

5.2.2.3　从脆弱的制度到制度性断裂

从我国乡村治理制度变革的历程来看，我国乡村关系的治理制度变革历程确实是一个逐渐明晰化的过程，即乡镇政府与农村社区之间有关乡村社会事务的治理权能是逐渐清晰的。这特别体现在税费改革之后对乡镇政府的资源汲取权、公共服务供给权以及对于基层组织权的责任明晰化。但是，我国乡村治理的制度安排是具有碎片化特征的，这样的碎片化决定了我国乡村治理制度安排

---

[1] 很多学者讨论过这一问题。例如，对于产权保护，农村社区有可能形成制度性力量制约乡镇政府，保护乡村产权；同样，对于计划生育问题，那些具有强大宗族力量的农村可以实现对自上而下国家权力的软化（彭玉生，2009）。

[2] 根据苏雪燕和刘明兴（2006）的研究，乡－村之间的非正式关系甚至扩大了乡镇政府的资源汲取边界，增加了资源汲取的数量，加深了村级债务，激化了乡－村之间的对抗性关系（陈永正、陈家泽，2004；李文学，1994）。

[3] 正如周飞舟（2006）所言，"税费改革表面上是国家和农民关系的改革，实际上是针对基层政府的改革"。

的脆弱性。事实上，没有任何持之以恒的政治交易，也没有真正的制度机制可以保证村民与政府之间的政治交易，从而保证政府"掠夺之手"的自我束缚、基层公共服务的供给以及农村组织权的真正"自治"（林万龙，2002）。[1] 事实上，在"压力型体制"下，任何基层政权都没有办法就一些基本事项给基层政府任何承诺（郑卫东，2004）。

那么，以税费改革和项目制为基础的乡村治理体系变革改变了制度脆弱性的局面了吗？恰恰相反，随着税费改革的推进，原有的意欲利用税费改革倒逼乡镇政府走向"服务型政府"的治理权能模式并没有出现，反而加剧了乡村治理的制度碎片化特点。如前所言，在乡村治理过程中，资源汲取、公共事务治理以及基层组织权三者相互影响，共同构成了乡村治理的基础性要素。乡镇与村之间围绕三个治理事务构建了非常复杂的制度安排，从而在较低质量的意义上实现了乡村治理。但是，无论是治权、财权还是公共服务供给，随着治权的上移，与农村打交道的乡镇政权已经不再是制度"末端"了。或者说，随着治权上移，乡镇政权"有财无政"，"乡-村"之间的政治交易已经逐渐失去了交易的基础（周飞舟，2006）。随着村治权能所附着的制度性利益的下降，作为"腿"的村干部职能逐渐消失，村级组织成为"名副其实的看守组织"（付伟、焦长权，2015），甚至出现了"治理真空"（徐勇，2006）。于是，乡镇对农村的组织权干预也逐渐下降，由于村民对于组织权较低的兴趣，有关村治的制度性交易已经逐渐淡出了基层自治的范畴（周雪光，2009）。于是，无论是正式的还是非正式的制度机制，无论针对任何一种治权，乡镇与村之间的制度性互动已经越来越少（贺雪峰，2011；王丽惠，2015；陈锋，2015）。而且，正式制度与非正式制度之间的制度裂痕进一步加深（Shou，2015），而基层政权与村民的直接"遭遇"变得更多（张丙宣，2013）。于是，

---

[1] 崔效辉（2002）认为，这种关系是非契约化的。同样，村级政权的权力共享对于超越村的政务和公共事务而言没有太大意义，这进一步放大了村委会作为一种正式制度的脆弱性（Wang，2014）。

在项目制下，绕过基层政权的制度下沉恰恰造成了对基层政权能力的进一步侵蚀，乡村之间呈现制度性断裂的状态。

我国乡村公共服务供给权能的制度性分配历程就是典型体现。总体来看，对于公共物品供给权的再界定事实上也是一个正式权力后撤的过程。早期的公共服务供给权是农村自我供给，恰恰是这样的供给机制构建了"村民－村两委－镇"的制度性沟通渠道，从而各种正式－非正式的制度性手段被用于村庄治理的过程之中。虽然充满了冲突，但毕竟仍然是有一定的充分的制度互动的，这样的制度互动即便是仅仅被隔离在基层，仍然是有意义的。但是，随着整体治理被技术性治理取代，项目制成为最为基本的基层政治工具，这样的制度性联系趋于消失（渠敬东、周飞舟、应星，2009；陈锋，2015）。并且，在这样的制度逻辑下，"收入和支出的分权框架正在消失"（周飞舟，2006），转移支付导致基层治理资源的分配愈发不确定（项继权，2006）。再加上基层政权的整体后撤，基层公共服务的供给再次成为"上面"的事。此时，国家进一步"撤退"，但是，对于基层治理的制度化而言，其建构作用则因为真实权力——体现为权威性资源和物质性资源——的消退而进一步退却，村委会选举制度的效果也因上级政府对农村专项资金的控制大打折扣（谭秋成，2014）。所以，在乡镇政府失去了地方治理的兴趣的情形下，认为"一事一议"可以成为最基本的乡村治理机制只是放大了基层治理制度的零散性和脆弱性。

5.2.3 结构性权力与隔绝性制度

乡村治理的权能分配过程是政府基于自身政治目标所构建的以政府为中心的治理权分配结构，以及在不同乡村治理事务中，农村社区和村民与乡镇政府之间的政治交易过程。这一过程也与乡村政治场域之内的权力结构有关（金太军，2002）。所以，乡村治理的任何权能分配的变革都是与卷入村治变革过程中的不同利益主体的政治收益有关的，乡村治理权分配的变革过程也是与乡村治理有关的不同利益主体之间讨价还价的政治过程。[1] 于是，首先，原有的权力结构决定了特定政治交易中谁的利益被考虑，谁承担交易成本，并对政治交易过程产生影响。其次，随着时间的改变，相对资源结构的改变可能改变不同利益集团的相对权力结构，从而对治理权分配过程产生影响。最后，即便如此，随着相对权力结构的改变以及政治契约的达成，特定政治交易治理机制逐渐成为新的权力分配的制度机制，从而导致资源分配的进一步结构化。

5.2.3.1　谁的自治？谁的交易？

任何治理权能分配的变革过程都是嵌入在原有权力结构之中的，权力结构体现为对资源分配状况的结构化，其会对政治交易过程产生非常重要的影响。在这一过程中，一方面，原有权力结构结构化了基本的政治资源分配状况，从而决定了在这一政治交易过程中谁的利益可能被考虑，决定了政治交易的性质和方向。另一方面，先在权力结构也会对政治交易过程产生影响，从而影响政治交易成本，包括政治交易组织成本、议程设置成本以及契约治理成本，从而影响政治交易达成的可能性，以及政治交易被制度化的可能性。

戴玉琴（2009）对中华人民共和国成立以来农村治理模式变迁的路径进行研究之后认为："自新中国成立以来，中国农村治理模式的变迁始终受制于国家从农村提取资源，以及不同时期中国共产党整合农村基层社会的需要。"这一评论触及了我国村治改革的核心，也说明我国村治改革过程的路径依赖特性（王小宁，2005），且这种路径依赖是以政府在整个交易过程中的绝对分配性优势为特点的。这种主导性本身就意味着中国农村治理体系改革过程是内在于中国政治权力结构之中的——真正具有谈判能力的是城市而非农村。所以，这种权力结构结构化了农村的相对议价能力，同时也结构化了农民相对政府来说极具不对称性的政治资源分配状态（Cai，2003），从而提高了农民和政府之间进行

1　无论是早期乡镇政府对村民自治的反对，还是后来税费改革过程中的利益争夺，都对我国乡村治理产生了非常大的影响（O'Brien，1994；Kelliher，1997；仝志辉、蔡莹娟，2008；杨善华、宋倩，2008）。

交易的成本，这使得无论是公共物品的提供还是政策目标的达成，都是政府主导的过程（李燕凌，2008）。

从理论上而言，村治的核心应该是一个农民提供税收，从而换取政府的保护以及公共物品供给的过程（North，1990）。但政府扮演分配性角色的交易在根本上降低了这种交易达成的可能性，从而显现制度性缺陷。理论上而言，村民自治确实提供了一定的机会，有利于农民表达公共物品需求，从而成为一种保障与政府进行交易的制度性机制（王小宁，2005）。虽然已有研究在比较微弱的程度上证明了这个结论（Wang & Yao，2007；张晓波等，2003；王海员、陈东平，2012；Nelson，2007），但相比我国农村公共物品供给过程中的制度性缺陷，以及仍然存在的巨大供给缺口来说（张兵、楚永生，2006），村民委员会在治理农民与政府之间有关公共物品供给的角色方面几乎是缺位的。并且，这种治理还需要依靠道德经济等传统文化资源来弥补，更凸显这一治理机制在约束政府角色时的脆弱性（Brandtstädter & Schubert，2005）。村民自治作为村民与政府之间交易的治理机制的脆弱性主要表现在两个方面：从供给端来说，政府没有充足的激励来提供公共物品；从需求端来说，要将村民的需求和偏好界定清楚，并将这种需求组织起来，成为一种对政府施加压力的组织机制，这是非常高成本的。政府对这一组织过程的策略性的操纵、农民从"单位"中分散（吴国光，1998），以及政治资源的缺乏，也使这种组织成本变高了（Cai，2003；应星，2007；老田，2004）。所以，总的来看，可以将政府与农民的政治交易划分为两种类型：一是以农民的需求为基础的交易，二是以政府的需要为基础的交易。对于达成政府政策目标的政治交易，其政策目标相对清晰，且可以依靠对农民进行激励机制的构造保证农民的服从，从而使以政府政策目标为基础的分配性交易变得可治理的——虽然这种治理目标的实现并不充分。但是，村民与政府之间有关公共物品的交易——以村民的需要为基础的政治交易——则因为利益界定的不明晰（特别是与"自治"有关的利益）、利益主体组织化过程的高成本，以及这一政治交易本身的不可分割性（不能分别订立契约）和不可治理性，要达成此类契约变得困难重重。这样的状况即便在农业税取消之后仍没有很大的改观。所以，那种认为税费改革之后，"政府 – 农民"之间的关系结构已经从"依附性"转变为"契约型"的观点（陈俊峰、李远行，2007），可能相对片面。

5.2.3.2　权力结构转移

治理权的制度性分配过程是嵌入在原有权力结构之中的，但是，随着时间的演进，不同利益主体之间的相对权力结构也是变动的。资源分配结构的改变，以及不同利益主体之间互动结构的改变，会导致不同利益主体之间相对议价能力的改变。这可能改变政治交易过程中不同利益主体的预期，也会对政治权能的制度交易过程产生影响，从而影响乡村治理权能的制度性分配。从我国村治变革的历程来看，相对权力结构的改变对基层的组织权、税费权能的再分配，以及公共事务的治理权分配，都产生了非常重要的影响，是我国乡村治理变革的重要变量。

相对权力结构的变革主要体现在三个方面。首先，从政治结构变革来看，随着村民委员会作为一种新的基层组织机制逐渐成熟，基层治理过程中的政治权力结构出现了一定程度的反转，农村社区拥有了对政府权力进行制约的制度机制，从而提高了在乡村谈判中的结构性地位（Bernstein & Lü，2003；杨君、贾梦宇，2013；郭正林，2001）。其次，从社会结构变革来看，随着全能主义政治结构的终结，原有的基于社区的宗族、宗教组织以及非正式社会组织兴起，逐渐成为一个重要的政治力量，从而变革了原有的制度结构（郭正林，2002；罗兴佐，2003；蔺雪春，2012；陈勋，2012；李浩昇，2011；刘鹏，2001）。再者，随着改革开放的推进和城乡流动加速，资源分配逐渐趋于市场化，越来越多的经济资源被分配到了农村社区和村民手中，从而改变了政府与农村社区之间的经济资源状况（吴大声，1989；曹和平、顾秀林，1988；Oi & Rozelle，2000；Hu，2005；吴柏均，1990）。随着政治资源、经济资源以及社会资源分配的变化，越来越多的基于农村社区的地方精英（包括社会精英和经济精英）

兴起（王金红，2004；卢福营，2005），一方面加强了农村基层的组织能力，使得在乡村治理中农村社区利益被考虑的可能性提升（叶本乾，2005）；另一方面，社会精英和经济精英的兴起也提高了农村社区的集体行动能力，从而进一步降低了乡村政治交易过程中的组织成本和议程设置成本（邱新有，2001）。

这种政治权力再分配的极端表现就是不断加深的农村抗争。正如前文所言，农村的政治不满和政治抗争，以及相对制度化的维权方式——上访，构成了我国乡村治理变革的重要原因（Tilly，1993；于建嵘，2005）。一方面，我国基层政权的代理属性，以及中央政府对利用基层限制地方政府之"掠夺行为"的鼓励，使得农村的政治抗争行为具有一定的政策合法性，即所谓的"依法抗争"和"依政策抗争"（于建嵘，2000；赵树凯，1999；黄荣贵、郑雯、桂勇，2015；何绍辉、黄海，2011）；另一方面，由于处于具体的乡村社区，基层的"理"、"气"、"过日子"、"弱者身份"，以及原有的"道德经济"色彩成为最为基本的动力机制，同时，各种正式/非正式组织的出现，有效地降低了基层抗争的组织成本（应星，2007；董海军，2008；何绍辉，2012；陈柏峰，2007）。于是，乡村政治抗争与上访等集体行动的增多，改变了我国乡村治理过程中的相对权力结构，影响了乡村治理权能的再分配（刘明兴等，2009；Warner，2014；Hurst et al.，2014）。

正是因为乡村治理过程中权力分配结构的变化，在很大程度上可以解释我国乡村治理权的制度变迁过程。这特别体现在乡村治理过程中税费的改革过程中。正如前文所言，基层基于税费的政治抗争逐渐改变了乡村之间的利益关系格局。随着基层的不满和基层政治抗争的增多，有关农村基层公共服务供给的缺失也逐渐得到了越来越多的政治关切，为"反哺"和新农村建设等农村公共性投入增多创造了条件。从组织权变迁来看，对于某些地方而言，随着经济精英和社会精英的崛起，有关村治的权能分配逐渐得以明晰和规范。

5.2.3.3 作为结构化权力的制度安排

从整个村治变革的历史来看，一方面，我国的村治变革是嵌入在特定的制度历史之中的；另一方面，随着时间的演进，不同利益主体之间的相对权力结构也是变化的，这也对乡村治理的政治交易过程产生了重要影响。虽然政治权力结构的改变使得新政治交易得以达成，甚至有关治理权的再分配可以得到制度化，但是，这样的制度化也是一种新的结构化治理权分配的制度性机制，从而一方面是对原有权力结构的变相承袭，另一方面也是新的实现政治权力整合的制度机制。在这样的情形下，很难区分是因为权力结构的改变导致了新的契约治理机制的达成，还是新的契约机制成为权力结构变革的制度性机制和手段。由于我国的乡村治理体系是嵌入在特定的"中央政府－地方政府－乡镇－村干部－村民"的整个权力结构链条之内的，任何一个环节之间的新政治契约的达成都可能是新的结构化利益分配的机制。

从乡村之间的关系来看，乡村治理的核心制度互动发生在乡镇与村之间，且乡村之间确实已经达成了一系列制度性安排以实现乡村治理权能的分配。但是，这些制度安排，无论是正式制度结构还是非正式制度结构，似乎都进一步加深了乡镇对村的控制，从而承袭了原有的乡村之间的非对称权力关系。一方面，乡村之间的非正式制度安排有可能成为乡镇可以利用的控制村干部的手段，从而实现乡镇目标（吴毅，2007）。另一方面，在乡村互动中，乡镇政权会和村干部达成策略性的"共谋"关系。这种非正式关系也会成为重要的制度性再分配机制，使得特定的分配性优势被结构化在乡村精英之间（王小军、萧楼，1999；贺雪峰、苏明华，2006；崔效辉，2002；苏雪燕、刘明兴，2006）。即便在特定的村之内，随着村民自治制度的建立，村委会和民主选举逐渐成为基层公共事务治理的核心制度机制。但是，村民选举的村委会作为一种治理机制，也逐渐成为重要的再分配结构的表征。一方面，在特定的村之内也存在非常重要的政治分层，政治精英－经济／社会精英－普通民众（仝志辉、贺雪峰，2002；李小平、卢福营，2002；吴毅，1998）由于在村委会中扮演的角色不同，政治权力的分配也存在非常大的差异，此时，村委会成为非常重要的再分配制度机制。另一方面，对于新的精英群体来说，村委会也会成为最重要的利益分配的制度机制，从而再结构化村内的资源结构（贺雪峰，2001）。

那么，这样的制度结构会因为项目制的推行而改变吗？随着税费改革和农业税的取消、乡镇收支权力的上收以及项目制的推行，新的资源分配结构沿着新的制度关系被再造，从而体现出新的特点。一方面，随着资源依赖结构的上移，从县到村之间的资源分配结构被进一步集权，自上而下的基于项目资金的共谋关系愈演愈烈，甚至有演化为"庇护体系"的风险。这样的庇护体系在县乡以及乡村之间都存在。另一方面，项目资金的增多以及对乡镇政权的不信任，使得经济精英逐渐成为项目联结机制。于是，经济精英与各级政府之间（既包括县乡政府，也包括村干部）的利益同盟逐渐加深，构建了新的"分利秩序"格局（李祖佩，2013；李祖佩、钟涨宝，2015；贺雪峰，2011；陈锋，2015）。如是，自上而下的精英联盟在实践中消解了自下而上的偏好表达和政治制约，从而制度化了分配关系（陈潭、刘祖华，2009）；此时，要实现乡镇政府的政治问责可能更加困难（Tao & Qin，2007）。

可见，在特定制度结构下，任何正式制度的变革都有可能成为新的结构化制度性分配的机制，这又会成为新的约束进一步变革的结构性力量。这种力量甚至体现在我国特殊的城乡关系的结构性不平等状况中。一直以来，城乡关系的结构性不平等就是我国最重要的制度现实之一，这既体现在经济发展水平的不平等，也包括基本公共服务供给的不平等（王小宁，2005；张兵、楚永生，2006；项继权，1993）。例如，无论是义务教育、卫生还是社会保障投入，城乡之间存在非常重大的差异（张元红，2004；张玉林，2004；石秀和，1996）。于是，这样的不平等在城乡政治发展过程中并没有因为经济改革所引致的资源分配结构的分散化而改变（温铁军，1996），恰恰相反，经济改革的推进甚至成为新的结构化城乡关系的政治契机，一系列隐性的城乡之间的身份权力被进一步制度化和结构化（俞德鹏，2007）。这样的分割以及城市的政治再分配优势进一步成为我国打破城乡权力关系非对等地位的重要制度性制约，这是解释我国"城乡一体化"之艰难的基本制度背景和线索。权力结构的非对等被制度机制所强化，这进一步加深了城乡之间的制度性隔绝，且制约了城市作为政治改革力量的可能性（Schubert，2003）。

表 5.7　城乡医疗保健支出状况：1990 ～ 2013 年

年份	城镇居民			农村居民		
	人均年现金消费支出（元）	人均医疗保健支出（元）	医疗保健支出占消费性支出（%）	人均年消费支出（元）	人均医疗保健支出（元）	医疗保健支出占消费性支出（%）
1990	1278.9	25.7	2.0	374.7	19.0	5.1
1995	3537.6	110.1	3.1	859.4	42.5	4.9
2000	4998.0	318.1	6.4	1670.1	87.6	5.2
2005	7942.9	600.9	7.6	2555.4	168.1	6.6
2009	12264.6	856.4	7.0	3993.5	287.5	7.2
2010	13471.5	871.8	6.5	4381.8	326.0	7.4
2011	15160.9	969.0	6.4	5221.1	436.8	8.4
2012	16674.3	1063.7	6.4	5908.0	513.8	8.7
2013	18022.6	1118.3	6.2	6625.5	614.2	9.3

资料来源：《中国卫生和计划生育统计年鉴》（2014）。

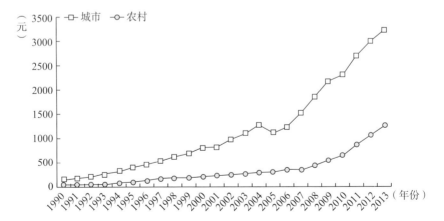

图 5.2　人均卫生费用的城乡差异：1990 ～ 2013 年

资料来源：《中国统计年鉴》（2014）。

5.2.4　小结：脆弱的制度、结构化的权力与基层政府权能的抗争化

是什么因素决定了乡村治理权的制度分配？基于制度变迁框架，本书对这一问题进行了分析。总的来看，特定乡村治理事务的权能分配是卷入到一个自上而下的政治结构体系之中的，其中，决定乡村治理权能分配的核心是基于乡村治理场域之内的制度性互动（O'Brien & Li，2000）（参见图5.3）。一方面，无论是资源汲取、公共服务的供给还是村民自治权的分配，都是由政府自上而下决定的，政府基于自身的成本收益考量决定了基本的乡村治理权的分配状况。另一方面，农村社区和村民基于自身利益与政府之间就乡村治理权的再分配进行了一系列的制度性互动，从而决定了乡村治理权的改革状况；一旦这样的政治交易可以被正式/非正式制度结构化，乡村治理权的再分配就可能实现。这样的权能分配变革也与特定的政治交易所嵌入的权力结构有关。由于特定的政治交易都是嵌入在具体的权力结构中的，先在的权力结构状况、相对权力结构的变革可能导致乡村治理权的再分配；但是，即便如此，无论是政治交易的制度化还是权力结构的变革最终都会承袭原有制度结构，使得新制度安排和权力结构变革成为制度化的再分配机制。正因为此，有关我国乡村治理变革过程中的一些现象和争论可以得到更为恰当的解释。

第一，村民自治在国家政权建设中的"剩余角色"。随着村民自治的深化，早期学者对于村民自治的"民主"属性，以及可能给我国整体上的民主政治带来的示范效应深表乐观（徐勇，2005）。

第二，基层治理制度的脆弱性。事实上，无论是"上收"还是"下沉"，事权与财权之间是否对应，这些问题都不是我国乡村治理的最基本问题，对于基层政权的态度决定了我国基层治理最终的成败。只有给基层政权真正的权力空间、对自身的权能范围有清晰的边界感，同时围绕这一边界构建基本的制度机制以建构有弹性的制度体系，从而保证内生制度机制的生成，才有可能真正建构基层治理体系。但是，我国乡村治理变革的议程是以乡村之间的治理权划分的制度性交易的缺失，以及零散的、脆弱的以及非系统的制度

机制为代表的。并且，这样的制度机制还进一步被我国税费改革和项目制变革所加重：原有的乡村之间的制度性互动的功能基础被抽取。一旦这样的"制度中介"被抽取，基层政权最为基本的制度功能也就不复存在。基层政权的地位可能变得更尴尬，而我国乡村治理的"基础权力"可能被进一步侵蚀（周飞舟，2006；徐勇，2006）。

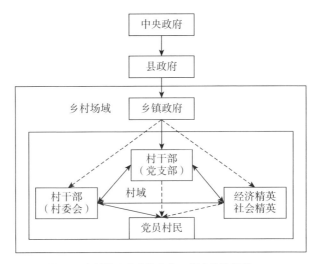

图 5.3　乡村治理变革的主体 – 制度结构框架

第三，乡村政治的抗争化。一旦正式制度机制没能有效地解决政治交易问题，一旦没有正式的制度机制对基层政府的相关治理权能进行制度性约束，基于政治抗争的"权能边界"划分逻辑就逐渐显现。如前所述，一方面，为了保持自身的政治合法性，政府必须将自身的资源汲取目标与村民隔绝，于是，地方政府扮演了制度性隔绝的角色，保证了自身的"仁慈形象"，并将这样的形象成功贯彻到了农民身上。于是，基层政权进一步有了"掠夺者"的形象，农民和基层政权之间相互怀疑，这正是我国"差序政治信任"的根源（谢秋山、许源源，2012；So，2007）。但是，另一方面，基层的低组织成本和抗争的合法性又给农村提供了最基本的组织武器。于是，一旦政治诉求无法得到乡镇政府的制度性满足，低制度化的参与手段——包括上访和政治抗争就成为重要的替代性选择（孙瑾、郑风田，2009）。正如上所言，所有政治交易契约治理机制都是脆弱的，而基层政府也并没有更多的制度选择（Shou，2015；Zweig，2002），所以，已经没有真正的契约治理机制可以实现二者政治交易的制度化。这是我国基层政治的抗争化的根源，也可以解释我国乡村政治抗争的一系列特点。其一，由于基层处于"压力型体制之下"，成为名副其实的"掠夺者"（Shou，2015；So，2007），我国乡村政治抗争的主要对象是乡镇政府。其二，在这样的条件下，基层政治抗争是组织化的。其三，农村政治抗争的诉求也是切事化的"权益"，特定的政治抗争的主要政治诉求是经济性的（如减负、获得公正的政策待遇、消除伤害等），而与基本政治权力无涉（孙瑾、郑风田，2009；应星，2007；Jacka & Wu，2015）。其四，随着农业税的取消和基层治理风险的加大，维稳成为最大的政治任务。在"大闹大解决，小闹小解决，不闹不解决"的逻辑下，"政府兜底"会进一步鼓励基层利益争夺过程中的"闹大"，这进一步加深了我国乡村治理过程中的抗争化特点（张世勇、杨华，2014；杨华，2014）。其五，"切事化"和"非正式化"的基层权力划分机制催生了"抗争性划分"的制度化，并将所谓的"权益抗争"分化到具体的单一利益、单一群体和单一区域之内（李成贵，2005）。无论如何，将政治抗争演变为"切事性"的抗争以及单一区域之内的抗争，本身就是分化基层政治风险的制度性手段。

5.3 制度环境与制度化

如上所言，我国乡村治理改革的制度分配既是政府的成本－收益选择，也与卷入到乡村制度场域之内的政治交易和政治互动有关。同时，这样的制度互动也是嵌入在具体的制度环境之中的。一方面，制度环境状况对于权力结构、政府的成本收益都有非常重要的影响；另一方面，制度环境也会对政治交易过程中的交易组织成本、议程设置成本以及契约治理机制产生影响，从而影响政治交易达成的可能性，以及政治交易被制度化的可能性。这与我国特定的"皇权不下县"，以及"国家 – 士绅"二元政治结构的历史有关，也与随后出现的"全能主义"的结构状况有关（崔效辉，2002）。在很多学者看来，后来的乡村治理变革似乎也在一定程度上重复着这样的历史制度结构的混合状况（黄东兰，2002），其与西方国家 – 社会的制度结构具有根本的不同（刘纪荣，2008）。所以，一旦特定的制度环境要素发生改变，乡村治理过程中的政府成本 – 收益、政治交易成本以及相对权力结构也可能发生变革，从而影响乡村治理过程中的治理权能分配及其制度化的可能性和最终的状态。例如，无论是村民委员会选举法、农业法等正式法律制度的颁布（张立涛，2006；李小云、左停、李鹤，2007），抑或法制建设的"制度短缺"（唐兴霖、马骏，1999；郭伟和，2009），还是作为非正式制度的"社会基础"，即社会联结和社会文化状况（贺雪峰，2002；贺雪峰，2002；2007），其变革都会对我国乡村治理结构变革产生重要的影响。这恰可从我国有关乡村治理中的"多重制度逻辑"的理论预设中得到证明。我国乡村干部处于多重制度逻辑支配之下，来自正式制度和非正式制度的混合压力最终导致乡村干部的"双重代理"特点（徐勇，2007；吴清军，2002），以及不同行为者行为的多样化制度逻辑（周雪光，2009；王丽惠，2015）。

　　这首先体现在村民自治改革提供了政治机会——"村民自治"改革毕竟使农民具备了与政府进行谈判的制度化方式和手段。而且，随着村民的法律意识和权力意识逐渐觉醒，这种反抗被组织的交易成本可能逐渐降低，其效果不应该被低估（O'Brien & Li，2000；Howell，1998；Li & O.Brien，1996；1999；O'Brien，1996），特别是这一反抗还可能是在"道德经济"传统的推动下（Brandtstädter & Schubert，2005）。这种抗争对于取消农业税等政策具有重要作用，这在很大程度上也说明了相对议价能力的转变。除了权力意识的觉醒和制度性反抗的增多，这一转变过程也是嵌入在我国经济体制改革过程中的。村民自治的空间是由农村家庭联产承包责任制的经济改革引发的，经济体制改革造成的人口流动、新机会的出现以及社会活动空间增大和社会分化的加剧（王汉生等，1990），在提高自组织需求的同时（党国印，1999），也提高了农民组织利益主体的成本。[1]并且，作为一种具有"民主化"期待的政治改革，村民自治在国际上造成了巨大反响——国外学者对村民自治的兴趣本身就是这种影响的直接体现。在对外开放的政策承诺下，国际压力和国际支持改变了农民的政治资源获取路径，也改变了农民的相对权力结构，降低了与政府之间进行交易的成本（O.Brien & Li，2000；Li，2002）。这种压力也体现在国内学者的研究和持续的媒体关注中：作为村民自治的研究已经成为公共价值运动的一部分（吴毅、李德瑞，2007）；而《中国农民调查》《我向总理说实话》以及其他有关乡村失序的"举国关注"也成为重要的乡村治理体系改革的议程设置来源（陈桂棣、春桃，2004；李昌平，2002；董磊明，2014）。如是，政府从农村中的"撤出"嵌入在村治的制度历史和权力结构之中，也与农村的经济体制改革和整体的改革开放的政治经济背景密切相关。这转变了农民的相对权力结构，从而使重塑政府与农民关系的可能性大大提升。

那么，作为一个制度过程，乡村治理的治理权能安排有没有得到制度化呢？特定制度安排的制度化主要包括两个维度。第一，部分地方的"制度试点"逐渐演变为整体性制度安排，从而实现特定制度安排的整体性扩散。对于乡村治理变革过程，我国有关农村的制度变迁基本上都是自上而下的，所谓的"试点模式"并不存在。[2]这是因为，政治交易结构决定了这样的状况：政府的绝对优势，以及基层民众的谈判筹码的缺失。第二，制度化的另一种表现形式是作为利益相关者的整体与作为整体的政府进行政治缔约，以实现特定制度安排的

1　最为典型的是社会分化和社会流动涤荡了原有的民间文化和传统，从原有的熟人社会逐渐过渡到弱熟人社会甚至陌生人社会，其行为逻辑日益经济化和理性化，这可能对乡村治理结构变革产生比较深刻的影响（刘军奎，2015；董磊明、吴重庆、单世联，1997；肖唐镖、邱新有，2001；苟天来、左停，2009；赵霞，2011；李佳，2012；马良灿，2012）。

2　虽然早期存在"试点推广"的历史（郭伟和，2009），但所谓的"试点"和"推广"并不符合"诱致性制度变迁"的条件。

制度化。很显然，正如前文所言，我国乡村治理变革过程，最为典型的特点就是作为一个利益主体的农民群体没有形成任何利益代表体系，可以与不同利益主体——包括政府——进行政治谈判，从而实现二者治理权能的有效划分。

所以，总的来看，我国的乡村治理变革的过程是一个自上而下的强制性过程，这在很大程度上可以反驳我国有关从村民自治的草根民主到政治民主化之间的联想（Wang，1997；郎友兴，2003）。这种联想被两个方面的力量所强化。一方面，学者将政治民主化的过程视为一个"诱致性"制度变迁过程。与市场化一致，随着"口子"的打开，村民自治提供的民主学校、政治权力和政治意识的觉醒会促使民主化制度安排会逐渐覆盖整个政治体系（郭正林，2004；李增元，2009）。另一方面，这样的联想也被早期我国激进的政治制度尝试所鼓励：2000 年左右的乡镇民主改革似乎为这样的预测提供了证明。[1]但是，根据本书的分析，无论是理论预设还是经验预设，这样的分析都是不成立的。从理论上来看，我国所谓的乡村民主化根本就不能视为一个"诱致性"制度变迁的范型，而是带有非常强的"强制性变迁"色彩（邓万春，2008）。这也可以解释，虽然早期有关这个问题的争论颇多，但是，一方面，有关我国村民自治与整个政治体制的民主化改革之间关系的讨论变得越来越少，且对村民自治的制度潜力有着持续的质疑（沈延生，1998）；另一方面，有关民主化的发展方向也完全脱离了"诱致性变迁"所预期的方向。[2]

5.4　总结与评论

总之，我国村治改革是在特有的制度结构之下开始的，在这一结构之下，

1　相关经验和理论争论，参见：刘亚伟，2001；邹树彬、黄卫平、刘建光，2003；潘维，2004。

2　早期有关基层自治的研究出现了各种"理想模式"（郑法，2000；蔺雪春，2006），如"县政·乡派·村治"、"乡派镇治"等，但这样的"理想模式"在后来的变革中没有一项得到证明。

政府占据绝对优先分配地位。于是，为了国家政策目标的实现、降低政策目标达成的组织成本，政府逐渐"撤出"了乡村治理。所以政府撤出的过程是一个最大化自身收益的过程。这一过程构成了政府撤出农村治理的核心交易——为了换取农民的收益和服从，政府转让了自身的控制权，且这一交易的治理是依靠政府自身的权力机制实现的。另一个理应成为村治改革核心的政治交易——服从和税收换取秩序和公共物品——却因为村治改革过程中农民必须承担的高组织成本以及交易本身的治理机制缺失，无法达成。当然，经济社会环境、制度结构以及制度背景等的改变也通过改变相对权力结构等方式，重塑了政府退出村治的过程和结果。这体现在两个方面：一方面，从动力机制来看，村治权重塑的过程中，农民并没有充分进入这一谈判过程；另一方面，从制度结果来看，由于回避基层政府，重新谈判过程中的核心制度性联结机制存在缺失，基层治理单位被"革除"，出现"悬浮型政权"（渠敬东，2012；吕德文，2008）。

以这一视角为基础可以对我国村治改革过程中出现的混杂结果进行统一解释。例如我国政府既是村民自治制度的核心推动者，也是其最主要的制约力量（郑永年，1998；吴国光，1998）。要理解这一过程，可能需要如周雪光（2009）所展示的那样，将村民自治置于更为广阔的事件和背景中，理解多重的、相互独立的互动过程和曲折的变迁过程。这一过程并没有任何政治期许——"进步"和"退步"同在（O'Brien & Li，2000）。但可以确定的是，中国村治很难说出现了"合作治理"，或在"政府－社会"之间的"控制－支持"的"双轴关系"的基础上出现了走向"服务和支持"的新趋向（刘学民，2010；陶传进，2008）。如沈延生（1998，2003）所揭示的，它始终是一个行政控制网的组成部分。

第6章 从"大政府"到"精明政府"： 我国政府职能转变的制度逻辑

如果说原有的有关我国政府职能变革的研究忽视了我国政府职能变革的真正过程和机制，那么，在制度变迁视角下，通过对三个政府职能变革领域——国有企业改革、社会组织管理和乡村治理——中政府职能的进退过程的分析，可以对我国政府职能变迁的影响因素、政府职能变革的过程和机制进行深入分析，从而加深对我国政府职能变革过程的理解。三个经济社会事务治理领域之中，政府职能变革的程度、过程以及制度安排的差异，既说明影响我国政府职能转变的理论要素的系统性，又说明我国政府职能转变过程中不同经济社会事务领域的差异化制度逻辑。一方面，这样的分析可以在很大程度上推进我国有关政府职能转变的经验研究；另一方面，将政府职能变革过程纳入制度变迁视角之内，也是对我国制度变迁理论的扩展。并且，随着将制度变迁视角纳入我国政府职能变革分析之中，可以在很大程度上加深对我国整体改革过程的理解，从而有利于澄清一系列有关我国改革过程的经验悖论和理论争论。当然，本研究也存在一系列不足，所以，一方面，本章也对本研究的不足之处进行了分析；另一方面，本章也对进一步推进当下研究的方向和路径进行了补充和说明。

6.1 政府职能转变的政治经济学：视角的转变

近 40 年的改革开放在成就了"中国奇迹"的同时，也给政府在经济社会发展中扮演的角色问题带来了复杂的理论争论。从不同理论视角出发，对我国当下的经济社会发展现状和面临的困境可能存在完全不同的解释。但正如黄宗智（2009）所言，过去的近 40 年，经济社会发展的成就和困境都有着同一根源，这一根源与政府在经济社会发展中扮演的非常复杂的角色有关。这也非常类似于 North（1990）在讨论国家和经济发展之间关系时所强调的国家悖论问题：强大的国家既可能是经济发展的促进因素，也有可能是经济发展的障碍。只不过，对于中国而言，这样的二分法似乎还没有进一步周延我国政府在经济社会发展过程中扮演的更为复杂的角色。于是，理解我国政府在经济社会发展中的复杂角色，特别是政府与社会、政府与市场之间的复杂的、动态的关系，有利于深入理解我国政府在经济社会中扮演的角色，从而加深对政府与经济社会组织之间关系的理解。

既然面临"国家悖论"，既然政府是经济社会发展和障碍的同一根源，那么，怎样有效地界定政府与社会，以及政府与市场之间的关系就成为我国走出当下经济社会发展困境的必由之路。解决这一问题的关键经验承接点就是政府职能转变。于是，转变政府职能，即转变政府在经济社会发展中扮演的角色，成为我国经济社会发展的重中之重。基于此，以理顺政府与社会/市场之间关系为主要内容的经验分析和理论研究成为我国政治学和行政学研究的核心问题；转变政府职能成为解决我国经济社会发展问题、促进我国经济社会发展的关键突破口。

基于此，围绕政府职能转变，国内学者做了非常多样化的研究，包括我国政府职能转变的现状、动力机制、面临的困境以及"顶层设计"等。但是，对于我国政府职能转变的研究深深地陷入了对政府职能转变的政治期待和功能期待之中，对于我国政府职能转变的基本动力机制、理论模式以及内在的互动逻辑缺乏有效的关注。基于此，本研究认为，将政府职能转变视为一个"价值 – 功能 – 效率"的过程是有缺陷的。这样的分析既没有办法对我国政府职能转变的具体历程做解释，也无法对我国政府职能转变的未来做更为清晰的预测。特别是，在"全能主义 – 威权主义"国家体系假设下，为什么我国政府职能转变能够发生？影响我国政府职能转变 – 不转变，以及转变程度的因素是什么？为什么在不同的经济社会事务领域之内，政府职能转变的过程和程度呈现系统性差异？

很显然，对于这些问题，原有的沿着"价值 – 功能 – 效率"逻辑的研究是完全无法回答的。要回答这些问题，一方面，需要在特定的历史经验基础上对我国的转变历程进行深入的经验分析，从而洞悉在不同经济社会事务领域之内，政府进入或退出特定经济社会事务治理的程度和方式。另一方面，需要对我国政府职能转变的理论要素和机制进行深入整合，寻找新的理论经验，从而构建更为完整的理论框架，以解释我国政府职能转变的理论要素和内部机制。只有在对我国政府职能转变的历史经验进行深入分析的基础上，构建更为系统性的理论框架，才能对更好地解释我国政府职能转变的经验历程。

本研究是在制度变迁的视角下解释我国政府职能转变的，所以，首先需要在制度变迁的视角下界定政府职能以及政府职能转变。本研究的政府职能是在制度 – 关系层次上，以及经济社会事务治理过程中的多主体前提下界定的。对于任何经济社会事务的治理，都存在非常多样化的治理主体；给定特定的经济社会事务的治理权具有无线细分的属性，经济社会事务的治理权可能在政府与经济社会组织之间进行不断的再分配。其中，所谓的政府职能就是指在具体经济社会事务治理中，政府相对经济社会组织的治理权分配的制度化状态；一旦特定经济社会事务的治理权在不同主体间转移，就可以视为政府职能的转移；一旦这样的转移被制度化，即治理权的分配实现制度化，就可以将其视为政府职能的彻底转变。

一旦将政府职能转变过程视为一个制度变迁过程，问题的关键首先在于构建一个分析制度变迁的理论框架。在新制度主义在各个学科都呈现复兴之势的情形下，对于制度变迁的分析也陷入了非常复杂的理论视角之中，其中，至少存在三种分析制度变迁的理论视角：理性视角、权力视角以及社会－文化视角。基于不同的理论视角，在层次性和多样性基础之上，本研究构建了一个解释制度变迁的整合性分析框架，以此解释我国特定的经济社会事务治理权能分配的制度变迁过程。这一框架的核心是将有关治理权分配的制度变迁视为一个围绕特定经济社会事务治理场域，不同利益主体之间进行制度互动和制度性交易所建构的过程。其中，不同利益主体的成本和收益结构、制度变迁过程中的政治交易成本结构，以及这一政治交易过程所嵌入的权力结构和制度环境，这些要素共同影响了制度变迁的过程和机制，从而决定了特定经济社会事务领域之内治理权的分配状况，并进一步决定了这样的治理权分配的制度性状况，从而解释了政府职能转变的程度和最终的制度性状况。

政府职能转变的内涵在于政府与市场，以及政府与社会之间关系的重塑，其核心是"政府－市场／社会"关系的制度性转变。承接这一分析脉络，本研究选择三个经济社会事务治理领域——国有企业改革、社会组织管理体系改革以及乡村治理改革，分析在特定的经济社会事务治理场域之内，政府与不同的经济社会组织——包括国有企业、社会组织以及乡村社区自治组织——之间的制度性互动，影响特定的经济社会事务治理权能在政府与经济社会组织之间的制度性分配过程。对于具体领域的分析，本研究则采用了分析性叙述的分析策略，以期对具体领域之中政府与经济社会组织之间的互动机制和策略选择进行更为深入的经验阐释，从而在过程和机制上对特定经济社会事务领域之内的治理权分配的过程进行更为深入的分析。在历史性比较和分析性叙述的基础上，辅之以多样化的定量－定性资料的搜集和处理策略，既可以呈现总体上影响因素的相似性，从而可以将不同的经济社会事务领域的政府职能转变过程纳入统一的制度变迁分析框架；同时，也可以呈现不同的经济社会事务领域之内差异化的转变策略和转变逻辑，从而解释我国政府职能转变程度、路径和结果的差异。

6.2 框架的整体性和逻辑的差异性：比较分析

本研究是在制度变迁视角之下分析政府职能转变过程的。为了深入分析这一过程，本研究进一步选择了三个经济社会事务领域进行了深入分析。承接上文的经验分析，接下来，本章将在总体性框架下对三个领域的经验进行更为系统和深入的比较分析。通过对三个领域的比较，可以发现，一方面，总体来看，在特定的经济社会事务治理领域之内，有关经济社会事务治理权的分配所遵循的核心变量具有相似性。这些核心变量与影响政治制度变迁的核心因素——政治主体的成本 – 收益结构、政治交易成本以及的权力结构的分配状况——有关。另一方面，正是因为在特定经济社会事务治理领域之内，驱动制度变迁的因素存在系统性差异，从而在整体上使得我国不同经济社会事务领域之内政府职能转变的过程、程度和特点存在差异。

6.2.1 差异化的政府成本 – 收益结构与放权策略

本研究是在制度变迁的视角下讨论我国政府职能变革的过程的；同时，我国几乎所有领域的改革都是从政府的全能结构开始的，这就意味着我国经济社会事务治理权的分配基本上都与特定政府改革过程中政府的成本 – 收益，以及政府职能改革过程中政治交易的激励结构有关。在政府职能变革过程中，政府收益的指标是非常多样化的：从成本来看，包括提供公共服务的成本、经济社会事务的组织成本；从收入来看，主要是税收收入。同时，政府也关注贴现率，即政府的统治风险问题。政府会采取非常多样化的策略降低政府的统治风险，以实现统治的稳定。如是，在特定经济社会事务领域的政府职能变革过程中，政府的成本 – 收益结构决定了政府职能被继续保留在政府手中，或被放置于经济社会领域。一旦特定的政府治理权能的转移可以有效地降低政府治理的成本——或可以提高政府的税收，或可以有效地降低政治风险，提高政府的合法性和社会支持，此时，特定领域的政府职能就更有可能被放置于经济社会组织之中。而正是在不同的经济社会治理领域之内，政府职能转变可能带来非常差异性的成本－收益结构，这在很大程度上决定了政府职能转变的边界和策略。

为什么国有企业改革可以更为持续且深入？因为对于政府而言，在"财政包干"体系下，国有企业的亏损以及持续的财政补贴，以及国有企业强加的额外社会负担使政府不堪重负。于是，国有企业的市场化是为了进一步降低政府负担而进行的。对于国有企业而言，政府之所以放弃了企业组织的管理权和控制权，将企业管理和资源分配权转移给国有企业，利用市场机制实现企业治理，是因为，其将在很大程度上降低政府的公共财政支出，并可以有效地提高政府的利税收入，这是国有企业改革可以得到深化的关键。同时国有企业改革具有"激励兼容"的特点，使得在改革过程中可以有效降低政治风险，并且，经济发展成为最基本的合法性来源，"经济发展是最大的政治"（亨廷顿，1998）。于是，一旦理顺政府与国有企业的关系可以有效降低政府财政支出、提高政府的利税收入，且可以在一定程度上提升政府的合法性，于是，随着改革的深化，政府更愿意将国有企业的治理权逐渐转移给国有企业，并逐渐深化国有企业改革，进一步加强市场改革。这就可以解释，为什么相对而言我国国有企业改革过程更为彻底，以及更为线性化。

如果说国有企业改革的核心在于充满诱惑力的经济收益和可控的社会风险之间可以进行简单的权衡，那么，这样的权衡对于社会组织管理体系改革来说则变得异常艰难。一方面，社会组织的兴起可以扮演"社会中介"角色，更为有效地降低政府的公共服务支出；但另一方面，社会组织完全可能成为潜在的社会风险的来源，从而威胁社会的稳定。正是这一权衡在很大程度上决定了我国社会组织管理体系改革过程中的控制性放权策略：一方面，政府对社会组织进行分类，根据不同的类别实行组织权的差异化放权；另一方面，在政府职能转移过程中，对其核心的治理权——包括资源汲取权、组织目标的设定权以及横向联结权——进行制度性限制，从而在尽最大可能利用社会组织公共服务潜能的同时，降低社会组织可能带来的社会风险。

同样是社会风险控制逻辑, 其在乡村治理中则更多地体现为进一步放权。理解乡村治理体系的改革, 一方面与政府的资源汲取、政策目标达成以及公共服务供给负担的剥离有关, 另一方面与我国乡村治理中高昂的组织成本有关。在 "压力型" 体制以及信息不对称的双重逻辑之下, 基层政权的 "掠夺性" 逐渐增强。基层政权面临 "崩溃" 的风险, 乡村治理的制度成本迅速上升。同时, 在家庭联产承包责任制之后彻底抽离了乡村公共服务供给机制之后, 基层公共服务供给压力陡增。于是, 乡村自治成为 "一举多得" 的制度机制: 其既可以成为约束基层政府之 "掠夺性" 的制度工具, 从而提高中央政权的合法性, 隔绝乡村的政治诉求; 同时, 其也可以成为最基本的提供基层公共服务的制度工具, 从而有效降低基层公共服务的供给成本。

虽然政府职能转变遵循着差异性的逻辑, 但是, 任何领域的政府职能转变都具有很大程度的相似性。首先, 无论是国有企业改革、社会组织管理体系改革还是乡村治理体系变革, 其基本的逻辑都是以政府收益的最大化为基础的, 这是我国政府职能改革的最为基本的动力机制。其次, 几乎在所有的改革领域之内, 政府职能变革都是以在特定领域之内实行 "分类改革" 为特点的, 即将在政府职能变革过程中可能带来差异化成本收益的事项进一步细分, 从而实现政府职能转变过程中的政府收益最大化。这在国有企业体现为对垄断性行业和竞争性行业的区分, 在社会组织管理领域内体现为对经济社会发展功能的区分, 在乡村治理领域体现为对不同乡村治理事项的区分。再次, 政府职能变革的过程中几乎总是呈现 "控制性" 放权的特点: 在任何经济社会改革都有可能扩大社会空间, 增大社会风险的情形下, 任何改革的推进, 一方面以 "放权" 实现收益的最大化; 另一方面以更为微观的制度控制为特点, 实现社会风险的控制和化解。

6.2.2 政治交易成本问题

但是, 这样的权能转移并不是完全以政府的需要为基础的。在特定政府职能转变过程中, 经济社会组织与政府之间的政治交易, 以及政治交易能否制度化将在很大程度上决定特定的政府职能转变能否实现。这一政治交易的过程涉及多方面的政治交易成本，包括政治组织成本、议程设置成本以及契约治理成本。只有政府与经济社会组织之间的政治交易能够达成并被制度化，政府职能的转移才更有可能出现。如是，无论是国有企业改革、社会组织管理体系改革还是乡村治理体系改革，政府－经济社会组织的政治交易成本属性都在很大程度上决定了我国政府职能转变的可能性和程度。

给定政府职能转移中的政治交易，什么样的制度交易更有可能达成呢？这首先取决于在特定政治交易过程中政府职能转变的成本收益结构，以及政治交易的属性，二者共同决定了特定政治交易的政治组织成本和议程设置成本。从政府－经济社会组织之间的成本收益结构来看，在不同的经济社会事务领域之内，转变政府职能的政治交易能否出现，很大程度上取决于政府－经济社会组织的收益结构（参见图6.1）。一旦经济社会组织与政府之间就政府职能转变的政治交易存在激励不兼容，政治交易的议程设置成本就会上升，政治交易出现的可能性就会降低。其次，特定政治交易的出现还与政治交易本身的属性有关。政治交易的属性主要与两个因素有关：特定政治交易中经济社会组织的诉求，以及政治交易主体的分散－整体性程度。一旦政治交易的整体性上升，政治交易诉求的"权力性"上升，政治交易的议程设置成本和政治组织成本就会上升，从而影响政治交易达成的可能性。

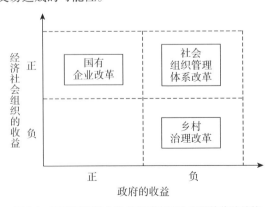

图 6.1　不同经济社会事务领域内政治交易的收益结构

这在很大程度上可以解释我国政府职能转变过程中，不同经济社会事务领域之内政府职能转变的政治交易所呈现的系统性差异。对于国有企业改革而言，由于其基本的成本收益结构为激励兼容的，国有企业改革的议程设置成本较为低廉。或者说，政府有非常强的激励去实现与国有企业之间的制度性谈判，以实现政府职能向国有企业的转移。同时，由于国有企业改革是由分散的国有企业以及相对分散的地方政府之间进行政治交易，政治交易诉求也是以经济性为基础的，这决定了国有企业改革过程中政治交易的较低组织成本。所以，对于国有企业改革而言，政治交易的出现几乎不存在问题。但是，这样的政治交易结构却在社会组织改革领域呈现系统性差异。从成本收益结构而言，社会组织治理权向社会组织的转移确实有利于提高社会组织的收益，但这样的转移对于政府而言，其收益是非常不确定，这增加了议程设置的成本。同时，对于社会组织而言，由于在改革过程中需要对社会组织权进行"权力性"捆绑，这一方面增加了利益界定的成本，使得政治交易的组织成本上升；另一方面，也加大了社会风险，使议程设置成本上升。所以，以总体性－权力性缔约为基础的社会组织管理体系改革面临着更为困顿的状况。在特定的乡村治理场域之中，对于政府而言，乡村治理权的更迭对于乡镇政府而言可能意味着基层社会稳定风险的上升，而对于乡村社区而言，基层治理权的获得可能并不意味着切实的经济利益的提升。所以，对于村民自治权，无论是乡村社区还是政府都没有激励去制度性地完善。但是，在"蜂窝状"结构下，乡村社区与政府之间政治交易的组织成本相对较低，这在很大程度上决定了我国乡村治理过程中较低的政治交易组织成本。较低的政治交易组织成本加上较高的议程设置成本，这样的组合更有可能产生偏向对抗性和非制度性的政治交易形式——如上访和政治抗争。

以此而言，在不同经济社会领域中，有关治理权再分配的政治交易出现的可能性存在系统性差异。不仅如此，即便有关政府职能转变的政治交易能够出现，在政治交易双方都有可能采取机会主义行为的前提下，能否存在有效的政

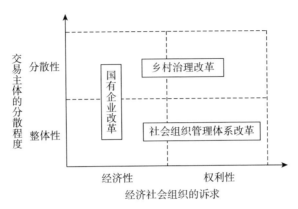

图 6.2　不同经济社会事务治理领域内政治交易的属性

治制度安排可以实现政治交易的治理，以保证权能转移的政治承诺的可信性
也是一个严峻的问题。按照正式 – 非正式以及是否有第三方治理，任何政
治交易的契约治理机制都可以维度化为四种类型的制度安排（参见图 6.3）；
只有当特定政治交易过程能够建构有效的制度安排以实现治理权能转移的制
度化，政府职能转变才能真正完成。影响特定政治交易治理机制的因素是非
常多样的，其中之一就与政治契约达成过程中的激励结构有关；另一方面，
特定治理机制的出现与制度环境状况和不同主体的互动历史有关。如是，可
以发现，对于国有企业改革而言，存在非常多样化的政治契约治理机制可以
实现政府 – 国有企业的政治交易治理，从而保证政府与国有企业之间治理权
能转移的政治承诺变得可信。对于社会组织管理体制改革而言，一方面，政
府与社会组织之间契约达成的范围相对狭窄；另一方面，即便二者的契约达
成，由于宏观制度的缺失，政府与社会组织之间的契约治理主要是依赖于政
府对社会组织的行政管制，以及地方政府和非政府组织之间达成的"非正式
的默契"。而对于乡村治理权转移而言，治理权能的转移更多依赖于乡镇政
府与农村社区之间的非正式互动，以实现乡村政权的"问责"。

　　不同领域，甚至不同领域内部的交易成本的不同分配状况，决定了不同政
治交易达成的可能性，以及最终被治理的可能性（参见表 6.1）。需要说明的是，

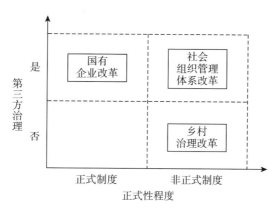

图 6.3　不同经济社会事务治理领域内主要契约治理机制的分布状况

该总结主要是在总体上分析特定领域的治理权分配状况，事实上，具体领域内部的多样性也是一个非常关键的点。这进一步说明，即便在是特定的经济社会事务治理领域之内，政府职能转变的程度和方向也存在非常大的差异，这对于理解我国经济社会事务治理权分配的制度多样性具有非常重要的意义。

表 6.1　政治交易成本分布状况总结

治理事务类型	组织成本	议程设置成本	政治交易出现的可能性	政治交易特点	制度安排特点
国有企业改革	低	低	高	多层次	多样－正式
社会组织管理体系改革	高	中	中	中观－微观	单一－正式
乡村治理改革	中	高	低	中观	单一－非正式

6.2.3　治理机制与权力结构变革

事实上，任何政治制度变迁在本质上都具有"再分配"属性，这意味着，首先，作为一个政治交易过程的治理权再分配是嵌入具体的权力结构之中的，原有的权力结构对于治理权的再分配过程具有非常重要的影响。其次，既然任何政治制度安排在本质上都是一个再分配的结构化过程，那么，在政治制度变迁过程中，权力结构变革可能在根本上对政治制度变迁的制度过程产生非常深刻的影响。最后，作为一个过程的终结，在权力结构变革的情形下，事实上可以将某些政治契约视为对权力结构变革的"再制度化"，如是，不同经济社会事务领域之内，有关治理权再分配的政治契约治理机制可能形成"精英共识"。此时，治理权再分配的制度化也是对新的分配结构的制度化。

我国的政府职能转变是在"全能政府"的基础上开始的，这在根本上决定了，一方面，在政府职能变革历程中，政府的利益会被优先考虑；另一方面，在有关治理权分配的政治交易中，经济社会组织需要承担交易成本。如是，无论是国有企业改革、社会组织管理体制改革还是乡村治理体系改革，原有权力结构决定了政府的制度供给者身份，决定了最初始的权能分配状况。一旦基础权能分配给定，对于经济社会组织而言，要想改变这样的权能分配结构，经济社会组织需要承担政治交易成本。不仅如此，在具体政治交易中，政府还会策略性地对政治交易过程进行政治操纵，从而改变政治交易的性质，改变政治交易出现的可能性和被治理的可能性。最典型的是对政治交易性质的修正。一方面，政府通过"分类"的方式将特定类型的政治交易识别出来，提高某些政治交易的议程设置成本。例如，将那些具有"权力性"诉求的政治交易操纵为"切事性"交易，从而降低政治交易的社会风险。另一方面，政府通过"分化"的方式隔离整体性交易，从而将政治交易尽可能地降到特定的政府单位和特定的经济社会组织之间，从而将政治交易成本最小化，同时实现社会风险的最小化。

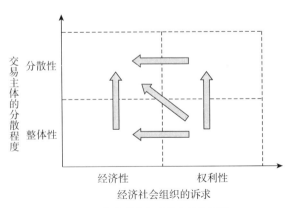

图 6.4　权力结构与政治交易的操纵

即便治理权的再分配嵌入具体的政府职能转变过程中，但是，随着时间的推移和环境的转变，原有的权力结构也可能发生转移：这种权能转移既有可能是因为某些团体资源结构状况发生了改变，也有可能是某些团体之间"联盟关系"的变革对权力结构产生了影响，从而对治理权的再分配结构产生了影响。对于权力变革，最为重要的是组织资源，正如亨廷顿所言（1989：42），"组织是政治权力之路"。一方面，组织资源状况的改变在很大程度上决定了相对于政府的利益代表能力（程浩、黄卫平、汪永成，2003）；另一方面，如 Tilly（2004）所言，"政治抗争是最为重要的权力转移机制"，最为重要的资源转移就是组织化程度的转变。所以，政治组织程度以及政治抗争潜能的改变可以在很大程度上影响制度变革过程中利益被考虑的程度，也会对政治交易过程中的政治交易成本，特别是组织成本产生影响。

权力结构变革程度的差异也在很大程度上影响了我国不同经济社会事务治理领域之内政府职能变革的程度和方向。对于国有企业而言，权力结构的变革主要体现在政府组织与国有企业管理者之间，权力结构变革的范围相对狭窄，且政治抗争几乎没有出现在职能变革过程，其相对权力结构变革的程度并不高。但是，权力结构变革更低的是社会组织：一方面，社会组织本身并不能作为一个整体性的身份群体与政府进行制度性谈判；另一方面，社会组织本身的"志愿性"又无法有效地基于"利益"动员社会组织群体参与。于是，无论是社会组织有关其治理权的政治交易的组织程度，还是政治抗争出现的程度，都是相对较低的。但是，权力结构的变革在乡村治理中则出现了非常不同的面貌：一方面，基于地缘和血缘的关系，再加上村民委员会等具备合法性的组织机制鼓励了基层农民的组织化；另一方面，中央政府对乡村利益诉求的支持，以及农村社区基于的"减负"的"道德经济"诉求都在很大程度上促进了基层政治抗争状态的形成。于是，对于乡村治理权的变革，财税权的上移以及转移支付的增加都可以视为权力结构转移的制度性体现。

正如特定的政治契约在本质上是一种政治权力结构变革的再结构化以及新

的分配状况的再结构化所暗示的，政治契约达成的范围也决定了特定政治经济
改革的利益分享范围。对于社会组织而言，政府与官方社会组织之间形成了制
度性的同盟，并构建了自身的社会控制体系，而作为边缘化的社会组织则几乎
处于被抑制的状态。对于乡村治理而言，在"中央政府 – 基层乡镇政权 – 乡村
精英 – 村民"之间构成的权力结构链条内，上下之间的制度性共谋成为最为基
本的制度特点。

　　总之，从权力结构变革视角来看，政府职能转移的过程也是一个新权力关
系的结构化过程。首先，正如崔之元（1998）等学者讨论的政治分析的"政府 –
经济社会精英 – 大众"三层结构所显示的，任何的政治制度变迁的过程都是一
个权力结构再分配的过程，其复杂的权力关系变革会对整个政府在经济社会事务
中扮演的角色产生影响。其次，在相对权力结构变革过程中，一旦权力转移发生
但无法对这些崛起的组织利益实现制度化满足，抗争性政治可能成为政治互动的
常态。最为典型的是随着农村不满的加深和社会抗争程度的上升，无法实现政治
交易制度化的情形下，其会对基层政权产生非常复杂的影响。这非常类似于亨廷
顿（1989）对于"参与 – 制度化"关系的讨论：一旦政治参与无法实现制度化，
可能带来政治衰朽。再次，权力结构似乎总是呈现"路径依赖"的特点。这种
路径依赖主要体现在两个方面：一方面，权力再分配基本上沿着原有的权力结
构展开；另一方面，即便新政治机会开启，新的利益也主要在原有的权力结构
之内进行边际性的再分配。最终，权能变革的过程呈现的是一个"不断再分配"
的政治过程（波尔捷罗维奇，2006）。这一过程在横向上体现为在政府和经济社
会组织之间的"分利集团化"（萧功秦，2000），在纵向上则体现为层层的"庇护
网络"的建构（萧功秦，2005）。如是，在整体改革过程中，不同利益群体的获
益与整个改革过程的权力结构变革相辅相成（李朝晖，2003）。

6.2.4　制度环境与制度化

从制度变迁的整体过程来看，首先，政治制度变迁的过程是嵌入在具体

的宏观制度环境和经济社会环境中的，环境的转变在很大程度上对于治理权能的转移以及制度化的可能性都有可能产生影响。这样的影响几乎体现在所有经济社会事务领域之内。这些环境要素非常多样，包括政治制度环境、社会制度环境，也包括经济发展状况，还包括技术的发展和更新等。这些要素的改变，一方面，可能改变资源分配结构，从而改变治理权分配过程中不同利益主体的相对议价能力。例如，随着市场经济改革的推进，资源分配的增多可能系统性增强了经济社会组织的相对权力。另一方面，其也可能改变政府与经济社会组织之间的政治交易成本，从而影响政治交易达成的可能性，以及契约治理的可能性。例如，随着技术的更新，经济社会组织化的成本降低，其有可能降低政治交易的组织成本；随着大众传媒的兴起，某些经济社会议题得到关切的可能性大大提高，从而可能在某些经济社会领域内降低议程设置成本；同样，某些传统文化和非正式制度的存在，使得非正式制度出现的可能性上升，如是，某些政治交易可能变得可治理（以宗族对政府责任的非正式"倒逼"最为典型）。

同时，作为一个制度变迁的过程，特定的政治交易，以及由此达成的制度性状况在多大程度上能够实现制度化对于治理权的再分配过程也具有非常重要的影响。具体而言，在特定的经济社会事务治理领域，特定的权能转移的"制度升级"主要包括两种路径。路径一，从缔约主体来看，从分散性的政治缔约演变为整体性缔约。对于我国而言，这体现为"地方试验－全国推广"的经验模式。路径二，从制度效力来看，一方面，从非正式制度安排逐渐演变为正对具体事务的正式制度安排；另一方面，从经济性和切事性的政治缔约中摆脱出来，逐渐实现对诸多切事性诉求的"权利"打包，实现政治缔约的"权利化"。但是，在不同经济社会事务领域，政府－经济社会组织之间有关治理权再分配的制度化路径以及制度化程度存在很大差异。无论是"分散－整体性"缔约还是"经济性－权利性"的缔约结构都存在非常大的差异。

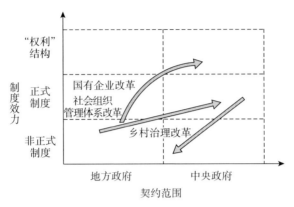

图 6.5　不同经济社会事务治理领域中制度化的差异化逻辑

　　对于我国国有企业改革而言，无论是"试点模式"还是"制度化"模式都有体现。一方面，国有企业改革的过程具有非常明显的"地方试点－全国推广"的路径。这样的路径之所以可行，核心原因在于，无论是中央政府还是地方政府，国有企业改革的激励结构都具有同质性。于是，地方性的制度试点可以以简单叠加的方式逐渐累积为全国性制度安排，达到"准整体性缔约"的效果。另一方面，在国有企业改革过程中，政府与国有企业之间具有激励兼容的特点，这也使得从非正式制度安排逐渐演变为制度边界更为明晰的正式制度安排，以至于逐渐获得了"准权力性制度"安排的效果，这样的"制度升级"在一定程度上具有制度保证。所以，无论是从制度效力还是从试点模式的路径而言，我国国有企业改革过程中的治理权转移最终都具有"准整体性－权利性"缔约的特点。

　　但是，这样的制度化模式并不存在于社会组织变革过程中。为什么社会组织放权不会出现"地方→中央"的路径，核心原因是分散性的社会组织无法进行权力的机械式计算，即没有办法对其利益进行非常简单的加总，从而提出一种"分配模式"。一方面，社会组织的类型是多样化的，所以，社会组织的"利益"，或政府能加总的利益是非常不确定的，而社会组织的潜在风险则进一步加剧了这样的机械计算的不可能性；另一方面，正是这种不可能性，导致"权力"必须成为一种权能打包的策略出现在社会组织争夺自主权的政治交易进程中，而恰恰是这样的打包策略，导致"共识点"建构的可能性大打折扣。进一步，如果无法调动起集体行动的能力并在整体上与中央政府就基本制度进行谈判，那么，零散的制度化交易转变为正式制度的可能性要远远低于国有企业改革。如是，在社会组织领域，一方面，中央政府基于自身的需要供给基本的正式制度；另一方面，地方政府根据自身的需求在地方层次构建了非常多样化的正式－非正式制度安排。最终，地方政府－社会组织之间制度安排的多样性，以及中央政府对社会组织发展的控制性，共同构成了我国社会组织治理权分配的制度性状况。

对于乡村治理而言，我国基本制度化模式在总体上几乎依赖于政府的强制性制度供给，以及多种地方政府的非正式制度组合。如前所言，对于村民自治权力而言，中央政府更多是利用了村民自治的制度形式，其核心的制度功能是为了实现政府政策目标的实现。于是，在基本的乡村治理权被虚置的条件下，乡村治理过程中的公共服务供给和资源汲取权的规范化是通过一系列非正式的制度实现的。另外，作为一个身份群体的农民也从来没有进入整体性缔约议程之中，"蜂窝状"的行政体制结构本身就是隔离乡村之间的横向联结的制度机制。

6.2.5　特点和影响

通过分析我国政府职能转变的三个案例，利用整合的制度变迁框架，本研究将政府职能变革理解为有关经济社会事务治理权能再分配的制度性交易过程，以此为基础对政府职能变革的多样性逻辑进行了分析。总的来看，整合性制度变迁框架可以有力地解释我国政府职能变革的核心逻辑。一方面，政府职能变革的过程是政府逐渐向经济社会组织转让经济社会事务的控制权的过程。另一方面，这种转让是以政府的收益为基础的：政府之所以转让控制权，是因其能够实现政府收益的最大化。当然，在控制权转让的过程中，经济社会组织并不是被动地接受政府的控制权分配，而是积极地与政府进行再协商，从而试图实现政府职能边界的重塑。这种努力能否成功与一系列条件有关，特别与政治交易成本的属性有关。高的政治交易成本可能使再协商根本就无法达成，或者，即便达成，也是不完整的；同时，需要依赖于特定的政治交易治理机制实现政治交易的治理。如是，政治交易成本的属性限制了政府职能转变的可能性，以及具体的职能转移的范围和边界。同时，经济社会环境和制度环境通过相对权力结构的分配进一步影响了政府的收益和交易成本，从而系统地影响了政府职能变迁的整体过程。

根据不同经济社会治理领域中三个核心变量的系统性差异，可以进一步维度化三种政府职能转移逻辑的"纯粹类型"。在国有企业改革过程中，政府从谨慎的"控制权转让"，逐步过渡到建构市场体系，并主动承担政治交易成本，体现出"建构性放权"特点。在社会组织管理领域，政府针对社会组织存在相互矛盾的需求采用了分类控制策略，分散的地方政府与分散的社会组织进行分散缔约，政府与社会组织之间相互吸纳，尽一切可能建构共识空间，从而体现为"吸纳型放权"的特点。在农村治理体系改革中，通过转让控制权实现组织成本的降低和农民对国家政策的服从，以制度性隔绝的方式，降低公共服务支出，进一步获取政治服从，分散的农民缺乏与政府进行协商的制度性机制，从而体现为"隔绝型放权"特点。当然，三种类型都是在"纯粹类型"的意义上被提出的，单一领域之内或多或少混杂着三种类型。要进一步理解这种复杂性，需要对我国政府职能转变的历史经验进行更加详尽而深入的剖析。

表 6.2　三个领域内政府职能转变的核心逻辑

	国有企业	社会组织	农村治理
政府目标	降低直接投资 增加利税收入	降低公共事务支出 控制政治威胁和风险	降低组织成本 政策目标的实现
政府策略	深化改革 分类改革	分类控制	制度隔绝
政治交易的收益结构	"激励兼容"	政府收益不确定 社会组织收益分散	收益不确定
政治交易的属性	分散性 + 经济性	分散性 + 权力性	分散性 + 权力性

续表

	国有企业	社会组织	农村治理
政治交易出现的可能性	高	中	低
契约治理机制状况	多样性 – 正式性	单一性 – 正式性	单一性 – 非正式性
相对议价能力转移	中	低	高
制度化逻辑	准权力化 + 准整体性	总体性控制 + 地方性的多样性正式 / 非正式制度	总体性的强制性制度供给 + 地方性的非正式制度
核心逻辑	建构性放权	吸纳型放权	隔绝型放权

　　正是这样的逻辑，有利于理解不同的经济社会事务治理领域之内新的改革进程以及其所体现的制度特点。从整体上而言，国有企业改革是在"激励兼容"的基础上逐步通过制度升级实现制度变迁。对于社会组织管理体系的改革则延续着中央的总体性控制思路，在新的改革过程中，以进一步的分类控制为基础，逐渐实现对不同社会组织权能的精细化分权，以达到自身矛盾的政策目标。同时，在地方政府领域则存在更为复杂多样的制度实践。但是，这样的制度实践是否会成为总体性制度安排则值得怀疑。所以，这样的制度性徘徊将持续存在。对于乡村治理体系变革而言，其核心总是与上级政府对公共服务供给成本的规避、社会风险的分化以及委托代理成本的处理有关。如是，农村社区和农民的制度性需求被分割在单一的乡村之间，从而隔绝了作为整体的农村社区的利益和制度需求。这样的逻辑在 2000 年之后得到延续：通过财政集权和财政收支的正式化强化对地方政府的约束；通过项目制的方式抽掉了乡镇政权的行政权能，以规避地方政府带来的组织成本（周黎安，2014）；同时，通过"稳定是最大的政治"的自上而下的压力，将乡村的政治利益冲突隔离在单一的乡镇政权与村和村民之间，从而实现了基层风险的"分散性"化解（曹正汉，2011）。正如前文所言，这样的制度性抽取也深刻地改变了我国乡村关系，改变了我国基层治理的制度基础。

　　总之，即便在不同的经济社会事务领域之内，我国政府职能转变的程度存在差异，在某些领域甚至出现了"准权力性"制度供给。但是，总体而言，我国政府与社会组织之间有关经济社会事务的治理权划分的制度化程度仍然偏低。一方面，从整体来看，我国经济社会组织的组织性程度较低，横向联结较为低下，我国经济社会组织的整体性缔约非常少见。经济社会组织作为整体的代表性，以及作为权力主体与政府之间进行谈判的组织和制度基础是缺失的。另一方面，从制度层次来看，可以与政府权力形成宪政层次制约的"权力性"制度供给也是缺失的：在任何经济社会事务治理领域内，权力几乎从来没有正式地进入政治议程和政治交易之中。即便公共政策的逻辑和制度变革的逻辑已经逐渐在"倾斜"——例如"服务型政府"的提出以及公共服务供给水平的上升（王绍光，2007；2013），但是，这种倾斜的"制度基础"仍然处于缺失状态。变革历程仍然不是以"赋权"为基础的，而是以政府复杂的政治经济目标的权衡为基础的。

6.3　理论启示

6.3.1　功能、效率与价值：政府职能转变研究的反思

在政府成为我国经济社会发展最大动力和最大障碍的情形下，讨论我国政府职能转变的动力机制和逻辑确实具有非常重要的意义。但是，当下有关政府职能转变的研究却陷入了功能主义、效率主义和价值驱动研究的陷阱中。功能主义、效率主义和价值驱动的理论体系虽然在内部存在一系列的争论，但是总体逻辑是相似的。在价值层面或者效率层面上对政府的基本边界进行理论分析（主要是新自由主义理论），然后从功能主义的视角分析我国政府职能转变的动力机制，紧接着可能从我国政府职能转变面临的困境，以及西方国家的政府职能转变的经验着手，讨论我国政府职能转变的方向（章文光、王力军，2006；曹鹏飞，2010；田国强，2012）。正如前文所言，这样的分析视角面临的最大问题是：这并不是对我国政府职能转变的经验解释，而是具有非常强的建构主

义色彩。这样的分析对于拓展我国政府职能转变的思路是有益的，但其对于我国政府职能转变的历史经验，无论是理论解释还是经验分析都相对不足。

本研究则另辟蹊径，在制度变迁的角度下对我国政府职能转变的历史经验进行了深入的分析。在制度变迁视角下，本研究将政府职能变迁视为在具体的经济社会事务场域之内，政府与经济社会组织就经济社会事务治理权的制度性分配展开复杂的政治互动，最终的结果取决于政府和经济社会组织的收益结构、政治交易成本、相对权力结构以及其嵌入的制度环境和经济社会环境。从理论上而言，这样的分析是对我国政府职能转变的重要推进。首先，本研究承接了有关政府职能转变分析的"政府－市场－社会"三分法。但是，本研究将这一问题系统地拓展到了经验层次，而不仅仅是对"政府－市场／社会"关系的理想路径的理论分析。并且，基于此，这一框架可以对"政府－市场"以及"政府－社会"关系的差异性和多样性做进一步解释。其次，这一框架也是对原有的有关政府职能转变的分散性动力机制分析的有效理论整合。原有的有关政府职能转变的动力机制分析遵循"压力－环境驱动"，但这些理论要素是非常零散且不系统的，而整合的制度变迁框架却可以在一定程度上实现这些要素的整合。最后，本研究的分析框架可以将政府职能转变的内部过程和机制更为有效地整合，从而超越原有的"环境－压力驱动"理论所无法揭示的具体经济社会领域中政府职能转变的内在机制和逻辑。

于是，在整合的制度变迁视角下，既可以解释我国政府职能转变的总体历程，也可以解释具体的经济社会事务领域内的差异性。例如，这一视角就有助于解释我国政府职能转变过程中非常重要的困惑：为什么经济领域的政府职能转变要远远领先于社会领域的转变。既可以加深对我国政府职能转变的历史和现状的理解，也可以更为有效地预测我国政府职能转变的未来。这样的分析既可以解释我国政府职能转变面临的困境，也可以有效地解释我国政府职能转变取得的成就。无论是政府职能转变面临的困境，还是已经取得的成就，事实上都源于相似的制度动力和过程逻辑，即政府对改革领域的选择，以及经济社会组织"倒逼"政府改革的能力。

6.3.2 政府边界问题"再评价"与"再建构"

事实上，在制度变迁的视角下对我国政府职能转变的分析，还可以在很大程度上利用我国的经验对有关政府边界的理论问题进行一系列的说明和澄清。在制度变迁视角下，政府 – 经济社会组织的制度关系至少包括三个层次。宏观层次的宪政安排，主要是指经济社会组织是否有权组织起来对政府的权力形成制约，以及经济社会组织是否具有同等的"权力"身份以对政府的权力边界形成制约。这样的制约既包括正式的宪法安排和政治制度安排，也包括非正式的公民文化的政府边界的共识。中观层次的政府 – 经济社会组织的互动制度安排强调在具体的政府与社会组织之间的制度性互动，其与经济社会组织的核心组织权——包括的资源的获取、核心功能的界定等——有关。微观层次主要与经济社会组织的内部运作机制有关。在不同的层次上所建立起来的制度约束，可能导致不同的制度效果，使得政府 – 经济社会组织之间的关系呈现非常复杂的面貌。这样的分析可以在很大程度上超越原有的有关政府 – 经济社会组织的"冲突 – 合作"二分法。

对于政府与市场以及政府与社会关系的理论分析，当下最基本的理论发展是超脱于原有的"竞争"框架，逐渐寻求二者的"整合"的可能性。从政府与市场之间的关系来看，原有的新古典主义分析框架预设了政府与企业之间的边界的确立以及对政府"干预之手"的限制（斯蒂格利茨，1998）。但是，随着制度主义研究的兴起以及东亚奇迹等经验对传统理论的冲击，"发展型国家"成为最为重要的制度选择——政府在宏观战略层次介入企业发展的过程，政府扮演"市场组织者"的角色（Meredith，1999；Hall，1986；世界银行，1997）。确实，将政府重新界定为"市场建构者"角色对于原有的经济学理论是一个非常重大的推进。但是，正如我国市场改革的历程所证明的，在特定的"市场建构"过程中，只有在宏观上针对政府"掠夺之手"建构复杂的政治制度和权力约束机制，将政府严格限制在"扶植之手"的角色范畴之内，否则，经济社会发展所获的收益可能沿着政府的权力之手实行再分配。这样的再分配结构甚至可能成为进一步改革的制度性阻碍。

同样，政府与社会组织之间的关系也从原有的"冲突模式"逐渐转变为来的"整合模式"。原有的冲突模式根据"国家-市民社会"的二分法，强调市民社会独立于国家的属性，并认为其与国家之间具有基本的冲突性关系。但是，新的国家-社会的"整合模式"强调政府与社会的"嵌入式发展"和"合作"（Evans，1995；1996）。于是，越来越多的学者将中国政府-社会组织之间的关系视为国家-社会的支持和合作的代表（陶传进，2008；欧阳兵，2014）。但是，也许"嵌入式发展路径"与"冲突路径"在本质上并不存在冲突：只有在市民社会背景下，社会组织才能获得最基本的具有独立地位和独立身份的主体，只有在这一基础上的"支持"和"合作"才有可能成为推进经济社会发展的方案。然而，中国的政府-社会组织之间的"支持与合作关系"在基本制度缺失的情形下，在中观上更多地表现为控制和利用的色彩。这样的"支持"和"合作"关系可能加大社会组织的依赖程度，而不是使其获得真正具有独立性的发展空间。

"国家引导"的发展显示，地方社区自治已经显示出越来越大的经济社会发展的合法性，逐渐被视为非常关键的引领经济社会发展的"良方"，这正是越来越多的有关"治理"理论所引导和论证的。但是，正如某些学者所言，认为依靠地方社区就能实现地方发展，这样的理论假设是政府对自身基本责任的规避：我们在那些最为贫穷的社区发现的所谓的"地方治理"的东西，事实上证明的不是地方发展的潜力，而是基本国家能力的衰朽（俞可平，2000）。也许，这一论断对于我国农村社区的发展具有一定的合理性：所谓的乡村自治就是政府抽取自身的基本公共职责之后采纳的弥补机制。一旦政府的基本职责退出，所谓的自治只不过是幻象：嫁接在纵向关系隔绝基础上的自治最终可能加剧基础性权力的衰朽。[1]而这样的状况随着项目制的推进和基层公共财政收支权的上收变得更为迫切：失去了基本事务性根基的基层自治和乡村互动的乡村治理制度安排，可能会呈现加剧断裂的状态。

6.3.3 有关制度变迁的进一步说明

同样重要的是，在制度变迁视角下对我国政府职能变革的研究也有利于加深对制度变迁理论的理解。正如有关制度变迁理论的研究所显示的，在制度主义理论逐渐兴起的情形下，对于制度和制度变迁的分析也陷入了非常多学科视野之中。在多视角的情形下，不同学科对制度变迁的核心动力机制的假设存在非常大的差异。但是，多视角也为多样性要素的整合提供了机会。正如制度变迁的"第二次运动"所显示的，制度变迁的核心在于将不同的理论要素整合到一定的制度变迁框架中，从而加深对制度变迁要素、过程和机制的理解。本研究的制度变迁框架正是基于对有关制度变迁的理性选择视角、权力－再分配视角和制度结构视角的整合而构建的；不仅如此，在整合视角之下，这一框架更加强调制度变迁的层次性、制度要素的多样性和互动的复杂性，以及制度变迁的"时间－过程"性。

从制度变迁的层次性来看，任何制度变迁都是嵌入在具体的"微观－宏观"以及"结构－个人行为"的互动体系中的；从制度变迁的多要素来看，驱动制度变迁的要素是非常多样的，不同的驱动因素可能在特定的制度变迁场域中实现复杂的机制性互动，从而使得制度变迁的路径和方向呈现不确定性。于是，在层次性和多样性的假设下，研究制度变迁的核心在于理解制度变迁的过程和机制，打开制度变迁的"黑箱"。如是，机制研究成为理解制度变迁的最为关键的理论方向。对制度变迁过程的强调，核心是需要将制度变迁过程纳入具体的时间过程之中。时间之所以重要，主要有两个方面的原因。首先，由于有限

---

1 有关基础性权力，参见：曼，2007。

理性的特点，制度变迁的过程总是一个不断试错的过程。其次，制度都具有报酬递增的特点，同时，制度一旦设置，就会固化利益结构，此时，制度变革就可能产生锁定效应。最后，"宏观－微观－宏观"的互动过程也是制度演进的时间过程。此时，不同要素之间的互动是随时间演化的，同层次制度之间和不同层次之间的制度互动都是一个"时序"过程。在不同的时间节点，制度变迁可能遵循的制度逻辑和制度变量是非常不同的。所以，在不同的制度层次上存在多样性的制度逻辑和驱动要素，且这些制度逻辑和理论要素都是流动的，时间设置了最为关键的干预机制，不同要素和机制在时间进程中的混合是理解制度变迁过程的关键（周雪光、艾云，2010）。当然，这样的"混合过程"也是由行为者的行为选择所驱动的，同时也是嵌入在具体的制度环境中的（蔡长昆，2015）。如是，本研究所展示的理论框架和经验分析事实上也是对制度变迁框架的整合与拓展。

同样，这样的路径对于理解我国不同经济社会事务治理领域的制度变迁也是非常有效的。首先，制度变迁是零散的，统一的制度变迁可能非常困难。那种认为我国的制度变迁呈现"渐进演进"特点的研究[1]，可能忽视了不同经济社会事务领域中制度变迁驱动要素和过程机制的复杂性。沿着本研究的分析框架，问题的关键在于理解经济社会组织在特定经济社会事务治理的场域，怎样通过与政府进行零散的政治交易型构最终的制度变迁过程。即便这样的制度变迁也是零散的：制度安排体现的是零散的经济社会组织－政府关系的结构化，从微观到宏观的系统性制度变迁可能永远都不存在。

其次，在具体分析中，需要从特定的经济社会事务治理的属性和特定场域的性质着手。不同的经济社会事务治理场域存在非常基本的差异，其过程和制度逻辑也存在非常重大的差异，这也是进一步理解制度差异化的关键。如是，即便影响特定的经济社会事务治理场域之制度变迁的动力机制是不同的，但是，

1　这样的分析既体现在我国市场改革的"渐进性"演进的分析上，也体现在对我国社会组织发展的"渐进性"逻辑之上。

由于在不同的政治场域之中，影响制度变迁要素——如相关利益主体的核心收益要素的考量、政治交易成本的分布和结构等——存在差异，导致特定经济社会事务治理场域中，其基本的逻辑也存在差异。

再次，由于涉及"政治权力"，所以，权力结构扮演了非常重要的角色。这一框架并不认为降低交易成本在制度变迁中不重要，而是认为，在中国的制度环境下，首先需要给政府以基本的关注，以此为基础讨论制度变迁的可能性。这也与我们需要进一步讨论的另一个问题有关：需要关注具体场域中的制度环境，以及基于这一制度环境的制度变迁过程。在不同的制度环境下，制度变迁的核心制度引擎起作用的方式可能存在差异，这种差异可能在具体过程中将制度变迁引向不同的方向。这也就可以理解，对于不同国家来说，由于制度环境的差异，不同的行为主体在嵌入性结构下，可以调用的制度资源可能存在差异。最终，即便针对特定经济社会事务的治理，其制度安排也会存在结构性差异。[1]

6.3.4 存在"中国模式"吗?

这样的分析逻辑还会延伸至对于我国改革历程的争论之中。对于我国制度变革历程的分析总体上存在三种理论逻辑。遵循功能论和系统论的学者强调我国整体改革的渐进性和线性特点。如是，在市场改革的推动下，政治改革和社会改革会逐渐推进，从而将我国的政府变迁引向一种具有"历史的终结"特点的政治社会状况之中（吕志奎，2013；李凡，1994；张建伟，2003；林尚立，2004；王绍光，2008；马骏，2010；徐湘林，2010）。遵循权力逻辑的学者强调

---

1 这种差异体现在很多方面。例如，有关"资本主义多样性"的研究强调，在不同的资本主义国家，有关政府－市场关系的结构性制度安排存在大的差异。这样的差异同样体现在东欧国家的改革过程之中：不同制度历史使得同样具有"自由化"特点的改革呈现了系统性差异（索特拉，2010）。而对于"中国模式"的讨论就更显出我国制度变迁过程和逻辑的特点了（支振锋、臧劢，2009）。对于我国的制度改革，争论之一是怎样理解我国改革的"阶段划分"（参见导论部分的讨论），以及对"历史逻辑点"的强调（邓宏图、曾素娴，2010），其本质是对制度变迁"路径依赖"要素的强调。

我国改革过程中权力扮演的至关重要的角色。如是，改革的过程是满足政府需要的过程，同时也是实现政治收益再分配的过程。于是，"不断再分配"的政治导致我国的改革"陷入困境"（萧功秦，1994；2002；康晓光，1998；2002；2003；吴国光，2002；2004；萧滨，2002；李朝晖，2003；裴敏欣，2004；林宗弘、吴晓刚，2010；孙立平，2012；沙文斯、马格宁、邓晓臻，2006）。但是，承接前文的讨论，无论是"渐进 - 功能"逻辑还是"权力 - 再分配"逻辑，这些理论和经验的对话和整合恰恰说明一个问题：对于这些问题的分析都似乎带有非常强烈的"价值色彩"和"决定论"色彩。这体现在三个方面：第一，理论指导本身的"价值性"；第二，对于经验的"肆意抽取"；第三，对于不同领域的变革经验"分而述之"，但对于整体的经验又存在不恰当的综合——认为市场改革和政治社会改革之间具有因果关系的理论可能是臆想的结果。

如果说，这样的分析逻辑很难捕捉改革过程的复杂性，也无法覆盖我国整体改革历程所带来的复杂影响。那么，近年来，有关"中国模式"的分析则认为，我国的经济社会改革历程形成了具有世界性独特价值的"中国模式"（支振锋、臧励，2009；林毅夫、玛雅，2013；郑永年，2007）。这样的模式是以经济上的"北京共识"、政治改革的有限性和社会改革的"控制 - 合作主义"为特点的。但是，这样的逻辑并没有真正理论上的创新：有关"北京共识"事实上是对"发展型国家"理论的经验化。而有关政治改革和社会改革则是建立在有关"统合主义"和"嵌入式发展"理论逻辑之上的。事实上，这样的逻辑可以被称为"新发展主义"（周穗明，2003；曾毅，2011；高柏，2006），其并没有超越"系统论"窠臼：假设一套"政府 - 市场"/"政府 - 社会"的理想关系体系，然后认为这样的理论体系是解释我国发展经验的概念模型。

事实上，正如前文分析所言，我国的市场改革、社会组织管理体系改革以及乡村治理体系的改革都具有内生的逻辑。这样的逻辑与"中国模式"所假设的"政府 - 市场"/"政府 - 社会"关系并不存在理论范型上的对应。市场改革、社会改革以及基层治理改革之间的逻辑关系也远远不是系统性的。从以上的分析来看，任何意图"系统性"地理解我国改革的过程的尝试可能都是危险的，无论这样的尝试是带有"中国模式"色彩的特殊论，还是带有"功能论"色彩的现代国家论。所谓的系统，仅仅是在特定的要素上是有用的，但是，这样的"系统分析"没有办法保证整体路径上的有效性。例如，能够观察到经济改革对我国政治民主化以及市民社会的影响，但是，影响的机制以及具体的结果则是开放的（蔡欣怡，2013；刘瑜，2011；王思睿，2001；陈福平，2009；谢岳，2004）。

但是，这样的内生逻辑也并非特例。事实上，任何地方的改革过程都是嵌入在具体的制度历程之中的；作为西方国家建设的所谓的现代国家和民主历程也是完全处于不同的制度结构之中的。那么，对于特定的文化传统和文化结构而言，就更为特殊了。即便是在战后的转型过程中，不同的国家政府在扮演的角色方面也存在非常巨大的差异。从理论逻辑而言，这样的差异也是可以在整体上，在比较视角上理解的。这也进一步支撑了这样的判断：在整合性的制度变迁视角下，政府在经济社会事务治理中扮演的角色在不同国家具有非常大的差异。这样的差异与在政府边界和角色塑造过程中的政治互动过程高度相关，而这一互动过程是卷入在特定的权力结构状况和制度环境之中的。

从这一视角观察中国的制度改革历程可以获得更为丰富和多样性的启示。在这一视角下，可以将我国的改革路程称为"制度转型的中国经验"。但是，这样的经验既不是一种理论模式，也不存在任何特定的对于未来的理论期许。更为恰当的说明是，我国的改革过程是在特定的政治结构背景之下，不同的处于转型中的制度主体基于自身利益，在环境的改变过程和不同行为主体的持续互动中，逐渐建构了一系列的制度性安排。这些制度机会、权力结构的再分配、不同主体的复杂互动过程，最终结构化了我国具有碎片化色彩的整体改革状态和模式。而这样的过程同样具有世界性意义。值得说明的是，随着我国开放程度的上升，多样性的资源流动和制度流动确实可以重塑我国的制度逻辑。但是，这样的资源和制度松散意味着制度化和结构化的过程和结果可能是非常不确定的，这与转变过程中的时间和机会有关，也与环境状况的转变高度相关。在不同的国家，政府－经济社会组织的相对权力结构存在系统性差异，这样的差异应该作为一个分析的变量。

6.4 进一步的讨论

要用一个统一的分析框架，对中国近 40 年的政府变革经验进行比较性的深入分析，某些困境是没有办法回避的。首先，对于这一问题的研究，用政府职能转变来承接我国改革的核心经验范畴确实是一个不错的选择。但是，政府职能这一概念本身就是在"功能主义"的前提下被提出来的，将这一概念经验化的思路可能就会面临一系列的问题，最典型的就是对政府职能这一概念的界定，以及将其经验化的困难。但是，这样的困境不是回避对其经验研究的理由，本研究也尽最大的可能尝试了在特定的理论框架之下对这一问题进行深入的理论讨论，但是，对于将政府职能视为"政府应该做的事"，或将政府职能视为政府的"机构改革"的，这样的分析逻辑，本研究的分析可能对其可能并没有太大的帮助。[1]

同样，要回答这样复杂的问题，需要非常复杂的理论处理，所以本研究的分析无论是在经验上还是在理论上都存在一定的弱点。从理论上而言，由于制度变迁的整合框架所涉及的理论要素非常多样，要详尽地讨论在不同层次上不同理论要素之间的复杂互动几乎是不可能完成的任务。所以，本研究的分析框架的整合性努力可能需要更为精细的理论推演才能在复杂的制度要素之间建立起系统性关系。这样的相对分散也影响了对具体经验领域的详细经验分析：很

---

[1] 例如，大部制就是一个典型的"转变政府职能"的经验承接，但有关大部制的研究也与政府职能的研究一样具有非常强的非理论化特点（蔡长昆，2012）；对于这一路径的突破，可参见：李文钊，蔡长昆，2013。

难在单一的经济社会事务领域之内将所有理论框架涉及的经验细节有效地整合到制度分析框架之中，这使得对于特定领域的经验分析在某些因果机制上呈现一定的缺陷。

理论系统的缺陷本身也与本书研究方法的选择和资料搜集的短板有关。由于涉及的经验边界非常宽泛，必须在庞杂的经验系统中寻找相对容易识别的可分析的对象系统。于是，本书按照"政府－市场／社会／基层"的结构分化出了可以进一步进行历史比较的对象，并用国有企业改革、社会组织管理体系改革以及乡村治理改革对三个经验范畴做了更为精当的案例经验的承接。但是，即便如此，经验范畴仍然相对粗糙，这可能会减损历史比较研究的效力，真正的可以识别的，以及可以作为比较的研究对象的范围聚焦程度可能存在一定的问题。而从资料搜集方面来看，由于几乎只能依赖于二手资料，在任何一个领域都已经作为独立研究领域存在的条件下，资料的搜集可能存在一些困境。一方面，既强化了资料的多样性和丰富性；另一方面，任意资料可能都在特定的学科范畴之内被裁剪，这会减损资料本身的无偏性。本研究在资料搜集过程中尽量照顾到了资料搜集可能存在的问题，但完全解决资料的偏差性问题也是不可能的。

虽然面临这一些缺陷，但是，总体来看，沿着制度变迁视角讨论中国政府职能变革的制度逻辑，进而有利于理解我国整体改革的制度逻辑，这样的理论冒险仍然是值得的。而当下研究的理论和经验缺陷恰可成为进一步推进相关研究的重要基点。从理论上而言，将制度变迁的多样性理论要素在制度层次和制度互动的框架之下进行深入整合，并将不同要素之间的互动机制进行更为清晰和细致的呈现将是一个非常不错的选择。并且，中国制度变迁的经验对于这些理论要素关系的建立恰恰提供了非常丰富的经验库藏，甚至是推进制度变迁理论的重要机会。

另外，从深化对政府角色的理解方面来看，可供选择的路径变得异常丰富。从纵向研究来看，可以选择单一经济社会事务治理场域做更为深入的研究，或者可以选择单一的政府层级或政府部门，讨论特定经济社会事务场域之内，不同的主体是怎样制度性互动，从而构建复杂的制度安排，以实现政府 – 经济社会组织之间治理权能的重构。或者，也可以做横向比较，比较不同的经济社会事务领域、不同层级的政府、相同层级的政府之间，由于影响制度变迁的因素怎样在时间进程中呈现差异化状态，从而使得政府职能边界的制度安排存在制度性差异。不仅如此，还可以将比较的视野纳入全球范围之内。所谓的"政府 – 市场 / 社会"关系的理想模式的建构，本身就需要重新回到西方国家建设的历史进程中去，反思所谓的市场、市民社会等制度要素是怎样与国家（或者政府）之间产生复杂的互动，从而最终影响现代国家形成的过程。在这样的视角下，从来没有理想的市场，也从来没有理想的社会。作为复杂演进的历史进程，更应该注意的是讨论这一政治社会进程以及政治经济进程是如何在具体的历史长河中演进的。这可能是建构真正的本土化政治学的重要的契机（王绍光，2010）："连接经验与理论"（黄宗智，2007），建构可以与西方经验对话的"中层理论"（王金红、黄振辉，2009；徐湘林，2004）。

如是，不存在所谓的"中国特殊论"，抑或"中国模式"。中国政府在经济社会事务治理中所扮演的角色是变化的，其被形塑的过程与其他国家并无差异；而要理解所谓中国的特殊性，既需要深入中国经验过程之中，也需要深入西方国家建设过程中，实现真正的历史性比较。只有深入历史过程、深入制度变革的具体细节中，才会发现，任何国家都是特殊的；但驱动特定国家的制度变革的因素可能也是相似的；只不过，环境要素和历史进程的多维互动形塑了不同国家的政府角色，从而呈现所谓的"历史终结"的面貌。

历史从未终结，历史永远也不会终结！

参考文献

中文文献

〔印度〕阿马蒂亚·森，2002，《以自由看待发展》，北京：中国人民大学出版社。

〔法〕埃米尔·迪尔凯姆，1995，《社会学方法的准则》，北京：商务印书馆。

〔美〕安德鲁·华尔德，1996，《共产党社会的新传统主义》，香港：牛津大学出版社。

〔英〕安东尼·吉登斯，1998，《民族－国家与暴力》，北京：生活·读书·新知三联书店。

柏培文，2008，《国有企业内部收入分配公平性研究——基于 M 公司的案例研究》，《南开管理评论》第 4 期，第 63～69 页。

白让让，2007，《国有企业主导与行政性垄断下的价格合谋——"京沪空中快线"引发的若干思考》，《中国工业经济》第 11 期，第 46～52 页。

白永秀、王颂吉，2013，《国经济体制改革核心重构:政府与市场关系》，《改革》第 7 期，第 14～21 页。

彼得·诺兰，2000，《中国石油和天然气工业的机构改革——"半公司"：从直接行政控制到控股公司》，《战略与管理》第 1 期，第 2～16 页。

薄贵利，2004，《完善公共服务：地方政府职能转变的核心和重点》，《新视野》第 5 期，第 43～45 页。

〔法〕伯纳德·沙文斯、埃里克·马格宁、邓晓臻，2006，《后社会主义转型国

家的发展道路——在向西方资本主义趋同吗?》,《经济社会体制比较》第
6 期,第 43 ~ 49 页。

〔美〕博·罗思坦,2006,《政治制度:综述》,载罗伯特·古丁、汉斯－
迪特尔·克林格曼编《政治学新手册》(上册),北京:生活．读书.
新知三联书店。

卜玉梅,2015,《从在线到离线:基于互联网的集体行动的形成及其影
响因素——以反建 X 餐厨垃圾站运动为例》,《社会》第 5 期,第
168 ~ 195 页。

〔美〕C.赖特·米尔斯,2005,《社会学的想像力》,北京:生活·读书·新知
三联书店。

蔡长昆,2012,《大部制改革研究述评》,《天津行政学院学报》第 4 期,第
62 ~ 67 页。

蔡长昆,2015,《整合、动员与脱耦:地方政府创新的制度逻辑——以浙江
省 N 县“小微权力清单”改革为例》,《复旦公共行政评论》第 2 期,第
96 ~ 120 页。

蔡昉,1995,《乡镇企业产权制度改革的逻辑与成功的条件——兼与国有企业
改革比较》,《经济研究》第 10 期,第 35 ~ 40 页。

蔡昉、杨涛,2000,《城乡收入差距的政治经济学》,《中国社会科学》第 4 期,
第 11 ~ 22 页。

蔡禾,2012,《从利益诉求的视角看社会管理创新》,《社会学研究》第 4 期,
第 10 ~ 16 页。

蔡禾、李晚莲,2014,《国有企业职工代表大会制度实践研究——一个案例厂
的六十年变迁》,《开放时代》第 5 期,第 43 ~ 53 页。

蔡起华、朱玉春,2015,《社会信任、关系网络与农户参与农村公共产品供给》,
《中国农村经济》第 7 期,第 57 ~ 69 页。

曹飞廉、陈健民,2010,《当代中国的基督教社会服务组织与市民社会——

以爱德基金会和上海基督教青年会为个案》,《开放时代》第9期，第
119～135页。

曹海涛，2013,《中国大陆的分权改革与地方政府投资行为——财政诱因的观
点》,《中国大陆研究》第2期，第1～42页。

曹和平、顾秀林，1988,《结构变革的高速期——我国村权力分配格局的变化
及思考》,《农村经济与社会》第3期，第26～30页。

曹鹏飞，2010,《我国政府与社会关系转型及其趋势》,《天津社会科学》第
5期，第17～21页。

曹廷求、崔龙，2010,《国有企业民营化的政府动机：2003～2008上市公司样
本》,《改革》第8期，第116～124页。

曹正汉，2011,《中国上下分治的治理体制及其稳定机制》,《社会学研究》
第1期，第1～40页。

曹正汉、罗必良，2000,《市场竞争、政府对所有权的有限行为能力与国有企
业职位产权制度的形成——兼与林毅夫等商榷》,《经济科学》第3期，第
23～31页。

曹正汉、史晋川，2009,《中国地方政府应对市场化改革的策略：抓住经济
发展的主动权——理论假说与案例研究》,《社会学研究》第4期，第
1～27页。

陈柏峰，2007,《"气"与村庄生活的互动——皖北李圩村调查》,《开放时代》
第6期，第121～134页。

陈朝先，1995,《国有企业的社会保险负担和历史包袱》,《中国工业经济》
第2期，第44～46页。

陈锋，2015,《分利秩序与基层治理内卷化：资源输入背景下的乡村治理逻辑》,
《社会》第3期，第95～120页。

陈福平，2009,《强市场中的"弱参与"：一个市民社会的考察路径》,《社会学
研究》第3期，第89～111页。

陈桂棣、春桃，2004，《中国农民调查》，北京：人民文学出版社。

陈洪生，2004，《农村社会稳定的政治基础——以赣西东边村为个案的分析》，《中国农村观察》第 4 期，第 46～54 页。

陈慧荣，2014，《国家治理与国家建设》，《学术月刊》第 7 期，第 9～12 页。

陈佳贵，1999，《国有企业改革与建立社会保险制度》，《江西财经大学学报》第 1 期，第 8～12 页。

陈建军，1993，《国有大中型企业深化改革的实证分析——浙江省 61 家大中型企业的问卷调查分析》，《中国工业经济研究》第 6 期，第 20～26 页。

陈健民、丘海雄，1999，《社团、社会资本与政经发展》，《社会学研究》第 4 期，第 66～76 页。

陈俊峰、李远行，2007，《农村治理基础的转型与农民再组织化》，《中国农史》第 1 期，第 130～134 页。

陈抗、A.L.Hillman、顾清扬，2002，《财政集权与地方政府行为变化——从援助之手到攫取之手》，《经济学》(季刊) 第 4 期，第 111～130 页。

陈林、唐杨柳，2014，《混合所有制改革与国有企业政策性负担——基于早期国企产权改革大数据的实证研究》，《经济学家》第 11 期，第 13～23 页。

陈明明，2001，《比较现代化·市民社会·新制度主义——关于 20 世纪 80、90 年代中国政治研究的三个理论视角》，《战略与管理》第 4 期，第 109～120 页。

陈那波，2009，《国家、市场和农民生活机遇——广东三镇的经验对比》，《社会学研究》第 9 期，第 37～66 页。

陈鹏，2009，《当代中国城市业主的法权抗争——关于业主维权活动的一个分析框架》，《社会学研究》第 1 期，第 34～63 页。

陈强虎，1999，《村民权利虚化：特征、原因及对策分析——对村民自治的一项考察》，《中国农村观察》第 3 期，第 49～55 页。

陈剩勇、曾秋荷，2012，《国有企业"双轨制"用工制度改革：目标与策略》，

《学术界》第 1 期，第 5～25 页。

陈剩勇、魏仲庆，2003，《民间商会与私营企业主阶层的政治参与——浙江温州民间商会的个案研究》，《浙江社会科学》第 5 期，第 17～24 页。

陈水生，2012，《动机、资源与策略：政策过程中利益集团的行动逻辑》，《南京社会科学》第 5 期，第 64～71 页。

陈潭、刘建义，2010，《集体行动、利益博弈与村庄公共物品供给——岳村公共物品供给困境及其实践逻辑》，《公共管理学报》第 3 期，第 1～9 页。

陈潭、刘祖华，2009，《迭演博弈、策略行动与村庄公共决策——一个村庄"一事一议"的制度行动逻辑》，《中国农村观察》第 6 期，第 62～71 页。

陈涛、吴思红，2007，《村支书与村主任冲突实质：村庄派系斗争——兼论支书主任"一肩挑"的意义》，《中国农村观察》第 6 期，第 53～61 页。

陈天祥、徐于琳，2011，《游走于国家与社会之间：草根志愿组织的行动策略——以广州启智队为例》，《中山大学学报》（社会科学版）第 1 期，第 155～168 页。

陈天祥、魏晓丽、贾晶晶，2015，《多元权威主体互动下的乡村治理——基于功能主义视角的分析》，《公共行政评论》第 1 期，第 81～99 页。

陈微波，2011，《利益分析视角下我国国有企业劳动关系的定位思考》，《当代经济研究》第 10 期，第 64～70 页。

陈为雷，2013，《从关系研究到行动策略研究——近年来我国非营利组织研究述评》，《社会学研究》第 1 期，第 228～240 页。

陈为雷，2014，《政府和非营利组织项目运作机制、策略和逻辑——对政府购买社会工作服务项目的社会学分析》，《公共管理学报》第 3 期，第 93～105 页。

程为敏，2005，《关于村民自治主体性的若干思考》，《中国社会科学》第 3 期，第 126～133 页。

陈晓运，2012，《去组织化：业主集体行动的策略——以 G 市反对垃圾焚烧厂建设事件为例》，《公共管理学报》第 2 期，第 67 ～ 75 页。

陈勋，2012，《乡村社会力量何以可能：基于温州老人协会的研究》，《中国农村观察》第 1 期，第 80 ～ 88 页。

陈毅，2010，《对政府职能转变的思考——从"划桨"到"掌舵"再到"服务"》，《云南行政学院学报》第 1 期，第 81 ～ 85 页。

陈永正、陈家泽，2004，《论中国乡级财政》，《中国农村观察》第 5 期，第 60 ～ 68 页。

陈宇峰、胡晓群，2007，《国家、社群与转型期中国农村公共产品的供给——一个交易成本政治学的研究视角》，《财贸经济》第 1 期，第 63 ～ 69 页。

陈子明，2007，《一百二十年和两个六十年：中国现代化历程的连续性与曲折性》，《领导者》第 6 期。

程恩富、鄢杰，2012，《评析"国有经济低效论"和"国有企业垄断论"》，《学术研究》第 10 期，第 70 ～ 77 页。

程浩、黄卫平、汪永成，2003，《中国社会利益集团研究》，《战略与管理》第 3 期，第 63 ～ 74 页。

程民选、龙游宇、李晓红，2005，《中国国有企业制度变迁：特点及经验总结》，《南开经济研究》第 6 期，第 91 ～ 93 页。

程秀英，2012，《消散式遏制：中国劳工政治的比较个案研究》，《社会》第 5 期，第 194 ～ 218 页。

程秀英，2012，《从政治呼号到法律逻辑——对中国工人抗争政治的话语分析》，《开放时代》第 11 期，第 73 ～ 89 页。

程为敏，2005，《关于村民自治主体性的若干思考》，《中国社会科学》第 3 期，第 126 ～ 133 页。

楚成亚、刘祥军，2002，《当代中国城市偏向政策的政治根源》，《当代世界社会主义问题》第 4 期，第 75 ～ 81 页。

褚敏、靳涛，2013，《政府悖论、国有企业垄断与收入差距——基于中国转型特征的一个实证检验》，《中国工业经济》第 2 期，第 18 ~ 30 页。

崔效辉，2002，《从农民与国家间的关系理解中国农村的内卷化》，《二十一世纪》网络版，六月号。

崔永军、庄海茹，2006，《"乡政村治"：一项关于农村治理结构与乡镇政府职能转变的个案研究》，《社会科学战线》第 4 期，第 195 ~ 197 页。

崔之元，1998，《"混合宪法"与对中国政治的三层分析》，《战略与管理》第 3 期，第 60 ~ 65 页。

〔美〕戴维·赫尔德，1998，《民主的模式》，北京：中央编译出版。

戴扬，2009，《叙事与分析：中国政治学研究中的新制度主义》，《二十一世纪》网络版，二月号。

戴玉琴，2009，《新中国成立以来农村治理模式变迁的路径、影响和走向》，《毛泽东邓小平理论研究》第 4 期，第 53 ~ 56 页。

党国印，1999，《"村民自治"是民主政治的起点吗?》，《战略与管理》第 1 期，第 88 ~ 96 页。

党国印，1999，《中国乡村民主政治能走多远?》，《中国国情国力》第 5 期，第 5 ~ 7 页。

〔美〕道格拉斯·诺思、约翰·约瑟夫·瓦利斯、巴里·韦格斯特，2013，《暴力与社会秩序：诠释有文字记载的人类历史的一个概念性框架》，上海：上海格致出版社。

邓宏图，2001，《论政府主导下国有企业改革的进化博弈轨迹》，《经济评论》第 2 期，第 49 ~ 53 页。

邓宏图、曾素娴，2010，《历史逻辑起点的政治经济学含义：1979 年前后的中国制度变迁》，《开放时代》第 9 期，第 74 ~ 96 页。

邓金霞，2012，《地方政府购买公共服务"纵向一体化"倾向的逻辑——权力关系的视角》，《行政论坛》第 5 期，第 31 ~ 36 页。

邓莉雅、王金红，2004，《中国 NGO 生存与发展的制约因素——以广东番禺打工族文书处理服务部为例》,《社会学研究》第 2 期, 第 89 ~ 97 页。

邓宁华, 2011,《"寄居蟹的艺术": 体制内社会组织的环境适应策略——对天津市两个省级组织的个案研究》,《公共管理学报》第 3 期, 第 91 ~ 101 页。

邓淑莲, 2014,《国有企业发展的公平性分析》,《南方经济》第 1 期, 第 98 ~ 108 页。

邓万春, 2008,《动员式改革: 中国农村改革理论与经验的再探讨》,《社会》第 3 期, 第 156 ~ 179 页。

邓燕华、阮横俯, 2008,《农村银色力量何以可能?——以浙江老年协会为例》,《社会学研究》第 6 期, 第 131 ~ 154 页。

邓正来, 2000,《市民社会与国家知识治理制度的重构——民间传播机制的生长与作用》,《开放时代》第 3 期, 第 5 ~ 18 页。

丁元竹, 2004,《2010 年: 中国的三种可能前景——对 98 名政府和非政府专家的调查与咨询》,《战略与管理》第 4 期, 第 1 ~ 15 页。

董海军, 2008,《"作为武器的弱者身份": 农民维权抗争的底层政治》,《社会》第 4 期, 第 34 ~ 58 页。

董红晔、李小荣, 2014,《国有企业高管权力与过度投资》,《经济管理》第 10 期, 第 75 ~ 87 页。

董磊明, 2014,《从覆盖到嵌入: 国家与乡村 1949-2011》,《战略与管理》第 3/4 期, 第 http://orig.cssn.cn/zzx/zgzz_zzx/201405/t20140529_1191495.shtml。

杜润生, 2005,《杜润生自述: 中国农村体制变革重大决策纪实》, 北京: 人民出版社。

〔美〕杜赞奇, 2004,《文化、权力与国家》, 南京: 江苏人民出版社。

樊纲, 2003,《转轨经济理论与国有企业改革》,《云南大学学报》(社会科学版) 第 5 期, 第 64 ~ 69 页。

樊纲, 1995,《论公共收支的新规范——我国乡镇"非规范收入"若干个案的研究与思考》,《经济研究》第 6 期, 第 34 ~ 43 页。

范明林，2010，《非政府组织与政府的互动关系——基于法团主义和市民社会视角的比较个案研究》，《社会学研究》第 3 期，第 159～176 页。

范明林、程金，2007，《核心组织的架空：强政府下社团运作分析——对 H 市 Y 社团的个案研究》，《社会》第 5 期，第 114～133 页。

范炜烽，2008，《论转型期中国政府职能制度变迁的条件初探》，《兰州学刊》第 12 期，第 26～28 页。

方小平，2007，《赤脚医生与合作医疗制度——浙江省富阳县个案研究》，《二十一世纪》网络版，三月号，总第 60 期。

方兴起，2014，《政府与市场关系的动态分析》，《学术研究》第 4 期，第 73～78 页。

费孝通，1994，《乡土中国》，天津：天津人民出版社。

冯钢，2006，《企业工会的"制度性弱势"及其形成背景》，《社会》第 3 期，第 81～98 页。

冯举、周振华，1981，《四川省五个国营工业企业自负盈亏试点的调查》，《中国社会科学》第 3 期，第 83～96 页。

冯猛，2014，《基层政府与地方产业选择——基于四东县的调查》，《社会学研究》第 2 期，第 145～169 页。

冯仕政，2006，《单位分割与集体抗争》，《社会学研究》第 3 期，第 98～134 页。

冯同庆，1993，《1992—1993 年：中国职工状况的分析与预测——对 5 万名职工的问卷调查》，《社会学研究》第 3 期，第 14～24 页。

冯同庆、许晓军，1992，《国有企业职工内部阶层分化的现状——国营大连造船厂职工调查》，《社会学研究》第 6 期，第 21～27 页。

冯兴元、李人庆，2007，《距村民自治还有多远》，《中国改革》第 6 期，第 57～59 页。

冯禹丁，2015，《为什么要给国企改革划两条线》，《南方周末》7 月 23 日，C16 版。

付伟、焦长权，2015，《"协调型"政权：项目制运作下的乡镇政府》，《社会学研究》第 2 期，第 98 ~ 123 页。

伏玉林，2007，《事业单位改革：公共服务提供与生产的民营化》，《学术月刊》第 1 期，第 70 ~ 72 页。

甘思德、邓国胜，2012，《行业协会的游说行为及其影响因素分析》，《经济社会体制比较》第 4 期，第 147 ~ 156 页。

甘信奎，2007，《中国农村治理模式的历史演变及未来走向——从"乡政村治"到"县政乡社"》，《江汉论坛》第 12 期，第 82 ~ 85 页。

高柏，2006，《新发展主义与古典发展主义——中国模式与日本模式的比较分析》，《社会学研究》第 1 期，第 114 ~ 138 页。

高丙中，2000，《社会团体的合法性问题》，《中国社会科学》第 2 期，第 100 ~ 109 页。

高丙中，2006，《社团合作与中国市民社会的有机团结》，《中国社会科学》第 3 期，第 110 ~ 123 页。

高明华、杨丹、杜雯翠、焦豪、谭玥宁、苏然、方芳、黄晓丰，2014，《国有企业分类改革与分类治理——基于七家国有企业的调研》，《经济社会体制比较》第 2 期，第 19 ~ 34 页。

高彦彦、周勤、郑江淮，2012，《为什么中国农村公共品供给不足？》，《中国农村观察》第 6 期，第 40 ~ 52 页。

高友谦，1989，《建立农民利益集团——突破徘徊的一种政治选择》，《农村经济与社会》第 4 期，第 23 ~ 25 页。

格奥尔格·索特拉，2010，《中东欧国家政治 - 行政体制的制度背景》，《公共行政评论》第 6 期，第 69 ~ 104 页。

耿曙、胡玉松，2011，《突发事件中的国家 - 社会关系——上海基层社区"抗非"考察》，《社会》第 6 期，第 41 ~ 73 页。

龚红、宁向东，2007，《国有企业转型过程中宏观与微观权力关系的渐进式变革》,《财经科学》第 1 期,第 81 ~ 88 页。

龚益鸣,2003,《政府职能转换中的利益沾滞与路径依赖》,《江汉论坛》第
　　10 期,第 10 ~ 14 页。

苟天来、左停,2009,《从熟人社会到弱熟人社会——来自皖西山区村落人际
　　交往关系的社会网络分析》,《社会》第 1 期,第 142 ~ 161 页。

顾建平、朱克朋,2006,《补偿、政府目标与民营化障碍——对我国国有企业
　　民营化改革障碍的思考》,《财经研究》第 4 期,第 126 ~ 135 页。

顾昕、王旭,2005,《从国家主义到法团主义——中国市场转型过程中国家与
　　专业团体关系的演变》,《社会学研究》第 2 期,第 155 ~ 175 页。

顾昕、王旭、严洁,2006,《市民社会与国家的协同发展——民间组织的自主
　　性、民主性和代表性对其公共服务效能的影响》,《开放时代》第 5 期,第
　　103 ~ 112 页。

桂华、贺雪峰,2013,《再论中国农村区域差异——一个农村研究的中层理论
　　建构》,《开放时代》第 4 期,第 157 ~ 171 页。

国家经济体制改革委员会,1988,《中国经济体制改革十年》,北京:经济管理
　　出版社。

国家教育委员会,1991,《中华人民共和国现行教育法规汇编: 1949~1989》,
　　北京:人民教育出版社。

郭超、张志斌、蔡东进,2009,《中国非营利组织代表性问题之探讨》,《公共
　　行政评论》第 3 期,第 171 ~ 191 页。

郭荣星、李实、邢攸强,2003,《中国国有企业改制与职工收入分配——光正
　　公司和创大公司的案例研究》,《管理世界》第 4 期,第 103 ~ 111 页。

过勇、胡鞍钢,2003,《行政垄断、寻租与腐败——转型经济的腐败机理分析》,
　　《经济社会体制比较》第 2 期,第 61 ~ 69 页。

"国有企业改革与效率"课题组,1992,《中国国有企业改革:制度、行为与
　　效率》,《管理世界》第 5 期,第 118 ~ 129 页。

"国有企业改革与效率"课题组，1992，《国有企业改革：可供选择的方案》，《经济研究》第 7 期，第 3 ～ 8 页。

郭伟和，2009，《制度主义分析的缺陷及其超越——关于中国村民自治建设和研究的反思》，《开放时代》第 10 期，第 96 ～ 105 页。

郭巍青、陈晓运，2011，《风险社会的环境异议——以广州市民反对垃圾焚烧厂建设为例》，《公共行政评论》第 1 期，第 95 ～ 121 页。

郭正林，2001，《中国农村权力结构的制度化调整》，《开放时代》第 7 期，第 34 ～ 40 页。

郭正林，2002，《家族、党支部与村委会互动的政治分析》，《战略与管理》第 2 期，第 94 ～ 104 页。

郭正林，2003，《国外学者视野中的村民选举与中国民主发展：研究述评》，《中国农村观察》第 5 期，第 70 ～ 78 页。

郭正林，2004，《农村权力结构的民主转型：动力与阻力》，《中山大学学报》(社会科学版)第 1 期，第 8 ～ 14 页。

韩朝华、戴慕珍，2008，《中国民营化的财政动因》，《经济研究》第 2 期，第 56 ～ 67 页。

何国华，2013，《国有企业利润上交关系中的权力（利）义务配置》，《中国社会科学院研究生院学报》第 2 期，第 81 ～ 86 页。

和经纬、黄培茹、黄慧，2009，《在资源与制度之间：农民工草根 NGO 的生存策略——以珠三角农民工维权 NGO 为例》，《社会》第 6 期，第 1 ～ 22 页。

何绍辉，2012，《"过日子"：农民日常维权行动的分析框架——以湘中 M 村移民款事件为例》，《中国农村观察》第 6 期，第 53 ～ 61 页。

何绍辉、黄海，2011，《"拿起法律的武器"：法律何以下乡？——湘中四个个案的比较研究》，《中国农村观察》第 1 期，第 84 ～ 95 页。

贺雪峰，1998，《村委会选举为何会出现倒退——湖北袁杨、姚周两村调查》，《中国农村观察》第 4 期，第 51 ～ 55 页。

贺雪峰，2001，《缺乏分层与缺失记忆型村庄的权力结构——关于村庄性质的一项内部考察》，《社会学研究》第 2 期，第 68～73 页。

贺雪峰，2002，《村庄的生活》，《开放时代》第 2 期，第 109～116 页。

贺雪峰，2002，《论民主化村级治理的村庄基础》，《社会学研究》第 2 期，第 88～93 页。

贺雪峰，2007，《农民行动逻辑与乡村治理的区域差异》，《开放时代》第 1 期，第 105～121 页。

贺雪峰，2007，《乡村治理研究的进展》，《贵州社会科学》第 6 期，第 4～8 页。

贺雪峰，2011，《论乡村治理内卷化——以河南省 K 镇调查为例》，《开放时代》第 2 期，第 86～101 页。

贺雪峰，2012，《论中国农村的区域差异——村庄社会结构的视角》，《开放时代》第 10 期，第 108～129 页。

贺雪峰、苏明华，2006，《乡村关系研究的视角与进路》，《社会科学研究》第 1 期，第 5～12 页。

何艳玲，2013，《"回归社会"：中国社会建设与国家治理结构调适》，《开放时代》第 3 期，第 29～44 页。

何艳玲、汪广龙，2012，《"政府"在中国：一个比较与反思》，《开放时代》第 6 期，第 83～97 页。

何艳玲、周晓锋、张鹏举，2009，《边缘草根组织的行动策略及其解释》，《公共管理学报》第 1 期，第 48～54 页。

何维达，1994，《地下经济与国有企业改革》，《企业经济》第 3 期，第 19～20 页。

何增科，2008，《改革开放以来我国权力监督的重要变化和进展》，《当代中国政治研究报告》，第 15~33 页。

洪功翔，2008，《国有企业改革 30 年》，《经济理论与经济管理》第 11 期，第 36～42 页。

洪功翔，2014，《国有企业效率研究：进展、论争与评述》，《政治经济学评论》第 3 期，第 180 ~ 195 页。

侯保疆，2002，《行政学视野中的政府职能：研究现状及其思考》，《社会主义研究》第 2 期，第 79 ~ 81 页。

侯保疆，2003，《我国政府职能转变的历史考察与反思》，《政治学研究》第 1 期，第 83 ~ 88 页。

侯保疆，2007，《从概念的理论内涵看政府职能转变的内容》，《太平洋学报》第 7 期，第 75 ~ 80 页。

侯经川、杨运娇，2008，《"乡财县管"制度对乡镇财政支出的约束效果——基于湖南两试点乡镇的实证分析》，《公共管理学报》第 1 期，第 61 ~ 67 页。

胡鞍钢、过勇，2002，《从垄断市场到竞争市场：深刻的社会变革》，《改革》第 1 期，第 17 ~ 28 页。

胡荣，2002，《村民委员会的自治及其与乡镇政府的关系》，《二十一世纪》网络版，九月号。

胡荣，2007，《农民上访与政治信任的流失》，《社会学研究》第 3 期，第 39 ~ 55 页。

胡一帆、宋敏、郑红亮，2006，《所有制结构改革对中国企业绩效的影响》，《中国社会科学》第 4 期，第 50 ~ 64 页。

胡悦晗，2010，《利益代表与社会整合——法团主义视角下的武汉工会（1945-1949）》，《社会学研究》第 1 期，第 177 ~ 210 页。

黄柏莉，2014，《近代广州的公共空间与公共生活（1900~1938）——以公园、茶楼为中心的考察》，《开放时代》第 6 期，第 111 ~ 124 页。

黄东兰，2002，《清末地方自治制度的推行与地方社会的反应——川沙 . 自治风潮 . 的个案研究》，《开放时代》第 3 期，第 32 ~ 50 页。

黄群慧，2006，《管理腐败新特征与国有企业改革新阶段》，《中国工业经济》第 11 期，第 52 ~ 59 页。

黄红，2009，《改制后东北国有企业工人的社会心理困境分析——以哈尔滨某国有改制企业为例》，《学术交流》第6期，第45～48页。

黄金平，2009，《20世纪90年代上海国有企业改革的历史回顾》，《上海党史与党建》第7期，第15～17页。

黄玲文、姚洋，2007，《国有企业改制对就业的影响——来自11个城市的证据》，《经济研究》第3期，第57～69页。

黄庆杰，2003，《20世纪90年代以来政府职能转变述评》，《北京行政学院学报》第1期，第34～39页。

黄荣贵，2010，《互联网与抗争行动:理论模型、中国经验及研究进展》，《社会》第2期，第178～197页。

黄荣贵、郑雯、桂勇，2015，《多渠道强干预、框架与抗争结果——对40个拆迁抗争案例的模糊集定性比较分析》，《社会学研究》第5期，第90～114页。

黄速建，2008，《国有企业改革三十年：成就、问题与趋势》，《首都经济贸易大学学报》第6期，第5～22页。

黄速建，2008，《国有企业改革的实践演进与经验分析》，《经济与管理研究》第10期，第20～31页。

黄速建，2008，《国有企业改革三十年：成就、问题与趋势》，《首都经济贸易大学学报》第6期，第5～22页。

黄速建，2014，《国有企业改革和发展：制度安排与现实选择》，北京：经济管理出版社。

黄速建、余菁，2008，《中国国有企业治理转型》，《经济管理》第Z1期，第16～21页。

黄卫平，2001，《中国乡镇长选举方式改革的意义及困境辨析》，《马克思主义与现实》第5期，第50～54页。

黄新华、李凯，2011，《公共选择理论与交易成本政治学的比较分析》，《财经问题研究》第 1 期，第 3 ~ 9 页。

黄晓春、嵇欣，2014，《非协同治理与策略性应对——社会组织自主性研究的一个理论框架》，《社会学研究》第 6 期，第 98 ~ 123 页。

黄岩，2006，《外来工组织与跨国劳工团结网络——以华南地区为例》，《开放时代》第 6 期，第 89 ~ 103 页。

黄岩，《脆弱的团结：对台兴工厂连锁骚乱事件的分析》，《社会》2010 年第 2 期，第 101 ~ 115 页。

黄岩，2011，《市民社会、跨国倡议与中国劳动体制转型的新议题——以台兴工人连锁罢工事件为例分析》，《开放时代》第 3 期，第 113 ~ 126 页。

黄再胜、张存禄，2006，《国有企业私有化动因研究评介》，《外国经济与管理》第 7 期，第 1 ~ 7 页。

黄宗智，2003，《中国研究的范式问题讨论》，北京：社会科学文献出版社。

黄宗智，2007，《连接经验与理论：建立中国的现代学术》，《开放时代》第 4 期，第 5 ~ 25。

黄宗智，2008，《集权的简约治理——中国以准官员和纠纷解决为主的半正式基层行政》，《开放时代》第 2 期，第 10 ~ 29 页。

黄宗智，2009，《改革中的国家体制：经济奇迹和社会危机的同一根源》，《开放时代》第 4 期，第 75 ~ 82 页。

黄宗智，2012，《国营公司与中国发展经验："国家资本主义"还是"社会主义市场经济"?》，《开放时代》第 9 期，第 8 ~ 33 页。

纪志耿、黄婧，2011，《从掠夺之手到扶持之手——政府职能转变的理论基础及其现实意蕴》，《现代经济探讨》第 4 期，第 30 ~ 34 页。

贾康、赵全厚，2002，《减负之后：农村税费改革有待解决的问题及对策探讨》，《财政研究》第 1 期，第 16~22 页。

〔美〕加布里埃尔·A.阿尔蒙德、〔美〕小 G.宾厄姆·鲍威尔，2007，《比较政治学：体系、过程和政策》，北京：东方出版社。

〔美〕加布里埃尔·A.阿尔蒙德、〔美〕西德尼·维巴，2008，《公民文化：五
　　个国家的政治态度和民主制》，北京：东方出版社。

贾西津，2005，《历史上的民间组织与中国"社会"分析》，《甘肃行政学院学
　　报》第 3 期，第 41 ~ 46 页。

姜承红，2009，《我国政府职能六十年的变迁与展望》，《北京行政学院学报》
　　第 4 期，第 29 ~ 32 页。

江华，2008，《民间商会的"一业多会"问题及其求解路径——基于温州行业
　　协会的实证研究》，《中国工业经济》第 5 期，第 25 ~ 35 页。

江华、戚聿东，2014，《国有企业竞争力与社会保障改革的关系》，《经济与管
　　理研究》第 9 期，第 43 ~ 53 页。

江华、张建民、周莹，2011，《利益契合：转型期中国国家与社会关系的一个
　　分析框架——以行业组织政策参与为案例》，《社会学研究》第 3 期，第
　　136 ~ 152 页。

蒋健、刘艳、杜琼，2009，《改革开放以来我国政府职能转变的逻辑进程》，《云
　　南行政学院学报》第 3 期，第 47 ~ 50 页。

江濡山，2002，《中国 2005 年以前面临的改革难题》，《战略与管理》第 6 期，
　　第 1 ~ 6 页。

晋军、何江穗，2008，《碎片化中的底层表达——云南水电开发争论中的民间
　　环保组织》，《学海》第 4 期，第 39 ~ 51 页。

金梅，1992，《股份制是国有企业改革的理想目标模式——"二汽"改革实践
　　的回顾与思考》，《党校论坛》第 12 期，第 26 ~ 29 页。

金太军，1998，《政府职能与政府能力》，《中国行政管理》第 12 期，第
　　20 ~ 23 页。

金太军，2002，《村庄治理中三重权力互动的政治社会学分析》，《战略与管理》
　　第 2 期，第 105 ~ 114 页。

金太军、王军洋，2011，《家族的村政参与路径研究》，《开放时代》第 6 期，

第 116 ~ 130 页。

敬乂嘉，2011，《社会服务中的公共非营利合作关系研究——一个基于地方改革实践的分析》，《公共行政评论》第 5 期，第 5 ~ 25 页。

康晓光，1999，《转型时期的中国社团》，《中国社会科学季刊》冬季号，总第 28 期。

康晓光，2002，《再论"行政吸纳政治"——90 年代中国大陆政治发展与政治稳定研究》，《二十一世纪》网络版，八月号。

康晓光、韩恒，2005，《分类控制：当前中国大陆国家与社会关系研究》，《社会学研究》第 6 期，第 73 ~ 89 页。

康晓光、卢宪英、韩恒，2008，《改革时代的国家与社会关系——行政吸纳社会》，载王名编《中国民间组织 30 年——走向市民社会》，北京：中国社会科学出版社。

〔美〕莱斯特·M.萨拉蒙，2002，《全球市民社会——非营利部门视界》，北京：社会科学文献出版社。

郎友兴，2003，《"草根民主"的民主意义：对村民选举与自治制度的一次理论阐释》，《二十一世纪》网络版，十月号，总第 19 期。

老田，2004，《"三农"研究中的视野屏蔽与问题意识局限》，《开放时代》第 4 期，第 5 ~ 19 页。

雷志宇，2007，《政权性质、政企关系和政市关系：转型期中国地方政府经济行为经验研究的三维视野》，《二十一世纪》网络版，十二月号。

李昌平，2002，《我向总理说实话》，北京：光明日报出版社。

李朝晖，2003，《中国改革 25 年：谁分享其利？》，《当代中国研究》第 4 期。

李成贵，2005，《中国三农问题政治经济学》，《二十一世纪》网络版，四月号。

李成贵、孙大光，2009，《国家与农民的关系：历史视野下的综合考察》，《中国农村观察》第 6 期，第 54 ~ 61 页。

李丹阳，2008，《两难抉择与政府职能转变》，《学术研究》第 3 期，第

83～89页。

李钺金，2003，《车间政治与下岗名单的确定——以东北的两家国有工厂为例》，《社会学研究》第6期，第13～23页。

李凡，1994，《市场经济发展的政治环境及其对中国现代化的影响》，《战略与管理》第1期，第20～26页。

李凤琴，2011，《"资源依赖"视角下政府与NGO的合作——以南京市鼓楼区为例》，《理论探索》第5期，第117～120页。

李国武、李璐，2011，《社会需求、资源供给、制度变迁与民间组织发展——基于中国省级经验的实证研究》，《社会》第6期，第74～102页。

李汉林、魏钦恭、张彦，2010，《社会变迁过程中的结构紧张》，《中国社会科学》第2期，第121～143页。

李浩昇，2011，《锲入、限度和走向：乡村治理结构中的基督教组织——基于苏北S村的个案研究》，《中国农村观察》第2期，第87～96页。

李慧中、李明，2011，《制度供给、财政分权与中国的农村治理》，《学术月刊》第4期，第68～76页。

李佳，2012，《乡土社会变局与乡村文化再生产》，《中国农村观察》第4期，第70～75页。

李健，2013，《企业政治战略、政治性社会资本与政治资源获取——政府俘获微观机理的实证分析》，《公共行政评论》第4期，第108～129页。

李景鹏，2011，《后全能主义时代：国家与社会合作共治的公共管理》，《中国行政管理》第2期，第126～127页。

李岚，2013，《民营与国有企业政府关系管理的比较研究——以河南省为例》，《经济经纬》第3期，第129～134页。

李路路，1996，《社会结构变迁中的私营企业家——论"体制资本"与私营企业的发展》，《社会学研究》第2期，第93～104页。

李茂生，1989，《国有制改革：困境、陷阱和前景——兼与华生等同志商榷》，

《经济研究》第 9 期，第 21 ～ 29 页。

李培林，2013，《我国社会组织体制的改革和未来》，《社会》第 3 期，第 1 ～ 10 页。

李培林、张翼，1999，《国有企业社会成本分析——对中国 10 个大城市 508 家企业的调查》，《中国社会科学》第 5 期，第 41 ～ 56 页。

李善民、余鹏翼，2008，《国企产权改革 30 年回顾与展望》，《华南理工大学学报》(社会科学版)，第 6 期，第 12 ～ 14 页。

李文良，2003，《中国政府职能转变问题报告》，北京：中国发展出版社。

李文钊、蔡长昆，2012，《制度结构、社会资本与公共治理的制度选择》，《管理世界》第 8 期。

李文钊、蔡长昆，2014，《整合机制的权变模型：一个大部制改革的组织分析——以广东省环境大部制改革为例》，《公共行政评论》第 2 期，第 97 ～ 118 页。

李文学，1993，《关于中国农民负担的报告》，《开放时代》第 5 期，第 4 ～ 8 页。

李文学，1994，《改革农村统筹提留款筹集制度的思考》，《开放时代》第 6 期，第 23 ～ 26 页。

李小平、卢福营，2002，《村民分化与村民自治》，《中国农村观察》第 1 期，第 64 ～ 68 页。

李小云、左停、李鹤，2007，《中国农民权益保护状况分析——〈农业法〉第九章"农民权益保护"实施情况调查》，《中国农村观察》第 1 期，第 53 ～ 61 页。

李艳红，2006，《大众传媒、社会表达与商议民主——两个个案分析》，《开放时代》第 6 期，第 5 ～ 21 页。

李燕凌，2008，《我国农村公共品供给制度历史考察》，《农业经济问题》第 8 期，第 40 ～ 45 页。

李欣，2012，《"组织化利益"与"政治性行动"——国有企业对中国外交政策制定的影响分析》，《国际政治研究》第 3 期，第 163 ~ 175 页。

李远行，2004，《互构与博弈——当代中国农村组织的研究与建构》，《开放时代》第 6 期，第 89 ~ 100 页。

李增元，2009，《由"弱民主"到"强民主"：现代国家建构视野中乡村民主的崛起与发展》，《中国农村观察》第 3 期，第 85 ~ 93 页。

李政，2010，《"国进民退"之争的回顾与澄清——国有经济功能决定国有企业必须有"进"有"退"》，《社会科学辑刊》第 5 期，第 98 ~ 102 页。

李祖佩，2013，《项目下乡与乡村治理重构项基于村庄本位的考察》，《中国农村观察》第 4 期，第 2 ~ 13 页。

李祖佩、钟涨宝，2015，《分级处理与资源依赖——项目制基层实践中矛盾调处与秩序维持》，《中国农村观察》第 2 期，第 81 ~ 93 页。

梁治平，1996，《清代习惯法、社会和国家》，北京：中国政法大学出版社。

廖冠民、沈红波，2014，《国有企业的政策性负担：动因、后果及治理》，《中国工业经济》第 6 期，第 96 ~ 108 页。

林后春，1995，《农业基础设施的供给与需求》，《中国社会科学》第 4 期，第 54 ~ 64 页。

林尚立，2004，《走向现代国家：对改革以来中国政治发展的一种解读》，载黄卫平、汪永成主编《当代中国政治研究报告》（第三辑），北京：中国社会科学文献出版社，第 23 ~ 48 页。

林万龙，2002，《乡村社区公共产品的制度外筹资：历史、现状及改革》，《中国农村经济》第 7 期，第 27 ~ 35 页。

林万龙，2003，《政府为什么要推行农村税费制度改革——一个关于政府行为的理论模型及其初步分析》，《中国农村观察》第 5 期，第 32 ~ 38 页。

林宗弘、吴晓刚，2010，《中国的制度变迁、阶级结构转型和收入不平等：1978-2005》，《社会》第 6 期，第 1 ~ 40 页。

蔺雪春，2006，《当代中国村民自治以来的乡村治理模式研究述评》，《中国农村观察》第 1 期，第 74 ~ 79 页。

蔺雪春，2012，《新型农民组织发展对乡村治理的影响：山东个案评估》，《中国农村观察》第 1 期，第 89 ~ 96 页。

林毅夫、蔡昉、李周，1995，《国有企业改革的核心是创造竞争的环境》，《改革》第 3 期，第 17 ~ 28 页。

林毅夫、玛雅，2013，《中国发展模式及其理论体系构建》，《开放时代》第 5 期，第 194 ~ 211 页。

林毅夫、李周，1997，《现代企业制度的内涵与国有企业改革方向》，《经济研究》第 3 期，第 3 ~ 10 页。

刘爱玉，2003，《国有企业制度变革过程中工人的行动选择——一项关于无集体行动的经验研究》，《社会学研究》第 6 期，第 1 ~ 12 页。

刘春燕，2012，《中国农民的环境公正意识与行动取向——以小溪村为例》，《社会》第 1 期，第 174 ~ 196 页。

刘得扬、杨征，2012，《国家利益与国有企业的"进与退"》，《财经问题研究》第 1 期，第 112 ~ 118 页。

刘发成，2008，《改革开放以来国有企业法律主体地位的变化与因应》，《改革》第 9 期，第 123 ~ 128 页。

刘纪荣，2008，《国家与社会视野下的近代农村合作运动——以二十世纪二三十年代华北农村为中心的历史考察》，《中国农村观察》第 2 期，第 28 ~ 39 页。

刘军奎，2015，《农民观念与行为变化的民族性透视——基于对甘肃省东南部 L 村的考察》，《中国农村观察》第 4 期，第 71 ~ 82 页。

刘金志、申端锋，2009，《乡村政治研究评述：回顾与前瞻》，《开放时代》第 10 期，第 133 ~ 143 页。

刘林平、郭志坚，2004，《企业性质、政府缺位、集体协商与外来女工的权益保障》,《社会学研究》第 6 期,第 64 ~ 75 页。

刘明兴、孙昕、徐志刚、陶然,2009,《村民自治背景下的"两委"分工问题分析》,《中国农村观察》第 5 期,第 71 ~ 81 页。

刘鹏,2001,《浅论中国农村社会组织的现代化》,《中国农村观察》第 6 期,第 54 ~ 57 页。

刘鹏,2011,《从分类控制走向嵌入型监管:地方政府社会组织管理政策创新》,《中国人民大学学报》第 5 期,第 91 ~ 99 页。

刘平、王汉生、张笑会,2008,《变动的单位制与体制内的分化——以限制介入性大型国有企业为例》,《社会学研究》第 3 期,第 56 ~ 78 页。

刘求实、王名,2009,《改革开放以来我国民间组织的发展及其社会基础》,《公共行政评论》第 3 期,第 150 ~ 170 页。

刘荣,2008,《中国村庄公共支出与基层选举:基于微观面板数据的经验研究》,《中国农村观察》第 1 期,第 11 ~ 18 页。

刘瑞娜,2012,《国有企业私有化几种理论依据的谬误》,《政治经济学评论》第 3 期,第 158 ~ 167 页。

刘圣中,2009,《历史制度主义与中国政治研究》,载杨雪冬、赖海榕主编《地方的复兴:地方治理改革 30 年》,北京:社会科学文献出版社。

刘世定,1999,《嵌入性与关系合同》,《社会学研究》第 4 期,第 77 ~ 90 页。

刘世定,2010,《退"公"进"私":政府渗透商会的一个分析》,《社会》第 1 期,第 1 ~ 21 页。

刘世定,2012,《私有财产运用中的组织权与政府介入——政府与商会关系的一个案例分析》,载周雪光、刘世定、折晓叶《国家建设与政府行为》,北京:中国科学出版社,第 71 ~ 96 页。

刘太刚,2005,《事业单位改革:非营利组织发展的新契机》,《中国行政管理》第 11 期,第 70 ~ 73 页。

刘伟,2009,《论村落自主性的形成机制与演变逻辑》,《复旦学报》(社会科学版）第 3 期，第 133 ~ 140 页。

刘文媛、张欢华，2004，《非营利组织运作中的国家参与》，《社会》第 11 期，第 23 ~ 28 页。

刘小玄，2005，《国有企业改制模式选择的理论基础》，《管理世界》第 1 期，第 102 ~ 110 页。

刘学民，2010，《论新时期我国农村基层治理的新趋向》，《中州学刊》第 5 期，第 23 ~ 25 页。

刘亚伟，2001，《渐进式民主：中国县乡的直接选举》，载华中师范大学中国农村问题研究中心《村民自治进程中的乡村关系学术研讨会论文集》（上），武汉：华中师范大学中国农村问题研究中心，第 256 ~ 375 页。

刘一皋，1999，《社会动员形式的历史反视》，《战略与管理》第 4 期，第 82 ~ 89 页。

刘瑜，2011，《经济发展会带来民主化吗？——现代化理论的兴起、衰落与复兴》，《中国人民大学学报》第 4 期，第 16 ~ 25 页。

刘远航、黄立华，2008，《国有企业制度成本的一般分析》，《江汉论坛》第 2 期，第 37 ~ 40 页。

刘蕴，2004，《国有企业改革与社会公正问题研究》，《西南政法大学学报》第 5 期，第 121 ~ 126 页。

刘志国，2007，《国有企业改革中的效率追求与公平缺失》，《重庆社会科学》第 12 期，第 17 ~ 21 页。

刘志鹏，2004，《论村委会选举中的违法行政行为及其法律规制——兼谈农民选举权利保障与救济》，《中国农村观察》第 1 期，第 73 ~ 79 页。

刘志毅，2015，《重塑国资委》，《南方周末》9 月 17 日，C18 版。

刘祖云，2008，《政府与非政府组织关系：博弈、冲突及其治理》，《江海学刊》第 1 期，第 94 ~ 99 页。

刘祖华，2008，《中国乡镇政府角色变迁的财政逻辑》，《二十一世纪》网络版，三月号。

楼继伟，2000，《新中国财政 50 年统计》，北京：经济科学出版社。

路风，2000，《国有企业转变的三个命题》，《中国社会科学》第 5 期，第 4 ~ 27 页。

卢超群、宁小花，2010，《博弈视角下的政企关系改革历程及趋势——基于国有企业改革的分析》，《经济体制改革》第 3 期，第 54 ~ 58 页。

卢福营，2005，《论能人治理型村庄的领导体制——以浙江省两个能人治理型村庄为例》，《学习与探索》第 4 期，第 68 ~ 71 页。

卢华，2000，《国有企业退出壁垒的案例分析——以我国纺织业为例》，《管理世界》第 1 期，第 87 ~ 93 页。

陆健健、李滨，2014，《效率与合法性：市场与国家关系论纲》，《世界经济与政治论坛》第 3 期，第 158~173。

陆文荣、卢汉龙，2013，《部门下乡、资本下乡与农户再合作——基于村社自主性的视角》，《中国农村观察》第 2 期，第 44 ~ 56 页。

卢周来，2001，《改革进程中的利益分配》，《战略与管理》第 2 期，第 61 ~ 66 页。

卢周来，2004，《作为意识形态与乌托邦的新古典经济学》，《二十一世纪》（网络版），第十二月号。

罗兴佐，2003，《论民间组织在村庄治理中的参与及后果——对浙江省先锋村村治过程的初步分析》，《中国农村观察》第 5 期，第 57 ~ 63 页。

罗兴佐、贺雪峰，2004，《论乡村水利的社会基础——以荆门农田水利调查为例》，《开放时代》第 2 期，第 25 ~ 37 页。

吕德文，2008，《"后税费时代"的基层政权变革》，《调研世界》第 1 期，第 33 ~ 34 页。

吕纳、张佩国，2012，《公共服务购买中政社关系的策略性建构》，《社会科学家》第 6 期，第 65 ~ 68 页。

吕鹏，2006，《制度是如何封闭的？——以国有企业下岗职工社会保障制度的实际运行为例》,《学海》第 1 期，第 54 ~ 63 页。

绿原，1989，《企业与政府的双重矛盾——广州大中型国有企业改革述评》,《开放时代》第 3 期，第 25 ~ 27 页。

罗峰，2011，《浦东综改中政府职能转变的动力、路径与启示——一种类"过程—事件"的分析》,《理论与改革》第 4 期，第 93 ~ 98 页。

罗峰，2011，《渐进过程中的政府职能转变：价值动因与阻力》,《学术月刊》第 5 期，第 23 ~ 30 页。

罗章、刘啸，2012，《历史否决点：针对当前国有企业利润分配制度变迁阻力的解释》,《理论探讨》第 3 期，第 75 ~ 79 页。

吕志奎，2013，《改革开放以来中国政府转型之路：一个综合框架》,《中国人民大学学报》第 3 期，第 108 ~ 117 页。

〔美〕玛格丽特·列维，2010，《分析性叙述：为复杂的历史进程建模》,《经济学（季刊）》第 2 期，第 771 ~ 786 页。

马国贤、吴利群，1999，《试论市场经济下的政府职能》,《财政研究》第 5 期，第 8 ~ 11 页。

马骏，2003，《交易费用政治学：现状与前景》,《经济研究》第 1 期，第 80 ~ 87 页。

马骏，2010，《经济、社会变迁与国家重建：改革以来的中国》,《公共行政评论》第 1 期，第 3 ~ 34 页。

〔德〕马克斯·韦伯，2004，《经济与社会》，北京：商务印书馆。

马连福、王元芳、沈小秀，2013，《国有企业党组织治理、冗余雇员与高管薪酬契约》,《管理世界》第 5 期，第 100 ~ 115 页。

马良灿，2012，《农村社区内生性组织及其"内卷化"问题探究》,《中国农村观察》第 6 期，第 12 ~ 21 页。

马秋莎，2007，《比较视角下中国合作主义的发展：以经济社团为例》,《清华大学学报》（哲学社会科学版），第 2 期，第 126 ~ 138 页。

〔美〕迈克尔·曼，2007,《社会权力的来源》(第二卷),上海：上海人民出版社。

黎炳盛，2001,《村民自治下中国农村公共产品的供给问题》,《开放时代》第3期，第72～81页。

黎尔平，2007,《"针灸法"：环保NGO参与环境政策的制度安排》,《公共管理学报》第1期，第78～83页。

宁向东、吴晓亮，2010,《国有企业存在的原因、规模和范围的决定因素——一个关于企业产权类型的模型研究》,《财经研究》第7期，第4～16页。

牛冬，2015,《"过客社团"：广州非洲人的社会组织》,《社会学研究》第2期，第124～148页。

"农村地区公共产品筹资方式研究"课题组，2005,《农村地区公共产品筹资：制度转型与政策建议》,《中国农村观察》第3期，第38～50页。

"农村组织制度"课题组，1989,《农村社区组织与管理体制改革(下)》,《农村经济与社会》第5期，第47～55页。

欧阳兵，2014,《社－政互信：社会组织发展与政府职能转变的视角转换》,《学习与实践》第2期，第94～100页。

欧阳静，2009,《运作于压力型科层制与乡土社会之间的乡镇政权——以桔镇为研究对象》,《社会》第5期，第39～63页。

欧阳静，2011,《"维控型"政权：多重结构中的乡镇政权特性》,《社会》第3期，第42～67页。

欧阳静，2014,《论基层运动型治理——兼与周雪光等商榷》,《开放时代》第6期，第180～190页。

潘红波、夏新平、余明桂，2008,《政府干预、政治关联与地方国有企业并购》,《经济研究》第4期，第41～52页。

潘维，2004,《质疑"乡镇行政体制改革"——关于乡村中国的两种思路》,《开放时代》第2期，第16～24页。

庞长亮、杨天舒，2014，《中国垄断性国有企业负外部效应的治理》，《当代经济研究》第 10 期，第 66～70 页。

裴敏欣，2004，《理解中国式的改革进程》，清华大学演讲录音整理稿，11 月。

裴宜理，2008，《中国人的"权利"概念（上）——从孟子到毛泽东延至现在》，《国外理论动态》第 2 期，第 51～57 页。

裴宜理，2008，《中国人的"权利"概念（下）——从孟子到毛泽东延至现在》，《国外理论动态》第 3 期，第 45～50 页。

彭真，1991，《彭真文选》，北京：人民出版社。

彭玉生，2009，《当正式制度与非正式规范发生冲突：计划生育与宗族网络》，《社会》第 1 期，第 37～65 页。

〔荷〕皮特·何，2012，《嵌入式行动主义在中国：社会运动的机遇与约束》，北京：社会科学文献出版社。

评论员，2015，《做好深化国有企业改革大文章》，《求是》第 11 期，第 6～7 页。

平萍，1999，《制度转型中的国有企业：产权形式的变化与车间政治的转变——关于国有企业研究的社会学述评》，《社会学研究》第 3 期，第 72～83 页。

平新乔，2003，《中国国有资产控制方式与控制力的现状》，《经济社会体制比较》第 3 期，第 63～68 页。

平新乔，2005，《政府保护的动机与效果——一个实证分析》，《财贸经济》第 5 期，第 3～10 页。

平新乔、范瑛、郝朝艳，2003，《中国国有企业代理成本的实证分析》，《经济研究》第 11 期，第 42～53 页。

齐艺莹、王德国，2004，《冗员失业、社会负担与国有企业效率》，《人口学刊》第 4 期，第 39～43 页。

忻文、杜荷，1989，《放权改革不断面临的挑战及其实证分析》，《经济研究》第 11 期，第 58～65 页。

钱津，2010，《30 年：国有企业改革思想的变迁》，《河北经贸大学学报》第 2 期，
　　第 64～69 页。

〔美〕乔恩·埃尔斯特，2009，《社会黏合剂》，北京：中国人民大学。

秦勃，2010，《村民自治、宗族博弈与村庄选举困局——一个湘南村庄选举失
　　败的实践逻辑》，《中国农村观察》第 6 期，第 86～94 页。

秦晖，2001，《税费改革、村民自治与强干弱支——历史的经验与现实的选择》，
　　《开放时代》第 9 期，第 14～22 页。

秦晖，2003，《中国转轨之路的前景》，《战略与管理》第 1 期，第 1～20 页。

青锋、张水海，2013，《我国政府职能转变的历史演进及法制特点》，《行政法
　　学研究》第 4 期，第 12～20 页。

青木昌彦、张春霖，1994，《对内部人控制的控制：转轨经济中公司治理的若
　　干问题》，《改革》第 6 期，第 11～24 页。

丘海雄、许扬先、赵巍，1997，《国有企业组织结构转型的过程、原因及结果》，
　　《社会学研究》第 2 期，第 85～94 页。

邱新有，2001，《传统文化与乡村社会稳定——对江西省铁村文化活动的解读》，
　　《中国农村观察》第 6 期，第 44～49 页。

曲红燕、武常岐，2014，《公司治理在制度背景中的嵌入性——中国上市国有
　　企业与非国有企业的实证研究》，《经济管理》第 5 期，第 175～188 页。

渠敬东，2012，《项目制：一种新的国家治理体制——兼评 . 国家建设与资
　　源配置 . 三篇论文》，载周雪光、刘世定、折晓叶主编《国家建设与政
　　府行为》，北京：中国科学出版社，第 238～276 页。

渠敬东、周飞舟、应星，2009，《从总体支配到技术治理——基于中国 30 年改
　　革经验的社会学分析》，《中国社会科学》第 6 期，第 104～127。

饶静、叶敬忠，2007，《我国乡镇政权角色和行为的社会学研究综述》，《社会》
　　第 3 期，第 178～188 页。

饶静、叶敬忠，2007，《税费改革背景下乡镇政权的"政权依附者"角色和行

为分析》,《中国农村观察》第 4 期,第 38 ~ 45 页。

荣敬本等,1998,《从压力型体制向民主合作体制的转变:县乡两级政治体制改革》,北京:中央编译出版社。

荣兆梓,2012,《国有企业改革:成就与问题》,《经济学家》第 4 期,第 44 ~ 51 页。

荣兆梓、陈文府,2005,《"国有企业改革与制度演化研讨会"综述》,《经济研究》第 9 期,第 122 ~ 126 页。

〔美〕塞缪尔·亨廷顿,1989,《变化社会中的政治秩序》,上海:上海人民出版社。

〔美〕塞缪尔·亨廷顿,1998,《第三波:20 世纪后期民主化浪潮》,上海:上海三联书店。

沙安文、沙萨娜、刘亚平,2009,《地方治理新视角和地方政府角色转化》,《公共行政评论》第 3 期,第 76 ~ 106 页。

沙新华、李呈阳,2009,《当代中国农村公共物品供给制度变迁及走向》,《河北学刊》第 1 期,第 145 ~ 148 页。

"社会利益集团的形成及其对地方政治的影响"课题组,2003,《社会利益集团的形成与中国的政治发展》,《当代中国政治研究报告》,第 29 ~ 66 页。

申端锋,2006,《村庄权力研究:回顾与前瞻》,《中国农村观察》第 5 期,第 51 ~ 58 页。

沈吉、钟宁桦,2007,《中小国有企业改革:一个演化博弈的模型》,《世界经济文汇》第 4 期,第 76 ~ 87 页。

申静、陈静,2001,《村庄的"弱监护人":对村干部角色的大众视角分析——以鲁南地区农村实地调查为例》,《中国农村观察》第 5 期,第 53 ~ 61 页。

沈荣华,1999,《关于转变政府职能的若干思考》,《政治学研究》第 4 期,第 54 ~ 60 页。

沈亚平、王骚,2005,《社会转型与行政发展》,天津:南开大学出版社。

沈延生,1998,《村政的兴衰与重建》,《战略与管理》第 6 期,第 1 ~ 34 页。

沈延生,2003,《中国乡治的回顾与展望》,《战略与管理》第 1 期,第 52 ~ 66 页。

沈原，2007a，《公民资格建设是"和谐社会"的基本依据》，《社会学研究》第 2 期，第 191 ~ 194 页。

沈原，2007b，《走向公民权———业主维权作为一种公民运动》，载沈原主编《市场、阶级与社会———转型社会学的关键议题》，北京：社会科学文献出版社，342 ~ 348 页。

〔美〕史蒂芬·霍尔姆斯、凯斯·R. 桑斯坦，2004，《权利的成本：为什么自由依赖于税》，北京：北京大学出版社。

世界银行，1997，《变革世界中的政府》，北京：中国财政经济出版社。

世界银行，2005，《中国:深化事业单位改革，改善公共服务提供》，《管理世界》第 8 期，第 4 ~ 23 页。

石秀和，1996，《论我国农村社会保障体系的构建》，《中国农村观察》第 2 期，第 20 ~ 25 页。

史正富、刘昶，2012，《从产权社会化看国企改革战略》，《开放时代》第 9 期，第 64 ~ 74 页。

宋程成、蔡宁、王诗宗，2013，《跨部门协同中非营利组织自主性的形成机制———来自政治关联的解释》，《公共管理学报》第 4 期，第 1 ~ 11 页。

苏雪燕、刘明兴，2006，《乡村非正式关系与村级债务的增长》，《中国农村观察》第 6 期，第 50 ~ 61 页。

孙瑾、郑风田，2009，《关于中国农村社会冲突的国内外研究评述》，《中国农村观察》第 1 期，第 83 ~ 93 页。

孙立平，1993，《"自由流动资源"与"自由活动空间"———论改革过程中中国社会结构的变迁》，《探索》第 1 期，第 64 ~ 68 页。

孙立平，2002，《实践社会学与市场转型过程分析》，《中国社会科学》第 5 期，第 83 ~ 96 页。

孙立平，2003，《断裂:20 世纪 90 年代以来的中国社会》，北京：社会科学文献出版社。

孙立平，2008，《社会转型：发展社会学的新议题》，《开放时代》第 2 期，第
　　57 ~ 72 页。

孙立平，2012，《"中等收入陷阱"还是"转型陷阱"?》，《开放时代》第 3 期，
　　第 125 ~ 145 页。

孙立平、李强、沈原，2004，《中国社会结构转型的近中期趋势与潜在危机》，
　　载李培林等《中国社会分层》，北京：社会科学文献出版社，42 ~ 75 页。

孙潭镇、朱钢，1993，《我国乡镇制度外财政分析》，《经济研究》第 9 期，第
　　38 ~ 44 页。

孙秀丽、段晓光，2011，《国有企业改革理论中的 . 市场派 . 研究》，《东岳论丛》
　　第 5 期，第 145 ~ 150 页。

孙秀丽、田为厚，2012，《"反思派"的国有企业改革理论与主张述评》，《山东
　　大学学报》(哲学社会科学版)，第 1 期，第 40 ~ 45 页。

孙秀林，2008，《村庄民主及其影响因素：一项基于 400 个村庄的实证分析》，《社
　　会学研究》第 6 期，第 80 ~ 107 页。

孙秀林，2009，《村庄民主、村干部角色及其行为模式》，《社会》第 1 期，第
　　66 ~ 88 页。

孙秀林，2011，《华南的村治与宗族——一个功能主义的分析路径》，《社会学
　　研究》第 1 期，第 133 ~ 166 页。

孙秀林、周飞舟，2013，《土地财政与分税制：一个实证解释》，《中国社会科学》
　　第 4 期，第 40 ~ 59 页。

孙远太，2009，《从依附到合作：国有企业内部劳动关系再形成研究》，《江苏
　　社会科学》第 5 期，第 101 ~ 106 页。

孙早、刘坤，2012，《政企联盟与地方竞争的困局》，《中国工业经济》第 2 期，
　　第 5 ~ 15 页。

孙宅巍、韩海浪，2000，《现代中国社会基层组织的历史变迁》，《江苏社会科学》
　　第 4 期，第 96 ~ 101 页。

锁利铭，2007，《政府改革困境的制度结构性视角分析》，《公共管理学报》第 3
　　期，第 22～27 页。

谭秋成，2004，《财政考核、制度租金榨取与乡镇债务》，《中国农村观》第 6 期，
　　第 2～13 页。

谭秋成，2012，《惩罚承诺失信及农村政策扭曲》，《中国农村观察》第 3 期，
　　第 37～47 页。

谭秋成，2014，《论投票选举作为控制乡村代理人的一种方式》，《中国农村
　　观察》第 6 期，第 71～81 页。

唐皇凤，2011，《价值冲突与权益均衡：县级人大监督制度创新的机理分析——
　　以浙江乐清市人大为个案》，《公共管理学报》第 1 期，第 114～121 页。

汤吉军、年海石，2013，《国有企业公司治理结构变迁、路径依赖与制度创新》，
　　《江汉论坛》第 2 期，第 71～74 页。

唐军，2006，《生存资源剥夺与传统体制依赖：当代中国工人集体行动的逻辑——
　　对河南省 Z 市 Z 厂兼并事件的个案研究》，《江苏社会科学》第 6 期，第
　　174～183 页。

唐铁汉，2007，《我国政府职能转变的成效、特点和方向》，《国家行政学院学报》
　　第 2 期，第 10～13 页。

唐文玉，2010，《行政吸纳服务——中国大陆国家与社会关系的一种新诠释》，《公
　　共管理学报》第 1 期，第 13～19 页。

唐文玉、马西恒，2011，《去政治的自主性：民办社会组织的生存策略——
　　以恩派（NPI）公益组织发展中心为例》，《浙江社会科学》第 10 期，第
　　58～65 页。

唐兴霖、马骏，1999，《中国农村政治民主发展的前景及困难：制度角度的分析》，
　　《政治学研究》第 1 期，第 51～59 页。

陶传进，2007，《草根志愿组织与村民自治困境的破解：从村庄社会的双层结
　　构中看问题》，《社会学研究》第 5 期，第 133～147 页。

陶传进，2008，《控制与支持：国家与社会间的两种独立关系研究——中国农村社会里的情形》，《管理世界》第 2 期，第 57 ~ 65 页。

田国强，2012，《世界变局下的中国改革与政府职能转变》，《学术月刊》第 6 期，第 60 ~ 70 页。

田凯，2003，《机会与约束：中国福利制度转型中非营利部门发展的条件分析》，《社会学研究》第 2 期，第 92 ~ 100 页。

田凯，2004，《组织外形化：非协调约束下的组织运作——一个研究中国慈善组织与政府关系的理论框架》，《社会学研究》第 4 期，第 64 ~ 75 页。

田利辉，2005，《国有股权对上市公司绩效影响的 U 型曲线和政府股东两手论》，《经济研究》第 10 期，第 48 ~ 58 页。

田野，2011，《国际制度、预算软约束与承诺可信性——中国加入 WTO 与国有企业改革的政治逻辑》，《教学与研究》第 11 期，第 6 ~ 13 页。

童年成，1999，《国有企业改革二十年的回顾与反思》，《财经问题研究》第 4 期，第 3 ~ 6 页。

佟新，2006，《延续的社会主义文化传统——一起国有企业工人集体行动的个案分析》，《社会学研究》第 1 期，第 59 ~ 76 页。

童志锋，2009，《动员结构与自然保育运动的发展——以怒江反坝运动为例》，《开放时代》第 9 期，第 116 ~ 132 页。

仝志辉，2003，《政治体制"形式化改革"的生成逻辑——湖北晓镇"海推直选"个案研究》，《战略与管理》第 6 期，第 78 ~ 86 页。

仝志辉、蔡莹娟，2008，《乡镇政府改革的非帕雷托改变——基于 A 镇权力结构的分析》，《中国农村观察》第 3 期，第 38 ~ 45 页。

仝志辉、贺雪峰，2002，《村庄权力结构的三层分析——兼论选举后村级权力的合法性》，《中国社会科学》第 1 期，第 58 ~ 167 页。

〔德〕托马斯·海贝勒、〔德〕舒耕德，2013，《作为战略性群体的县乡干部——透视中国地方政府战略能动性的一种新方法》，载〔德〕托马斯·海贝勒、

〔德〕舒耕德、杨雪东主编《"主动的"地方政治:作为战略群体的县乡干部》北京:中央编译出版社。

〔美〕托尼·赛奇,2002,《中国改革中变化的政府角色》,《经济社会体制比较》第 2 期,第 60 ~ 67 页。

〔美〕托马斯·谢林,2006,《冲突与战略》,北京:华夏出版社。

王佃利,吕俊平,2011,《论城市政府职能的实现——基于市长文稿的文本分析》,《公共行政评论》第 1 期,第 76 ~ 94 页。

汪海波,2005,《中国国有企业改革的实践进程(1979—2003 年)》,《中国经济史研究》第 3 期,第 103 ~ 112 页。

王海员、陈东平,2012,《村庄民主化治理与农村公共品供给》,《中国农村经济》第 6 期,第 72 ~ 84 页。

王汉生、阎肖峰、程为敏、杨伟民,1990,《工业化与社会分化:改革以来中国农村的社会结构变迁》,《农村经济与社会》第 4 期,第 1 ~ 11 页。

王惠娜,2013,《团体特征与灌溉自组织治理:两个村庄的比较研究》,《公共行政评论》第 6 期,第 82 ~ 106 页。

王红领、李稻葵、雷鼎鸣,2001,《政府为什么会放弃国有企业的产权》,《经济研究》第 8 期,第 61 ~ 70 页。

汪建华,2011,《互联网动员与代工厂工人集体抗争》,《开放时代》第 11 期,第 114 ~ 128 页。

王金红,2004,《村民自治与广东农村治理模式的发展——珠江三角洲若干经济发达村庄治理模式发展的案例分析》,《中国农村观察》第 1 期,第 63 ~ 73 页。

王金红、黄振辉,2008,《制度供给与行为选择的背离——珠江三角洲地区农民工利益表达行为的实证分析》,《开放时代》第 3 期,第 60 ~ 76 页。

王金红、黄振辉,2009,《从政治发展到政治转型——当代民主化进程研究的范式转移》,《开放时代》第 7 期,第 86~98。

汪锦军，2008，《浙江政府与民间组织的互动机制：资源依赖理论的分析》，《浙江社会科学》第9期，第31～37页。

汪锦军，2009，《公共服务中的政府与非营利组织合作：三种模式分析》，《中国行政管理》第10期，第77～80页。

汪锦军，2014，《纵向政府权力结构与社会治理：中国"政府与社会"关系的一个分析路径》，《浙江社会科学》第9期，第128～139页。

汪锦军、张长东，2014，《纵向横向网络中的社会组织与政府互动机制——基于行业协会行为策略的多案例比较研究》，《公共行政评论》第5期，第88～108页。

王珺，2001，《双重博弈中的激励与行为——对转轨时期国有企业经理激励不足的一种新解释》，《经济研究》第8期，第71～78页。

王开盛、杜跃平，2006，《投票参政权、城市偏向制度与城乡收入差距》，《经济体制改革》第3期，第19～23页。

王丽惠，2015，《控制的自治：村级治理半行政化的形成机制与内在困境——以城乡一体化为背景的问题讨论》，《中国农村观察》第2期，第57～68页。

王名，2002，《非营利组织管理概论》，北京：中国人民大学出版社。

王名，2008，《中国社会组织三十年——走向市民社会》，北京：社会科学文献出版社。

王名，2008，《民间组织的发展及通向市民社会的道路》，载王名主编《中国民间组织30年——走向市民社会 1978—2008》，北京：社会科学文献出版社，第41～43页。

王名，2009，《走向市民社会——我国社会组织发展的历史及趋势》，《吉林大学社会科学学报》第3期，第5～12页。

王名、贾西津，2002，《中国NGO的发展分析》，《管理世界》第8期，第30～43页。

王名、贾西津，2003，《中国非营利组织：定义、发展与政策建议》，载范丽珠主编《全球化下的社会变迁与非政府组织》，上海：上海人民出版社，第262～286页。

王名、刘求实，2010，《我国社会组织管理体制的形成及其改革建议》，载陈金罗、刘培峰主编《转型社会中的非营利组织监管》，北京：社会科学文献出版社，47～62页。

王名、孙伟林，2011，《社会组织管理体制：内在逻辑与发展趋势》，《中国行政管理》第7期，第16～19页。

王名、张严冰、马建银，2013，《谈谈加快形成现代社会组织体制问题》，《社会》第3期，第18～28页。

王铭铭，1997，《村落视野中的文化与权力》，北京：三联书店。

王浦劬，2014，《国家治理、政府治理和社会治理的基本含义及其相互关系辨析》，《社会学评论》第3期，第12～20页。

王浦劬，2015，《论转变政府职能的若干理论问题》，《国家行政学院学报》第1期，第31～39页。

王连伟，2014，《政府职能转变进程中明晰职权的四个向度》，《中国行政管理》第6期，第40～43页。

王全斌，1999，《从改革的全局看国有企业改革——兼论改革的渐进路径》，《管理世界》第4期，第120～128页。

王绍光，1994，《国家在市场经济转型中的作用》，《战略与管理》第2期，第90～96页。

王绍光，1999，《多元与统一：第三部门国际比较研究》，杭州，浙江人民出版社。

王绍光，2002，《促进中国民间非营利部门的发展》，《管理世界》第8期，第44～53页。

王绍光，2007，《从经济政策到社会政策：中国公共政策格局的历史性转变》，《中国公共政策评论》（第一卷），第1～16页。

王绍光，2008，《大转型：1980 年代以来中国的双向运动》，《中国社会科学》第 1 期，第 129～148 页。

王绍光，2009，《"接轨"还是"拿来"：政治学本土化的思考》，载王绍光《祛魅与超越：反思民主、自由、平等、市民社会》，北京：中信出版社。

王绍光，2010，《中国政治学三十年：从取经到本土化》，《中国社会科学》第 6 期，第 15～23 页。

王绍光，2013，《中国仍然是低福利国家吗？——比较视角下的中国社会保护"新跃进"》，《人民论坛·学术前沿》第 22 期，第 70～94 页。

王绍光、王有强，2001，《公民权、所得税和预算体制——谈农村税费改革的思路》，《战略与管理》第 3 期，第 1～14 页。

王诗宗、宋程成，2013，《独立抑或自主：中国社会组织特征问题重思》，《中国社会科学》第 5 期，第 50～66 页。

王诗宗、宋程成、许鹿，2014，《中国社会组织多重特征的机制性分析》，《中国社会科学》第 12 期，第 42～59 页。

王水雄，2009，《镶嵌式博弈与公共品提供结构以王村为例》，《社会》第 3 期，第 24～51 页。

王思睿，2001，《中国经济增长与政治改革》，《战略与管理》第 3 期，第 71～80 页。

王天夫、王丰，2005，《中国城市收入分配中的集团因素：1986-1995》，《社会学研究》第 3 期，第 156～181 页。

汪玮，2007，《我国政府职能转变的动因和路径——新制度主义的视角》，《云南行政学院学报》第 5 期，第 110～112 页。

王习明，2011，《村治研究的发展轨迹、学术贡献与动力机制——基于 1998-2009 年 CSSCI 检索论文的研究》，《甘肃行政学院学报》第 5 期，第 79～90 页。

王晓东，2004，《我国政府职能转换中的制度变迁障碍分析》，《生产力研究》

第 12 期，第 109～111 页。

王小军、萧楼，1999，《城市化过程的中农村民主政治生活考察——临海市杜西村案例研究》，《战略与管理》第 6 期，第 83～90 页。

王小宁，2005，《农村公共物品供给制度变迁的路径依赖与创新》，《中国行政管理》第 7 期，第 74～77 页。

王卫平、黄鸿山，2007，《清代慈善组织中的国家与社会——以苏州育婴堂、普济堂、广仁堂和丰备义仓为中心》，《社会学研究》第 4 期，第 51～74 页。

王毅，2009，《中国走向公民社会的困难、可能与路径选择》，《开放时代》第 10 期，第 144～153 页。

王颖、折晓叶、孙炳耀，1992，《社团发展与组织体系重构》，《管理世界》第 2 期，第 186～196 页。

王颖、折晓叶、孙炳耀，1993，《社会中间层——改革与中国的社团组织》，北京：中国发展出版社。

王玉，2014，《逻辑与路径——转变政府职能与完善政府权责体系》，《理论探讨》第 1 期，第 166～169 页。

王玉平、邹伟，2004，《政府职能转变与行政效率的提高》，《山西大学学报》（哲学社会科学版）第 2 期，第 112～114 页。

王曾、符国群、黄丹阳、汪剑锋，2014，《国有企业 CEO "政治晋升"与"在职消费"关系研究》，《管理世界》第 5 期，第 157～171 页。

汪镇全、彭革、张国斌，1988，《实行产权转让，搞活亏损企业——广东福建亏损企业调查与对策》，《广州研究》第 8 期，第 24～28 页。

王臻荣，2014，《治理结构的演变：政府、市场与民间组织的主体间关系分析》，《中国行政管理》第 11 期，第 56～59 页。

王振威、闫洪丰，2012，《理性与传统在乡村日常合作中的交融——以浙西 W 村引建自来水池为例》，《中国农村观察》第 2 期，第 67～73 页。

王正绪、游宇，2012，《经济发展与民主政治——东亚儒家社会的公民价值观念的链接》，《开放时代》第6期，第98~115页。

维·梅·波尔捷罗维奇、侯静娜，2006，《不断再分配的社会：改革的作用》，《经济社会体制比较》第6期，第35~42页。

魏建，2009，《两种公共产品的供给与中国农村的发展》，《西北大学学报》（哲学社会科学版）第6期，第69~74页。

魏文享，2004，《近代工商同业公会的政治参与（1927—1947）》，《开放时代》第5期，第91~106页。

〔美〕文森特·奥斯特罗姆，1999，《美国公共行政的思想危机》，上海：上海三联书店。

文炳洲、牛振喜，2007，《国有企业改革理论与实践回顾——对28年国有企业改革的反思》，《开发研究》第1期，第16~20页。

〔美〕文森特·奥斯特罗姆，2003，《美国联邦主义》，上海：上海三联书店。

温铁军，1996，《第二步农村改革面临的两个基本矛盾》，《战略与管理》第3期，第111~114页。

文先明，2003，《乡村债务的成因及治理》，《中国农村观察》第4期，第45~49页。

闻效仪，2011，《集体谈判的内部国家机制——以温岭羊毛衫行业工价集体谈判为例》，《社会》第1期，第112~130。

闻效仪，2014，《工会直选：广东实践的经验与教训》，《开放时代》第5期，第54~65页。

温莹莹，2013，《非正式制度与村庄公共物品供给——T村个案研究》，《社会学研究》第1期，第113~133页。

吴柏均，1990，《中国农村社区主权阶层的历史透视》，《农村经济与社会》第6期，第53~61页。

吴重庆、单世联，1997，《经济发展与农村社会组织关系的变迁——南村社会调查之一》,《开放时代》第 4 期,第 16 ~ 27 页。

吴春梅、翟军亮,2014,《公共价值管理理论中的政府职能创新与启示》,《行
　　政论坛》第 1 期,第 13 ~ 17 页。

吴大声,1989,《试论农村社会的分化整合与发展——对苏南农村社会发展的
　　粗浅分析》,《社会学研究》第 5 期,第 42 ~ 48 页。

吴国光,1998,《为什么在农村,为什么是农民——中国民主化失败的一个例
　　外》,载陈明通、郑永年主编《两岸基层选举与政治社会变迁》,台北:台
　　湾月旦出版社。

吴国光,2002,《改革的终结与历史的接续》,《二十一世纪》网络版,六月号.

吴国光,2004,《试论改革与"二次改革"》,《二十一世纪》网络版,七月号。

武恒光、王爱华,2004,《我国农村义务教育融资分担体制研究》,《经济问题
　　探索》第 11 期,第 83 ~ 86 页。

吴建平,2012,《理解法团主义——兼论其在中国国家与社会关系研究中的适
　　用性》,《社会学研究》第 1 期,第 174 ~ 198 页。

吴金群,2007,《利益集团对公司治理结构变迁的影响》,《中南大学学报》(社
　　会科学版)第 1 期,第 46 ~ 52 页。

吴金群,2008,《国有企业治理结构变迁及其政治根源(1978~2008)》,《江海
　　学刊》第 3 期,第 99 ~ 105 页。

吴敬琏、张军扩、吕薇、隆国强、张春霖,1997,《实现国有经济的战略性改
　　组——国有企业改革的一种思路》,《管理世界》第 5 期,第 13 ~ 22 页。

吴理财,2001,《农村税费改革与"乡政"角色转换》,《经济社会体制比较》
　　第 5 期,第 20 ~ 26 页。

吴理财,2002,《农村税费改革对乡镇财政的影响及其后果——以安徽省为例》,
　　《二十一世纪》网络版,八月号。

吴理财,2006,《国家整合转型视角下的乡镇改革——以安徽省为例》,《社会
　　主义研究》第 5 期,第 70 ~ 72 页。

吴理财，2008，《从"管治"到"服务"——关于乡镇政府职能转变的问卷调查》，《中国农村观察》第 4 期，第 62 ~ 72 页。

吴清军，2002，《乡村中的权力、利益与秩序——以东北某问题化村庄干群冲突为案例》，《战略与管理》第 1 期，第 5 ~ 17 页。

吴清军，2008，《市场转型时期国企工人的群体认同与阶级意识》，《社会学研究》第 6 期，第 58 ~ 79 页。

吴清军，2010，《国企改制中工人的内部分化及其行动策略》，《社会》第 6 期，第 65 ~ 89 页。

吴思红，2000，《论村民自治与农村社会控制》，《中国农村观察》第 6 期，第 72 ~ 77 页。

吴毅，1998，《村治中的政治人——一个村庄村民公共参与和公共意识的分析》，《战略与管理》第 1 期，第 96 ~ 102 页。

吴毅，2002，《村治变迁中的权威与秩序：20 世纪川东双村的表达》，北京：中国社会科学出版社。

吴毅，2002，《缺失治理资源的乡村权威与税费征收中的干群博弈——兼论乡村社会的国家政权建设》，《中国农村观察》第 4 期，第 54 ~ 60 页。

吴毅，2005，《农村政治研究：缘自何方，前路何在》，《开放时代》第 2 期，第 16 ~ 20 页。

吴毅，2007，《"权力—利益的结构之网"与农民群体性利益的表达困境——对一起石场纠纷案例的分析》，《社会学研究》第 5 期，第 21 ~ 45 页。

吴毅，2007，《小镇喧嚣：一个乡镇政治运作的演绎与阐释》，北京：生活·读书·新知三联书店。

吴毅、李德瑞，2007，《二十年农村政治研究的演进与转向——兼论一段公共学术运动的兴起与终结》，《开放时代》第 2 期，第 90 ~ 105 页。

吴月，2013，《嵌入式控制：对社团行政化现象的一种阐释——基于 A 机构的个案研究》，《公共行政评论》第 6 期，第 107 ~ 129 页。

吴月，2014，《隐性控制、组织模仿与社团行政化——来自 S 机构的经验研究》，
　　《公共管理学报》第 3 期，第 106 ~ 117 页。

吴忠民，2015，《社会矛盾倒逼改革发展的机制分析》，《中国社会科学》第
　　5 期，第 4 ~ 20 页。

吴仲平、杨雪冬，1994，《重塑社会与国家的权力关系是实现政府职能转变的
　　根本》，《厦门大学学报》，第 4 期，第 114 ~ 120 页。

吴忠泽、陈金罗，1996，《社团管理工作》，北京：中国社会出版社。

〔美〕西摩·马丁·李普塞特，1993，《政治人：政治的社会基础》，北京：商
　　务印书馆。

夏杰长，2000，《消除国有企业隐性失业与完善失业保障制度》，《管理世界》
　　第 2 期，第 129 ~ 133 页。

夏立军、陈信元，2007，《市场化进程、国企改革策略与公司治理结构的内生
　　决定》，《经济研究》第 7 期，第 82 ~ 95 页。

夏瑛，2014，《从边缘到主流：集体行动框架与文化情境》，《社会》第 1 期，
　　第 52 ~ 74 页。

夏恿，1999，《法治是什么——渊源、规诫与价值》，《中国社会科学》第 4 期，
　　第 117 ~ 143 页。

项飚，2010，《普通人的"国家"理论》，《开放时代》第 10 期，第
　　117 ~ 132 页。

项继权，1993，《论农村的发展与稳定》，《农村经济与社会》第 2 期，第
　　41 ~ 46 页。

项继权，2006，《"后税改时代"的村务公开与民主管理——对湖北及若干省市
　　的调查与分析》，《中国农村观察》第 2 期，第 49 ~ 56 页。

向静林、张翔，2014，《创新型公共物品生产与组织形式选择——以温州民间
　　借贷服务中心为例》，《社会学研究》第 5 期，第 47 ~ 72 页。

萧滨，2002，《改革的停滞与自由主义的两种调子》，《二十一世纪》网络版

十二月号。

肖存良,2014,《政治吸纳·政治参与·政治稳定——对中国政治稳定的一种解释》,《江苏社会科学》第 4 期,第 72 ~ 79 页。

萧冬连,2008,《国有企业改革的起步及其矛盾》,《共党史研究》第 1 期,第 30 ~ 39 页。

萧冬连,2014,《国有企业改革之路:从"放权让利"到"制度创新"》,《中共党史研究》第 3 期,第 9 ~ 19 页。

萧功秦,1994,《"软政权"与分利集团化:中国现代化的两重陷阱》,《战略与管理》第 1 期,第 2 ~ 4 页。

萧功秦,2000,《后全能体制与 21 世纪中国的政治发展》,《战略与管理》第 6 期,第 1 ~ 8 页。

萧功秦,2002,《中国后全能型的权威政治》,《战略与管理》第 6 期,第 82 ~ 88 页。

萧功秦,2005,《中国现代化转型中的地方庇护网政治》,《经济管理文摘》第 21 期,第 36 ~ 41 页。

萧楼,2004,《基于村庄选举的政治场域搭建——策略中心主义研究范式》,《华中师范大学学报》(人文社会科学版)第 4 期,第 62 ~ 70 页。

筱梦,1995,《180 万失业工人的"饭碗"在哪里?——一个带给"国有企业改革年"的难题》,《调研世界》第 2 期,第 78 ~ 80 页。

肖唐镖、邱新有,2001,《选民在村委会选举中的心态与行为——对 40 个村委会选举情况的综合分析》,《中国农村观察》第 5 期,第 62 ~ 68 页。

肖唐镖、王欣,2011,《"民心"何以得或失——影响农民政治信任的因素分析:五省(市)60 村调查(1999 ~ 2008)》,《中国农村观察》第 6 期,第 75 ~ 82 页。

肖瑛,2010,《复调社会及其生产——以 civil society 的三种汉译法为基础》,《社会学研究》第 3 期,第 1 ~ 28 页。

肖瑛，2014，《从"国家与社会"到"制度与生活"：中国社会变迁研究的视角转换》，《中国社会科学》第 9 期，第 88 ~ 104 页。

谢春玲，2002，《养老金改革对国有企业改革的影响及成因分析》，《学术交流》第 6 期，第 54 ~ 57 页。

谢金林，2011，《网络空间草根政治运动及其公共治理》，《公共管理学报》第 1 期，第 35 ~ 43 页。

谢静，2012，《公益传播中的共意动员与联盟建构——民间组织的合作领域生产》，《开放时代》第 12 期，第 114 ~ 128 页。

谢秋山、许源源，2012，《"央强地弱"政治信任结构与抗争性利益表达方式——基于城乡二元分割结构的定量分析》，《公共管理学报》第 4 期，第 12 ~ 20 页。

谢岳，2004，《市场转型、精英政治化与地方政治秩序》，《二十一世纪》网络版，四月号。

谢志岿，2011，《外部约束、主观有限理性与地方行政改革的制度供给》，《经济社会体制比较》第 2 期，第 134 ~ 141 页。

辛甜，2002，《社会网络与慈善筹资——上海市慈善基金会个案研究》，《华东理工大学学报》（社会科学版）第 4 期，第 62 ~ 66 页。

徐传谌、王国兵，2005，《合谋与国有企业内部人控制问题》，《经济纵横》第 11 期，第 59 ~ 61 页。

徐贵宏，2009，《政府声誉、政府能力与非政府组织对政府的信任》，《公共管理学报》第 1 期，第 40 ~ 47 页。

徐贵宏、贾志永、王晓燕，2007，《农民工 NGO 建设的政策需求与生成路径》，《公共管理学报》第 4 期，第 69 ~ 75 页。

徐贲，2004，《"密友资本主义"背景下的社会冲突》，《当代中国研究》第 2 期。

许纪霖、陈达凯，1995，《中国现代化史·总论》，上海：上海三联书店。

许明强，2009，《地方政府职能转变的困局：一个强制性制度变迁的视角》，《北京行政学院学报》第 6 期，第 32 ～ 37 页。

徐湘林，2001，《后毛时代的精英转换和依附性技术官僚的兴起》，《战略与管理》第 6 期，第 65 ～ 76 页。

徐湘林，2004，《从政治发展理论到政策过程理论——中国政治改革研究的中层理论建构探讨》，《中国社会科学》第 3 期，第 108 ～ 120 页。

徐湘林，2005，《政治特性、效率误区与发展空间——非政府组织的现实主义理性审视》，《公共管理学报》第 3 期，第 7 ～ 11 页。

徐湘林，2010，《转型危机与国家治理：中国的经验》，《经济社会体制比较》第 5 期，第 1 ～ 14 页。

徐向艺、李一楠，2008，《中国国有企业改革 30 年回顾与展望》，《理论学刊》第 10 期，第 9 ～ 13 页。

徐琰超、杨龙见、尹恒，2015，《农村税费改革与村庄公共物品供给》，《中国农村经济》第 1 期，第 58 ～ 72 页。

许怡，2015，《跨境行动主义：劳工权益倡议运动的传导与策略重塑》，《开放时代》第 1 期，第 192 ～ 210 页。

徐勇，2000，《中国民主之路：从形式到实体——对村民自治价值的再发掘》，《开放时代》第 11 期，第 56 ～ 61 页。

徐勇，2002，《村干部的双重角色：代理人与当家人》，《二十一世纪》网络版，十月号。

徐勇，2003，《乡村治理与中国政治》，北京：中国社会科学出版社。

徐勇，2005，《村民自治的深化：权利保障与社区重建——新世纪以来中国村民自治发展的走向》，《学习与探索》第 4 期，第 61 ～ 67 页。

徐勇，2005，《论 21 世纪以来中国村民自治发展的走向》，《当代中国政治研究报告》，第 192 ～ 209 页。

徐勇，2006，《国家整合与社会主义新农村建设》，《社会主义研究》第 1 期，第 3 ～ 8 页。

徐勇，2006，《农村微观组织再造与社区自我整合——湖北省杨林桥镇农村社区建设的经验与启示》，《河南社会科学》第 5 期，第 8 ~ 11 页。

徐勇，2006，《现代国家建构与村民自治的成长——对总共村民自治发生与发展的一种解释》，《学习与探索》第 6 期，第 50 ~ 58 页。

徐勇，2005，《村民自治的成长：行政放权与社会发育——20 世纪 90 年代以来中国村民自治发展困境的反思》，《华中师范大学学报》第 2 期，第 32 ~ 37 页。

徐勇，2006，《现代国家建构与农业财政的终结》，《华南师范大学学报》（社会科学版）第 2 期，第 20 ~ 25 页。

徐勇，2007，《"行政下乡"：动员、任务与命令——现代国家向乡土社会渗透的行政机制》，《华中师范大学学报》第 5 期，第 2 ~ 9页。

徐勇，2009，《社会动员、自主参与与政治整合——中国基层民主政治发展 60 年研究》，《社会科学战线》第 6 期，第 19 ~ 26 页。

徐勇、黄辉祥，2002，《目标责任制：行政主控型的乡村治理及绩效——以河南 L 乡为个案》，《学海》第 1 期，第 10 ~ 15 页。

徐宇珊，2008，《非对称性依赖:中国基金会与政府关系研究》，《公共管理学报》第 1 期，第 33 ~ 40 页。

徐宇珊，2008，《中国草根组织发展的几大趋势》，《学会》第 1 期，第 5 ~ 9 页。

徐宇珊，2010，《政府与社会的职能边界及其在实践中的困惑》，《中国行政管理》第 4 期，第 36 ~ 38 页。

薛澜、李宇环，2014，《走向国家治理现代化的政府职能转变：系统思维与改革取向》，《政治学研究》第 5 期，第 61 ~ 70 页。

〔英〕亚当·斯密，1972，《国民财富的性质和原因的研究》（上卷），北京：商务印书馆。

严国方、肖唐镖，2004，《运动式的乡村建设：理解与反思——以"部门包村"工作为案例》，《中国农村观察》第 5 期，第 69 ~ 78 页。

燕继荣，2013，《协同治理：社会管理创新之道——基于国家与社会关系的理论思考》,《中国行政管理》第 2 期, 第 58 ~ 61 页。

严仍昱, 2015,《从社会管理到社会治理:政府与社会关系变革的历史与逻辑》,《当代世界与社会主义》第 1 期, 第 165 ~ 170 页。

严若森, 2013,《权威博弈与国有企业改革策略》,《人文杂志》第 3 期, 第 26 ~ 32 页。

闫威、夏振坤, 2003,《利益集团视角的中国"三农"问题》,《中国农村观察》第 5 期, 第 46 ~ 56 页。

杨宝, 2014,《政社合作与国家能力建设——基层社会管理创新的实践考察》,《公共管理学报》第 2 期, 第 51 ~ 59 页。

杨德明、赵璨, 2014,《国有企业高管为什么会滋生隐性腐败?》,《经济管理》第 10 期, 第 64 ~ 74 页。

杨灿明, 2001,《产权特性与产业定位——关于国有企业的另一个分析框架》,《经济研究》第 9 期, 第 53 ~ 59 页。

杨丹、章元, 2009,《选民需求的异质性与公共品供给:来自中国农村的证据》,《中国农村观察》第 5 期, 第 64 ~ 70 页。

杨光飞, 2004,《"地方合作主义"中的权力"越位"——对转型期地方"红顶商人"现象的一种反思》,《二十一世纪》网络版, 六月号。

杨鸿台, 2004,《论法治政府、责任政府、服务政府及政府职能转变》,《毛泽东邓小平理论研究》第 7 期, 第 3 ~ 13 页。

杨华, 2014,《"政府兜底":当前农村社会冲突管理中的现象与逻辑》,《公共管理学报》第 2 期, 第 115 ~ 128 页。

杨记军、逯东、杨丹, 2010,《国有企业的政府控制权转让研究》,《经济研究》第 2 期, 第 69 ~ 82 页。

杨继绳, 1998,《邓小平时代:中国改革开放二十年纪实》, 北京:中央编译出版社。

杨君、贾梦宇, 2013,《选举与资源:村庄精英流动与权力继替规则——基于皖南 S 村的调查》,《中国农村观察》第 4 期, 第 52 ~ 59 页。

杨君、王珺，2014，《地方官员政治承诺可信度及其行动逻辑——来自副省级城市政府年度工作报告（2002—2011）的经验证据》，《中山大学学报》（社会科学版）第1期，第165～182页。

阳敏、张宇蕊，2012，《公共事业单位改革路径演化：一个交易费用分析框架》，《中国软科学》第12期，第32～40页。

杨启先，1993，《国有企业改革的基本出路》，北京：中国大百科全书出版社。

杨瑞龙，1993，《论制度供给》，《经济研究》第8期，第45～52页。

杨瑞龙，1998，《我国制度变迁方式转换的三阶段论——兼论地方政府的制度创新行为》，《经济研究》第1期，第5～12页。

杨瑞龙、邢华，2007，《科斯定理与国家理论——权力、可信承诺与政治企业家》，《学术月刊》第1期，第84～90页。

杨瑞龙、王元、聂辉华，2013，《"准官员"的晋升机制：来自中国央企的证据》，《管理世界》第3期，第23～33页。

杨瑞龙、杨其静，2000，《阶梯式的渐进制度变迁模型——再论地方政府在我国制度变迁中的作用》，《经济研究》第3期，第24～31页。

杨瑞龙、周业安，1998，《相机治理与国有企业监控》，《中国社会科学》第3期，第4～17页。

杨善华、苏红，2002，《从"代理型政权经营者"到"谋利型政权经营者"——向市场经济转型背景下的乡镇政权》，《社会学研究》第1期，第17～24页。

杨善华、宋倩，2008，《税费改革后中西部地区乡镇政权自主空间的营造：以河北Y县为例》，《社会》第4期，第87～106页。

杨欣，2008，《政府·社会·市场——论中国政府职能转移的框架》，《经济体制改革》第1期，第30～34页。

杨心宇、季诺，1998，《论市场化与政府职能》，《学术月刊》第4期，第26～30页。

杨秀云、鲁政委、李晓玲，2002，《国有企业融资次序的政治经济学分析》，《当代经济科学》第6期，第30～33页。

杨雪冬、赖海荣，2009，《地方的复兴》，北京：社会科学文献出版社。

杨宇立，2007，《事业单位改革：路径、分类与"夹生化"后果》，《社会科学》第4期，第39～46页。

杨振杰，2006，《五保户供养制度的历史、现状及其未来走向——以湖北省咸安区为例》，《二十一世纪》网络版，三月号。

杨正军，2010，《近30年来中国善会善堂组织研究述评》，《开放时代》第2期，第149～158页。

杨治、路江涌、陶志刚，2007，《政治庇护与改制:中国集体企业改制研究》，《经济研究》第5期，第104～114页。

姚华，2013，《NGO与政府合作中的自主性何以可能?——以上海YMCA为个案》，《社会学研究》第1期，第21～42页。

叶本乾，2005，《村庄精英：村庄权力结构的中介地位》，《中国农村观察》第1期，第45～51页。

叶本乾，2005，《抵制与压制：地方治理中乡镇权力的两面性》，《二十一世纪》网络版，四月号。

叶春辉、罗仁福，2008，《农村公共物品提供策略：一个比较分析》，《浙江社会科学》第9期，第23～31页。

叶兴庆，1997，《论农村公共产品供给体制的改革》，《经济研究》第6期，第57～62页。

叶振鹏、国有企业改革与财政，2007，《财经研究》第5期，第10～12页。

尹海洁、游伟婧，2008，《非政府组织的政府化及对组织绩效的影响》，《公共管理学报》第3期，第71～81页。

易宪容，2000，《政府：国有企业改革难以逾越的障碍》，《江苏社会科学》第1期，第8～15页。

应松年、杨伟东，2006，《不断把政府职能转变推向深入》，《中国行政管理》
    第 4 期，第 9 ~ 13 页。

应星，2007，《草根动员与农民群体利益的表达机制——四个个案的比较研究》，
    《社会学研究》第 2 期，第 1 ~ 23 页。

应星，2007，《"气"与中国乡村集体行动的再生产》，《开放时代》第 6 期，第
    106 ~ 120 页。

游正林，2010，《60 年来中国工会的三次大改革》，《社会学研究》第 4 期，第
    76 ~ 105 页。

俞德鹏，2007，《农民负担问题的社会和法律分析》，《二十一世纪》网络版，
    五月号。

〔德〕于尔根·哈贝马斯，1999，《公共领域的结构转型》，南京：学林出版社。

余晖，2002，《政府管制改革的方向》，《战略与管理》第 5 期，第 57 ~ 65 页。

于建嵘，2000，《利益、权威和秩序——对村民对抗基层政府的群体性事件的
    分析》，《中国农村观察》第 4 期，第 70 ~ 76 页。

于建嵘，2001，《岳村政治：转型期中国乡村政治结构的变迁》，北京：商务印书馆。

于建嵘，2002，《乡镇自治：根据和路径》，《战略与管理》第 6 期，第
    117 ~ 120 页。

于建嵘，2002，《新时期中国乡村政治的基础和发展方向》，《中国农村观察》
    第 1 期，第 57 ~ 63 页。

于建嵘，2004，《当前农民维权活动的一个解释框架》，《社会学研究》第 2 期，
    第 49 ~ 55 页。

于建嵘，2005，《当代中国农民维权组织的发育与成长——基于衡阳农民协会
    的实证研究》，《中国农村观察》第 2 期，第 57 ~ 64 页。

于建嵘，2006，《农会组织与建设新农村——基于台湾经验的政策建议》，《中
    国农村观察》第 2 期，第 71 ~ 78 页。

郁建兴、高翔，2013，《地方发展型政府的行为逻辑及其制度基础》，载〔德〕

托马斯·海贝勒、〔德〕舒耕德、杨雪东主编《"主动的"地方政治：作为战略群体的县乡干部》，北京：中央编译出版社。

郁建兴、阳盛益，2007，《民间商会的绩效与发展——基于浙江省温州市的研究》，《公共管理学报》第4期，第112～120页。

俞可平，2002，《中国市民社会的兴起与治理的变迁》，北京：社会科学文献出版社。

俞可平、徐秀丽，2004，《中国农村治理的历史与现状——以定县、邹平和江宁为例的比较分析》，《经济社会体制比较》第2期，第13～26页。

俞可平，2006，《中国市民社会：概念、分类与制度环境》，《中国社会科学》第1期，第109～122页。

于立、孟韬，2004，《国有企业买断工龄的问题与规范——以东北老工业基地资源枯竭型国有企业为例》，《社会科学战线》第6期，第55～62页。

余敏江、吴凯，2011，《引导型政府职能模式：理论内涵、发生机制与完善进路》，《甘肃社会科学》第2期，第179～182页。

于宁，2008，《政府职能重塑与政府自利性的约束机制》，《中国行政管理》第1期，第33～35页。

喻希来，2001，《21世纪中国现代化议程（上）》，《战略与管理》第2期，第67～77页。

喻希来，2001，《21世纪中国现代化议程（下）》，《战略与管理》第4期，第1～12页。

于晓虹、李姿姿，2001，《当代中国社团官民二重性的制度分析——以北京市海淀区个私协会为个案》，《开放时代》第9期，第90～96页。

余伟萍、陈维政、吴继红，2002，《国有企业改革中职工地位问题的探讨》，《四川大学学报》（哲学社会科学版）第5期，第24～29页。

原会建，2013，《制度环境变迁下国有企业工会转型及其困境》，《中国行政管理》第1期，第64～67页。

原会建，2014，《转型期国有企业工会维护职工权益的机制分析》，《江西社会
　　科学》第 12 期，第 204～210 页。

袁志刚、邵挺，2010，《国有企业的历史地位、功能及其进一步改革》，《学术
　　月刊》第 1 期，第 55～66 页。

〔英〕约翰·洛克，1964，《政府论》（下篇），北京：商务印书馆。

〔英〕约翰·希克斯，2002，《经济史理论》，北京：商务印书馆。

岳健勇，2011，《中国模式的神话——市场列宁主义与全球资本主义的联姻》，
　　《领导者》第 3 期。

岳经纶、屈恒，2007，《非政府组织与农民工权益的维护——以番禺打工族
　　文书处理服务部为个案》，《中山大学学报》（社会科学版）第 3 期，第
　　80～85 页。

〔美〕约瑟夫·斯蒂格利茨，1998，《政府为什么干预经济》，北京：中国物资
　　出版社。

〔美〕约瑟夫·斯蒂格利茨，1998，《社会主义向何处去：经济体制转型的理论
　　与证据》，长春，吉林人民出版社。

曾繁旭，2006，《NGO 媒体策略与空间拓展——以绿色和平建构 . 金光集团云南
　　毁林 . 议题为个案》，《开放时代》第 6 期，第 22～42 页。

曾明，2008，《农业税取消后乡镇政府财政转移支付过程——基于江西省 C 乡
　　的调查研究》，《公共行政评论》第 5 期，第 57～80 页。

曾毅，2011，《新发展主义的历史制度主义分析》，《马克思主义与现实》第 2
　　期，第 149～153 页。

〔美〕詹姆斯·布坎南，1988，《自由、市场与国家：20 世纪 80 年代的政治
　　经济学》，北京：北京经济学院出版社。

〔美〕詹姆斯·德勒斯、〔加〕丹尼尔·R. 柯丹，2011，《社区试验：中国城市
　　的基层政治改革》，载吕增奎主编《民主的长征:海外学者论中国政治发展》，
　　北京：中央编译出版社。

〔美〕詹姆斯·马洪尼，2014，《理性选择理论与比较方法：一个正在出现的综合?》，《国外理论动态》第 11 期，第 77 ~ 84 页。

张兵、楚永生，2006，《农村公共物品供给制度探析》，《江海学刊》第 5 期，第 95 ~ 100 页。

张丙宣，2013，《对峙与摆平：城郊农民与乡镇政府的博弈机制——以杭州市 A 镇为个案的研究》，《中国农村观察》第 2 期，第 57 ~ 64 页。

张超、孙健，2005，《利益集团理论与国有企业制度变迁——国有企业承包制—股份制案例研究》，《财经问题研究》第 12 期，第 3 ~ 9 页。

张陈健，2010，《权力的嵌入性分析——国有资产重组下的企业结盟》，《社会》第 5 期，第 25 ~ 45 页。

张承耀，1995，《"内部人控制"问题与中国企业改革》，《改革》第 3 期，第 29 ~ 33 页。

张春霖，1996，《从百户试点看国有企业改革》，《改革》第 5 期，第 15 ~ 20 页。

张春霖，2008，《国有企业改革：效率与公平的视角》，《经济社会体制比较》第 4 期，第 30 ~ 34 页。

张春香，2002，《对加快政府职能转变问题的新思考》，《中州学刊》第 6 期，第 42 ~ 44 页。

张国庆，2000，《行政管理学概论》，北京：北京大学出版社。

张国有，2014，《建造国有企业的初衷——共和国初期阶段国有企业存在的理由》，《经济与管理研究》第 10 期，第 27 ~ 35 页。

张海东、丛玉飞，2009，《社会空间的拓展：新一轮政府机构改革透视》，《江海学刊》第 2 期，第 122 ~ 127。

张皓，2014，《后工业化进程中政府职能模式的选择》，《兰州学刊》第 1 期，第 163 ~ 168 页。

张厚安、谭同学，2001，《村民自治背景下的乡村关系——湖北木兰乡个案分析》，《中国农村观察》第 6 期，第 58 ~ 64 页。

张华，2015，《连接纽带抑或依附工具：转型时期中国行业协会研究文献评述》，《社会》第 3 期，第 221 ～ 240 页。

张晖、倪桂萍，2007，《财政补贴、竞争能力与国有企业改革》，《财经问题研究》第 2 期，第 86 ～ 92 页。

张建伟，2003，《"变法"模式与政治稳定性——中国经验及其法律经济学含义》，《中国社会科学》第 1 期，第 137 ～ 150 页。

张紧跟，2012，《从结构论争到行动分析：海外中国 NGO 研究述评》，《社会》第 3 期，第 198 ～ 223 页。

张静，2000，《基层政权：乡村制度诸问题》，杭州，浙江人民出版社。

张静，2001，《国家政权建设与乡村自治单位——问题与回顾》，《开放时代》第 9 期，第 5 ～ 13 页。

张静，2003，《阶级政治与单位政治——城市社会的利益组织化结构和社会参与》，《开放时代》第 2 期，第 109 ～ 119 页。

张景峰，2002，《村民自治的法哲学分析》，《中国农村观察》第 6 期，第 53 ～ 58 页。

张军、罗长远、冯俊，2003，《市场结构、成本差异与国有企业的民营化进程》，《中国社会科学》第 5 期，第 4 ～ 15 页。

张军，1997，《中国农村的公共产品供给：改革后的变迁》，载胡春惠主编《转型期的中国社会经济问题论文集》，香港：珠海书院亚洲研究中心。

张军、王祺，2004，《权威、企业绩效与国有企业改革》，《中国社会科学》第 5 期，第 106 ～ 207 页。

张康之，1998，《政府职能模式的选择》，《浙江学刊》第 6 期，第 5 ～ 8 页。

张康之，1999，《政府职能的历史变迁》，《学术界》第 1 期，第 1 ～ 4 页。

张康之，2000，《建立引导型政府职能模式》，《新视野》第 1 期，第 44 ～ 46 页。

张康之、张乾友，2008，《对"市民社会"和"公民国家"的历史考察》，《中国社会科学》第 3 期，第 15 ～ 27 页。

张立涛，2006，《村民自治的法理依据研究》，《二十一世纪》网络版，八月号。

张敏、王成方、刘慧龙，2013，《冗员负担与国有企业的高管激励》，《金融研究》第 5 期，第 140 ~ 151 页。

张乐天，1997，《公社制度终结后的农村政治与经济——浙北农村调查引发的思考》，《战略与管理》第 1 期，第 110 ~ 120 页。

张立涛，2006，《村民自治的法理依据研究》，《二十一世纪》网络版，八月号。

张明澍，2014，《论政府与市场关系的两个主要方面》，《政治学研究》第 6 期，第 62 ~ 70 页。

章奇、刘明兴，2007，《局部性改革的逻辑：理论与中国农村市场发展和商业环境的案例》，《经济学》（季刊）第 1 期，第 127 ~ 150 页。

张沁洁、王建平，2010，《行业协会的组织自主性研究——以广东省级行业协会为例》，《社会》第 5 期，第 75 ~ 95 页。

张曙光，2005，《从计划"合约"走向市场合约——对国有企业改革的进一步思考》，《管理世界》第 1 期，第 96 ~ 101 页。

张世勇、杨华，2014，《农民"闹大"与政府"兜底"：当前农村社会冲突管理的逻辑构建》，《中国农村观察》第 1 期，第 81 ~ 88 页。

张泰城、陈剑林，2010，《经济学的人性假定与地方政府职能定位》，《经济问题》第 2 期，第 20 ~ 25 页。

张涛，2003，《中国政府角色的变迁与趋向——以"一五"计划和"十五"计划为例》，载黄卫平、汪永成主编《当代中国政治研究报告》（第二辑），北京：社会科学文献出版社，第 85~98 页。

章文光，2005，《科学定位我国政府职能》，《学术界》第 3 期，第 162 ~ 166 页。

章文光、王力军，2006，《社会主义市场经济视野下的政府职能》，《学术界》第 1 期，第 182~187。

张文魁，2008，《国有企业改革 30 年的中国范式及其挑战》，《改革》第 10 期，第 5 ~ 18 页。

张维迎，1996，《国有企业改革出路何在？》，《经济社会体制比较》第 1 期，第 13 ~ 19 页。

张维迎、栗树和，1998，《地区间竞争与中国国有企业的民营化》，《经济研究》第 12 期，第 13 ~ 22 页。

张五常，1999，《关于新制度经济学》，载拉斯·沃因，汉斯·韦坎德《契约经济学》，北京：经济科学出版社。

张武林，1988，《国有企业改革十大主要观点述评》，《陕西财经学院学报》第 1 期，第 80 ~ 84 页。

张夏准、周建军，2010，《国家发展战略视角的公共投资和国有企业改革》，《中共中央党校学报》第 3 期，第 16 ~ 20 页。

张晓波、樊胜根、张林秀、黄季焜，2003，《中国农村基层治理与公共物品提供》，《经济学》（季刊）第 4 期，第 947 ~ 960 页。

张晓群，2005，《国有资产要不要转换及如何转换》，《二十一世纪》网络版，二月号。

张新文，2004，《非营利组织性质探讨——以行业协会为例的研究》，《公共管理学报》第 4 期，第 41 ~ 45 页。

张英洪，2009，《农民、公民权与国家——以湖南省山脚下村为例》，《中国农村观察》第 3 期，第 75 ~ 84 页。

张永宏、李静君，2012，《制造同意：基层政府怎样吸纳民众的抗争》，《开放时代》第 7 期，第 5 ~ 25 页。

张玉林，2003，《分级办学制度下的教育资源分配与城乡教育差距——关于教育机会均等问题的政治经济学探讨》，《中国农村观察》第 1 期，第 10 ~ 22 页。

张玉林，2004，《目前中国农村的教育危机》，《战略与管理》第 4 期，第 38 ~ 48 页。

张元红，2004，《农村公共卫生服务的供给与筹资》，《中国农村观察》第 5 期，第 50 ～ 59 页。

张志敏，2009，《改革开放以来政府职能转变的路径与战略突破》，《改革》第 2 期，第 125 ～ 130 页。

张仲礼，1991，《中国绅士》，上海：上海社会科学院出版社。

张钟汝、范明林、王拓涵，2009，《国家法团主义视域下政府与非政府组织的互动关系研究》，《社会》第 4 期，第 167 ～ 194 页。

张卓元，1999，《中国的国有企业改革与公共政策变迁》，《财贸经济》第 2 期，第 13 ～ 18 页。

张卓元，2001，《新世纪国企改革面临的七大问题及深化改革设想》，《经济学家》第 6 期，第 15 ～ 21 页。

赵凌云，1999，《1978 ～ 1998 年间中国国有企业改革发生与推进过程的历史分析》，《当代中国史研究》第 Z1 期，第 199 ～ 218 页。

赵凌云，1999，《1979 ～ 1999 年间中国国有企业治理结构演变的历史分析》，《中南财经大学学报》第 6 期，第 1 ～ 9 页。

赵凌云，2005，《公共物品的生产与社区整合机制》，《社会》第 1 期，第 99 ～ 118 页。

赵甦成，2007，《中国大陆农民工非政府组织的发展：资源网络的观点》，《非政府组织学刊》（台湾）第 2 期，第 25 ～ 44 页。

赵树凯，1999，《社区冲突和新型权力关系——关于 196 封农民来信的初步分析》，《中国农村观察》第 2 期，第 40 ～ 48 页。

赵秀梅，2004，《中国 NGO 对政府的策略：一个初步考察》，《开放时代》第 6 期，第 5~23 页。

赵秀梅，2008，《基层治理中的国家—社会关系——对一个参与社区公共服务的 NGO 的考察》，《开放时代》第 4 期，第 87 ～ 103 页。

赵文华、安立仁、席酉民，1998，《国有企业中共谋问题的研究》，《中国软科学》第 8 期，第 90 ～ 94 页。

赵霞，2011，《传统乡村文化的秩序危机与价值重建》，《中国农村观察》第 3 期，第 80 ~ 86 页。

赵小平、王乐实，2013，《NGO 的生态关系研究——以自我提升型价值观为视角》，《社会学研究》第 1 期，第 1 ~ 20 页。

赵旭东，2008，《乡村成为问题与成为问题的中国乡村研究——围绕晏阳初模式的知识社会学反思》，《中国社会科学》第 3 期，第 110 ~ 117 页。

赵延东，1997，《利益集团与国有企业改革》，《经济体制改革》第 6 期，第 65 ~ 68 页。

赵莹，2010，《财政分权：促进国有企业效率提高的可置信承诺机制》，《现代财经》（天津财经大学学报）第 5 期，第 37 ~ 41 页。

郑成文，1997，《国有企业改革的制度成本分析》，《开放时代》第 6 期，第 71 ~ 75 页。

郑法，2000，《农村改革与公共权力的划分》，《战略与管理》第 4 期，第 19 ~ 26 页。

郑广怀，2010，《劳工权益与安抚型国家——以珠江三角洲农民工为例》，《开放时代》第 5 期，第 27 ~ 38 页。

郑红亮，1992，《改革过程中的国有企业行为——769 家国有工业企业厂长（经理）问卷分析，《经济研究》第 5 期，第 22 ~ 29 页。

郑家昊，2013，《论引导型政府职能模式》，《北京行政学院学报》第 2 期，第 46 ~ 49 页。

郑石桥、李曼、郑卓如，2013，《国有企业监督制度"稻草人"现象——一个制度协调理论架构》，《北京师范大学学报》（社会科学版）第 5 期，第 98 ~ 106 页。

郑小强，2013，《政府职能转变动力机制研究——系统动力学观点》，《上海行政学院学报》第 3 期，第 55 ~ 63 页。

郑小勇，2008，《行业协会对集群企业外生性集体行动的作用机理研究》，《社会学研究》第 6 期，第 108～130 页。

郑新法，1995，《今年国有企业改革有哪些新举措？——访国家体改委副主任王
　　仕元》，《改革与理论》第 3 期，第 3～5 页。

郑卫东，2004，《农民集体上访的发生机理：实证研究》，《中国农村观察》第 2
　　期，第 75～79 页。

郑永年，1997，《地方民主、国家建设与中国政治发展模式：对中国政治民主
　　化的现实估计》，《当代中国研究》第 2 期。

郑永年，1998，《中国会变得更民主吗？》，载陈明通、郑永年主编《两岸基层
　　选举与政治社会变迁》，台北：台湾月旦出版社。

郑永年，2007，《国际发展视野中的中国经验》，《开放时代》第 4 期，第
　　26～30 页。

郑永年、王旭，2001，《论中央地方关系中的集权和民主问题》，《战略与管理》
　　第 3 期，第 61～70 页。

智效和，1994，《俄罗斯的私有化：期望与现实》，《战略与管理》第 4 期，第
　　76～84 页。

支振锋、臧劢，2009，《"中国模式"与"中国学派"——"人民共和国 60 年
　　与中国模式"学术研讨会综述》，《开放时代》第 4 期，第 140～148 页。

中国市场经济研究会调查组，1995，《国有中小型企业改革的一种成功模式——
　　山东省诸城市国有企业改革调查报告》，《中国国情国力》第 6 期，第
　　29～30 页。

钟海燕、冉茂盛、文守逊，2010，《政府干预、内部人控制与公司投资》，《管
　　理世界》第 6 期，第 98～108 页。

钟柳红，1999，《我国国有企业改革 20 年述评》，《学术论坛》第 4 期，第
　　38～42 页。

周彬，2013，《目标激励、利益集团与国有企业改革》，《江汉论坛》第 9 期，
　　第 18～24 页。

周冰，2004，《中国转型期经济改革理论的发展》，《南开学报》第 2 期，第 30 ～ 43 页。

周冰，2013，《从权力走向权利：转型经济和谐发展的枢纽》，《学术月刊》第 2 期，第 99 ～ 106 页。

周冰、黄卫华、商晨，2008，《论过渡性制度安排》，《南开经济研究》第 2 期，第 64 ～ 78 页。

周冰、靳涛，2005，《经济体制转型方式及其决定》，《中国社会科学》第 1 期，第 71 ～ 82 页。

周冰、李美嵩，2006，《策略型过渡性制度安排——中国财政大包干体制研究》，《浙江大学学报》（人文社会科学版）第 11 期，第 59 ～ 66 页。

周冰、商晨，2005，《转型期的"国家理论"模型》，《江苏社会科学》第 1 期，第 1 ～ 6 页。

周冰、谭庆刚，2004，《中国市场经济产生的内在逻辑》，《南开经济研究》第 5 期，第 13 ～ 18 页。

周冰、郑志，2001，《公有制企业改革中控制权的分配——河南注油器厂产权制度改革案例研究》，《经济研究》第 1 期，第 38 ～ 44 页。

周冰、钟玉文，2010，《最高（政治）决策者的效用函数》，《南开学报》（哲学社会科学版）第 2 期，第 105 ～ 114 页。

周长城，1999，《国有企业中职工的社会地位与层化——某有限公司的个案研究》，《社会科学研究》第 2 期，第 108 ～ 114 页。

周飞舟，2006，《分税制十年：制度及其影响》，《中国社会科学》第 6 期，第 100 ～ 115 页。

周飞舟，2006，《从汲取型政权到"悬浮型"政权——税费改革对国家与农民关系之影响》，《社会学研究》第 3 期，第 1 ～ 38 页。

周飞舟、赵阳，2003，《剖析农村公共财政：乡镇财政的困境和成因——对中西部地区乡镇财政的案例研究》，《中国农村观察》第 4 期，第 25 ～ 37 页。

周光辉、殷冬水，2012，《垄断经营：社会正义的困境——中国国有企业行业垄断问题的政治学分析》，《社会科学战线》第 2 期，第 159 ~ 168 页。

周俊，2014，《政府与社会组织关系多元化的制度成因分析》，《政治学研究》第 5 期，第 83 ~ 94 页。

周里安，2000，《意识形态在中国经济改革中的角色》，《开放时代》第 5 期，第 126 ~ 127 页。

周黎安，2007，《中国地方官员的晋升锦标赛模式研究》，《经济研究》第 7 期，第 36 ~ 50 页。

周黎安，2014，《行政发包制》，《社会》第 6 期，第 1 ~ 38 页。

周叔莲，1989，《我国企业改革的历史回顾》，《当代经济科学》第 1 期，第 1 ~ 10 页。

周叔莲，1998，《二十年来中国国有企业改革的回顾与展望》，《中国社会科学》第 6 期，第 44 ~ 58 页。

周穗明，2003，《西方新发展主义理论述评》，《国外社会科学》第 5 期，第 44 ~ 52 页。

周文翠，2012，《论政府职能转变的两个维度——应对风险社会的视角》，《中共福建省委党校学报》第 3 期，第 33 ~ 38 页。

周雪光，2005 年《"关系产权"：产权制度的一个社会学解释》，《社会学研究》第 2 期，第 1 ~ 31 页。

周雪光，2009，《一叶知秋：从一个乡镇的村庄选举看中国社会的制度变迁》，《社会》第 3 期，第 1 ~ 24 页。

周雪光，2009，《基层政府间的"共谋现象"——一个政府行为的制度逻辑》，《开放时代》第 12 期，第 40 ~ 55 页。

周雪光，《权威体制与有效治理：当代中国国家治理的制度逻辑》，载周雪光，刘世定，折晓叶，北京：中国科学出版社，2012。

周雪光、艾云，2010，《多重逻辑下的制度变迁：一个分析框架》，《中国社会科学》第 4 期，第 132～150 页。

周雪光、练宏，2012，《中国政府的治理模式：一个"控制权"理论》，《社会学研究》第 5 期，第 69～93 页。

朱安东，2014，《破除国有企业低效论——来自混合经济体的证据》，《政治经济学评论》第 4 期，第 140～164 页。

朱德米，2007，《理念与制度：新制度主义政治学的最新进展》，《国外社会科学》第 4 期，第 29～33 页。

朱迪，2012，《混合研究方法的方法论、研究策略及应用——以消费模式研究为例》，《社会学研究》第 4 期，第 146～166 页。

朱钢，2002，《农村税费改革与乡镇财政缺口》，《中国农村观察》第 2 期，第 13～20 页。

朱钢，1995，《财税体制改革对农村发展的影响》，《中国农村观察》第 4 期，第 14～20 页。

朱光磊、于丹，2008，《建设服务型政府是转变政府职能的新阶段——对中国政府转变职能过程的回顾与展望》，《政治学研究》第 6 期，第 67～72 页。

朱国伟、徐晓林，2013，《论中央政府职能的结构性特征及其道德要求》，《学习与实践》第 9 期，第 13～21 页。

朱红军、陈继云、喻立勇，2006，《中央政府、地方政府和国有企业利益分歧下的多重博弈与管制失效——宇通客车管理层收购案例研究》，《管理世界》第 4 期，第 115～129 页。

朱健刚，2004，《草根 NGO 与中国市民社会的成长》，《开放时代》第 6 期，第 36～47 页。

朱健刚，2007，《国际 NGO 与中国地方治理创新——以珠三角为例》，《开放时代》第 5 期，第 34～49 页。

朱健刚，2011，《以理抗争：都市集体行动的策略——以广州南园的业主维权为例》，《社会》第 3 期，第 24～41 页。

朱健刚、陈安娜，2013，《嵌入中的专业社会工作与街区权力关系——对一个政府购买服务项目的个案分析》，《社会学研究》第 1 期，第 43～64 页。

朱健刚、胡明，2011，《多元共治：对灾后社区重建中参与式发展理论的反思——以"5.12"地震灾后社区重建中的新家园计划为例》，《开放时代》第 10 期，第 5～25 页。

朱健刚、赖伟军，2014，《"不完全合作"：NGO 联合行动策略——以"5·12"汶川地震 NGO 联合救灾为例》，《社会》第 4 期，第 187～209 页。

朱克朋、刘小玄，2012，《国有企业效率与退出选择——基于部分竞争性行业的经验研究》，《经济评论》第 3 期，第 66～74 页。

朱玲，2000，《政府与农村基本医疗保健保障制度选择》，《中国社会科学》第 4 期，第 89～99 页。

朱晓阳、谭颖，2010，《对中国"发展"和"发展干预"研究的反思》，《社会学研究》第 4 期，第 175～198 页。

朱新山，2000，《村民自治发展的制度困境》，《开放时代》第 1 期，第 93～97 页。

朱学勤，2015，《激荡 30 年：改革开放的经验总结》，互联网，http://www.usc.cuhk.edu.hk/PaperCollection/Details.aspx?id=6548，5 月 21 日。

朱哲，2002，《入世后政府职能转变的路径选择分析》，《长白学刊》第 6 期，第 28～29 页。

朱珍，2010，《国企财政分配关系的 60 年嬗变——制度变迁与宪政框架构建.地方财政研究》第 3 期，第 65～69 页。

庄文嘉，2011，《跨越国家赋予的权利？对广州市业主抗争的个案研究》，《社会》第 3 期，第 88～113 页。

宗寒，2008，《国企改革三十年亲历记》，上海：上海人民出版社。

邹平学，2007，《社会转型期的中国宪政发展——以中国改革和宪政发展的互动关系为视角》，《当代中国政治研究报告》，第 239～258 页。

邹树彬、黄卫平、刘建光，2003，《乡镇长选举方式改革中诸种力量的博弈——大鹏镇与步云乡直选改革命运的个案分析》，《中国农村观察》第 4 期，第 56 ~ 63 页。

左秋明，2013，《论市民社会建设与政府职能转变》，《兰州学刊》第 8 期，第 153 ~ 156 页。

英文文献

Acemoglu, D. Why not a political Coase theorem? Social conflict, commitment, and politics, *Journal of Comparative Economics*, 2003, 31(4), 620~652.

Acemoglu, D., Robinson, J.A. A theory of political transitions. *American Economic Review*, 2001, 91(4), 938~963.

Acemoglu, D., Robinson, J.A. Economic backwardness in political perspective, *American Political Science Review*, 2006, 100(1), 115~131.

Alpermann, B. The post-election administration of Chinese villages, *The China Journal*, 2001, (46), 45~67.

Alston, L.J., Mueller, B. Property rights and the state, in C. Menard, M. M. Shirley, *Handbook of New Institutional Economics*, Dordrecht: Springer, 2005, 573~590.

Bai, C.E., Li, D.D., Tao, Z., Wang, Y. A multitask theory of state enterprise reform, *Journal of Comparative Economics*, 2000, 28(4), 716~738.

Bai, C. E., Du, Y. J., Tao, Z. G., Tong, Y. T., Local protectionism and regional specialization: Evidence from China's industries, *Journal of International Economics*, 2004, 63(2), 397~417.

Barzel, Y. Property rights and the evolution of the state, *Economics of*

Governance, 2000, 1(1), 25~51.

Bates, R.H. *Markets and States in Tropical Africa: The Political Basis of Agricultural Policies*, Berkeley: University of California Press, 1981.

Bates, R.H. *Beyond the Miracle of the Market: The Political Economy of Agrarian Development in Kenya*, Cambridge: Cambridge University Press, 1989.

Bates, R. Macropolitical economy in the field of development, In: J.E. Alt, K.A. Shepsle, *Perspectives on Positive Political Economy*, Cambridge:Cambridge University Press, 1990, 25–50.

Bates, R.H., Lien, D.D. A note on taxation, development, and representative government. *Politics and Society*, 1985, 14(1), 53~70.

Bates, R., Greif, A., Levi, M., Rosenthal, J. & Weingast, B. *Analytical Narratives*. New Jersey: Princeton University Press, 1998.

Bell, S. Do we really need a new 'constructivist institutionalism' to explain institutional change? *British Journal of Political Science*, 2011, 41, (4), 883~906.

Bell, S., Feng, H. How proximate and 'meta‐institutional' contexts shape institutional change: Explaining the rise of the People's Bank of China, *Political Studies*, 2014, 62(1), 197~215.

Bergere, M.C. Civil society and urban change in Republican China, *The China Quarterly*, 1997, (150), 309~328.

Bernstein, T.P., Lü, X. *Taxation without representation in contemporary rural China*, Cambridge: Cambridge University Press, 2003.

Bergere, M.C. Civil society and urban change in Republican China, *The China Quarterly*, 1997, (150), 309~328.

Blyth, M. *Great Transformations: Economic Ideas and Institutional Change in the Twentieth Century*, Cambridge: Cambridge University Press, 2002.

Brandtstädter, S., Schubert, G. Democratic thought and practice in rural China, *Democratization*, 2005, 12(5), 801~819.

Brunner, S., Flachsland, C., Marschinski, R., Credible commitment in carbon policy, *Climate Policy*, 2012, 12(2): 255~271.

Burawoy, M. For a sociological Marxism: The complementary convergence of antonio cramsci and Karl Polanyi, *Politics and Society*, 2003, 31(2), 193~261.

Caballero, G., Arias, X.C. Transaction cost politics in the map of the new institutionalism. In: N. Schofield, G. Caballero and D. Kselman, Eds., *Advances in Political Economy: Institutions, Modeling and Empirical Analysis*. Springer-Verlag Berlin Heidelberg, 2013.

Cai, Y. Collective ownership or cadres' ownership? The non-agricultural use of farmland in China, *The China Quarterly*, 2003, (175), 662~680.

Campbell, J.L. *Institutional Change and Globalization*, Princeton: Princeton University Press, 2004.

Campbell, J.L., Pedersen, O.K. *The Rise of Neoliberalism and Institutional Analysis*, Princeton: Princeton University Press, 2001.

Carey, J.M. Parchment, equilibria, and institutions, *Comparative Political Studies*, 2000, 33(6/7), 735~761.

Chan, A. Revolution or corporatism? Workers and trade unions in post-mao China, *The Australian Journal of Chinese Affairs*, 1993, (29), 31~61.

Chen, F. Industrial restructuring and workers' resistance in China, *Modern China*, 2003, 29(2), 237~262.

Chen, F. Between the state and labour: The conflict of Chinese trade unions' double identity in market reform, *The China Quarterly*, 2003(176), 1006~1028.

Chen, H. State power and village cadres in contemporary China: the case of rural land transfer in Shandong province, *Journal of Contemporary China*, 2015, 24(95), 1~20.

Chen, J. Transnational environmental movement: impacts on the green civil society in China, *Journal of Contemporary China*, 2010, 19(65), 503~523.

Cheng, L., White, L. The thirteenth central committee of the Chinese communist party: From mobilizers to managers, *Asian Survey*, 1988, 28(4), 371~399.

Cheung, S. The contractual nature of the firm, *Journal of Law and Economics*, 1983, 26(1), 1~21.

Coase, R.H. The nature of the firm, *Economica*, 1937, 4(16), 386~405.

Coase, R.H. The problem of social cost. *Journal of Law and Economic Review*, 1960, 3(1), 94-19.

Coase, R.H. An interview with Ronald Coase, *ISNIE Newslett*, 1999, 2(1), 3~10.

Coase, R.H., Wang, N. *How China Became Capitalist*. New York: Palgrave Macmillan, 2012.

Coleman, J.C. *The Foundations of Social Theory*, Cambridge: Harvard University Press, 1990.

Cooley, A., Spruyt, H. *Contracting states: Sovereign transfers in international relations*, Princeton University Press, 2009.

Dahlman, C.J. The problem of externality. *Journal of Law and Economics*, 1979, 22(1), 141~162.

Dahl, R.A. The Science of Public Administration: Three Problems, *Public Administration Review*, 1947, 7(1), 1~11.

Davis L.E, North, D.C., Smorodin, C. *Institutional Change and American Economic Growth*, New York: Cambridge University Press, 1971.

De Magalhães, L., Giovannoni, F. *War, Financing and the Transition from Absolutism to Rule by Parliament*. Mimeo: Bristol University Press, 2012.

Demsetz, H. The cost of transacting, *The Quarterly Journal of Economics*, 1968, 82(1), 33~53.

Deva, S. Western conceptualization of administrative development: A critique and an alternative, *International Review of Administrative Sciences*, 1979, 45(1), 59~63.

Dewatripont, M., Maskin, E. Credit and efficiency in centralized and decentralized economies, *The Review of Economic Studies*, 1995, 62(4), 541~555.

Dickson, B.J. *Wealth into Power: The Communist Party's Embrace of China's Private Sector*, Cambridge: Cambridge University Press, 2008.

Dickson, B.J. Cooptation and corporatism in China: the logic of party adaptation, *Political Science Quarterly*, 2000, 115(4), 517~540.

DiMaggio, P. Interest and Agent in Institutional Theory, in L.G. Zucker, *Institutional Patterns and Organizations*, Pensacola: Ballinger Publishing Company, 1988, 3—22.

Dittmer, L. Chinese informal politics, *The China Journal*, 1995, (34), 1~34.

Dixit, A. *The Making of Economic Policy: A Transaction-Cost Politics Perspective*, Cambridge, MIT Press, 1996.

Dixit, A. Some lessons from transaction-cost politics for less-developed countries. *Economics and Politics*, 2003, 15(2), 107~133.

Dixit, A. *Lawlessness and Economics*, Princeton: Princeton University Press, 2004.

Dixit, A., Olson, M. Does voluntary participation undermine the Coase Theorem? *Journal of Public Economics*, 2000, 76(3), 309~335.

Dobbin, F. Forging Industrial Policy: The United States, Britain, and France in the Railway Age, Cambridge: Cambridge University Press, 1994.

Dobbin, F. The sociological view of the economy, in F. Dobbin, *The New Economic Sociology: A Reader*, Princeton: Princeton University Press, 2004.

Dobbin, F. Comparative and historical approaches in economics and sociology. in N.J. Smelser, R. Swedberg *The Handbook of Economic Sociology (Second Edition)*, Peinceton: Princeton University Press, 2005.

Drobak, J.N., Nye, J. *The Frontiers of the New Institutional Economics*, San Diego: Academic Press, 1997.

Ellickson, R.C. *Order without Law*, Cambridge: Harvard University Press, 1991.

Epstein, A.B. Village elections in China: Experimenting with democracy, in U. S. Congress, Joint Economic Committee, *China's Economic Future: Challenges to U. S. Policy*, Washington: Government Printing Office, 1996.

Epstein, D., O'Halloran, S. *Delegating Powers: A Transaction Cost Politics Aapproach to Policy Making under Separate Powers*. Cambridge:

Cambridge University Press, 1999.

Esman, M. Development assistance in public administration: Requiem or renewal, *Public Administration Review*, 1980, 40(5), 426~431.

Evans, P. B. *Embedded autonomy: States and industrial transformation*, Princeton, NJ: Princeton University Press, 1995.

Evans, P. B. Government action, social capital and development: Reviewing the evidence on synergy, *World Development*, 1996, 24(6), 1119~1132.

Farazmand, A. Administrative reform and development: an introduction. In: A. Farazmand, eds. *Administrative Reform and Development*, Westport, Praeger Publishers, 2002, 1~12.

Farrell, H., Knight, J. Trust, institutions, and institutional change: Industrial districts and the social capital hypothesis, Politics & Society, 2003, 31(4), 537~566.

Fligstein, N. The Transformation of Corporate Control, Cambridge: Harvard University Press, 1993.

Fligstein, N. Social skill and the theory of fields, *Sociological Theory*, 2001, 19 (2), 105~125.

Florini, A., Lai, H., & Tan, Y. *China Experiments: From Local Innovations to National Reform*. Brookings Institution Press, 2012.

Foster, K.W. Associations in the embrace of an authoritarian state: State domination of society? *Studies in Comparative International Development*, 2001, 35(4), 84~109.

Foster, K.W. Embedded within state agencies: Business associations in Yantai, *The China Journal*, 2002, (47), 41~65.

Freeny, D. The demand and supply of institutional arrangement, In: V.

Ostrom, D. Feeny, H. Picht, *Rethinking Institutional Analysis and Development: Issues, Alternatives and Choices*, Ics Pr, 1988, 159~209.

Friedland, R., Alford, R.R. Bringing society back in: Symbols, practices and institutional contradictions, in Powell, W.W., Dimaggio, P.J., The New Institutionalism in Organizational Analysis, Chicago: University of Chicago Press, 1991, 232~263.

Froissart, C. Escaping from under the Party's thumb: A few examples of migrant workers' strivings for autonomy, *Social Research*, 2006, 73(1), 197~218.

Frolic, B.M. state-led civil society, In T. Brook, B. M. Frolic, *Civil Society in China*, New York: M. E. Sharpe, 1997.

Fukuyama, F. The Origins of Political Order: From Prehuman Times to The French Revolution, London: Profile Books, 2011.

Furubotn, E.G., Richter, R. The new institutional economics: an assessment. In: E.G. Furubotn, *New Institutional Economics*, London: Edward Elgar, 1992, 1~32.

Furubotn, E.G., Richter, R. *Institutions and Economic Theory: The Contribution of the New Institutional Economics*, Detroit: University of Michigan Press, 1996.

Giddens, A. *A Contemporary Critique of Historical Materialism. Vol. 2. The Nation State and Violence*, Cornell: University of Cainifornia Press, 1985.

Ghosh, R., Kathuria, V. Gas based power generation in India: Lessons from a transaction cost analysis, *Energy Strategy Reviews*, 2015, 8, 1~7.

Granovetter, M. Economic action and social structure: The problem of embeddedness, *American Journal of Sociology*, 1985, 91(3), 481~510.

Granovetter, M. Economic institutions as social constructions: A framework for analysis, *Acta Sociologica*, 1992, 35(1), 3~11.

Greif, A. Trading institutions and the commercial revolution in Medieval Europe, *Economics in a Changing World*, 1994, 1, 115~25.

Greif, A. On the political foundations of the late medieval commercial revolution: Genoa during the twelfth and thirteenth centuries. *The Journal of Economic History*, 1994a, 54(2), 271~287.

Greif, A. Cultural beliefs and the organization of society: A historical and theoretical reflection on collectivist and individualist societies, *Journal of Political Economy*, 1994b, 2(5), 912~50.,

Greif, A. Historical and comparative institutional analysis, *The American Economic Review*, 1998, 88(2), 80~84.

Greif, A. Commitment, coercion, and markets: the nature and dynamics of institutions supporting exchange, in C. Menard, M.M. Shirley, *Handbook of New Institutional Economics*, Dordrecht: Springer, 2005, 727-786.

Greif, A., Laitin, D.D. "A theory of endogenous institutional choice", *American Political Science Review*, 2004, 98 (4), 633~652.

Hall, P. A. *Governing the Economy: The Politics of State Intervention in Britain and France*, Oxford: Oxford University Press, 1986.

Hall, P.A., Taylor, R. Political science and the three new institutionalisms, *Political Studies*, 1996, 44(5), 936~957.

Halperin, S. *War and Social Change in Modern Europe: The Great Transformation Revisited*, Cambridge: Cambridge University Press, 2004.

Hanson, S.E., Jupille, J., Olson, D.J., Weingast, B.R., Levi, M.

Institutions, individuals, organizations, and trust in democratic regimes, *Political Science and Politics*, 2004, 37(4), 895~898.

Harding, H, The evolution of american scholarship on contemporary China, In D. Shambaugh,American *Studies of Contemporary China*, Washington,D. C.: Woodrow Wilson Center Press, 1993.

Hellman, J.S. Winners take all: The politics of partial reform in postcommunist transitions, *World Politics*, 1998, 50(2), 203~234.

Henisz, W.J., Zelner, B.A. Explicating political hazards and safeguards: A transaction cost politics approach, *Industrial and Coeporate Change*, 2004, 13(6), 901~915.

Hirsch, P. From ambushes to golden parachutes: Corporates takeovers as an instance of cultural farming and institutional integration, *American Journal of Sociology*, 1986, 91(4), 800~837.

Ho, P. Greening without conflict? Environmentalism, NGOs and civil society in China, *Development and Change*, 2001, 32(5), 893~921.

Howell, J. Prospects for NGOs in China, *Development in Practice*, 1995, 5(1), 5~15.

Howell, J. Prospects for village self-governance in China, *The Journal of Peasant Studies*, 1998, 25(3), 86~111.

Howell, J. Reflections on the Chinese state, *Development & Change*, 2006, 37(2), 273~297.

Hsia, R.Y., White, L.T. Working amid corporatism and confusion: foreign NGOs in China, *Nonprofit and Voluntary Sector Quarterly*, 2002, 31(3), 329~351.

Hsu, C. Beyond civil society: An organizational perspective on state–NGO relations in the People's Republic of China, *Journal of Civil Society*,

2010, 6(3), 259~277.

Hsu, C. Even further beyond civil society: The rise of internet-oriented Chinese NGOs (Response to Kin-Man Chan and Li Zhang), *Journal of Civil Society*, 2011, 7(1), 123~127.

Hsu, C.L. Jiang, Y. An institutional approach to Chinese NGOs: State alliance versus state avoidance resource strategies, *The China Quarterly*, 2015, (221), 100–122.

Hsu, J., Hasmath, R. The rise and impact of the local state on the NGO sector, In: J. Hsu, R. Hasmath, *The Chinese Corporatist State*, New York: Routledge, 2013, 120~136.

Hu, R. Economic development and the implementation of village elections in rural China, *Journal of Contemporary China*, 2005, (44), 427~444.

Hu, Z. Power to the people? Villagers' self-rule in a North China village from the locals' point of view, *Journal of Contemporary China*, 2008, 17(57), 611~631.

Hurst, W., Liu, M., Liu, Y., Ran, T. Reassessing collective petitioning in rural China: civic engagement, extra-state violence, and regional variation, *Comparative Politics*, 2014, 46(4), 459~482.

Immergut, E.M. The theoretical core of the new institutionalism, *Politics & Society*, 1998, 26(1), 5~34.

Jacka, T., Wu, C. Village self-government and representation in southwest China, *Journal of Contemporary Asia*, 2016, 46(1), 71~94.

Jackman, R.W., Miller, R. A. Social capital and politics, *Annual Review of Political Science*, 1998, 1(1), 47~73.

Kalantaridis, C. Institutional change in the Schumpeterian - Baumolian construct: power, contestability and evolving entrepreneurial interests, *Entrepreneurship & Regional Development*, 2014, 26(1-2), 1~22.

Kalantaridis, C., Fletcher, D. Entrepreneurship and institutional change: A research agenda, *Entrepreneurship & Regional Development*, 2012, 24(3-4), 199~214.

Karayiannis, A.D., Hatzis, A.N. Morality, social norms and the rule of law as transaction cost-saving devices: the case of ancient Athens, *European Journal of Law and Economics*, 2012, 33(3), 621~643.

Keefer, P., Knack, S. Social capital, social norms and the new institutional economics, in C. Menard, M. M. Shirley, *Handbook of New Institutional Economics*, Dordrecht: Springer, 2005, 701~725.

Kelliher, D. The Chinese debate over village self-government, *The China Journal*, 1997, (37), 63~86.

Kiser, E., Barzel, Y. The origins of democracy in England, *Rationality and Society*, 1991, 3(4), 396~422.

Knight, J. *Institutions and Social Conflict*, Cambridge: Cambridge University Press, 1992.

Knupp, E. Environmental NGOs in China: an overview, *China Environment Series*, 1997, 1(3), 9~15.

Kojima, K., Choe, J.Y., Ohtomo, T., Tsujinaka, Y. The corporatist system and social organizations in China, *Management and Organization Review*, 2012, 8(3), 609~628.

Kornai, J. The Soft budget constraint, *Kyklos*, 1986, 39 (1), 3~30.

Kornai, J. Legal obligation, non-compliance and soft budget constraint, in R. Newman, *The New Palgrave Dictionary of Economics and the Law*, London: MacMillan, 1988: 533- 539

Krasner, S. Approaches to the state: Alternative conceptions and historical dynamics, *Comparative Politics*, 1984, 16(2), 223~46.

Kuran, T. *Private Truths, Public Lies*, Cambridge, Mass.: Harvard University Press, 1995.

Lau, L.J., Qian, Y., Roland, G. Reform without losers: an interpretation of China's dual-track approach to transition, *Journal of Political Economy*, 2000, 108(1), 120~143.

Lawrence, S.V. Village representative assemblies: Democracy, China style, *Australian Journal of Chinese Affairs*, 1994, (32), 61~68.

Levi, M. The predatory theory of rule. *Political and Society*, 1981, 10(4): 431−465.

Levi, M. *Of Rule and Revenue*, Berkeley: University of California Press, 1988.

Levi, M. The institution of conscription, *Social Science History*, 1996, 20(1), 133~167.

Levi, M. A state of trust, in V. Braithwaite, M. Levi, Trust and Governance, New York: Russel Sage, 1998, 77~101.

Levi, M. The Economic turn in comparative politics, *Comparative Political Studies*, 2000, 33(6/7), 822~844.

Levi, M. Organizing power: the prospects for an American labor movement, *Perspectives on Politics*, 2003, 1(1), 45~68.

Levi, M. Why we need a new theory of government, *Perspectives on Politics*, 2006, 6(1), 5~19.

Levi, J., Carey, M. Parchment, equilibria, and institutions. *Comparative Political Studies*, 2000, 33(6/7), 735~761.

Levi, M., Murphy, G.H. Coalitions of contention: The case of the WTO protests in Seattle, *Political Studies*, 2006, 54(4), 651~670.

Levi, M., Sacks, A. Legitimating beliefs: Sources and indicators, *Regulation & Governance*, 2009, 3(4), 311~333.

Levi, M., Sacks, A., Tyler, T. Conceptualizing legitimacy, measuring legitimating beliefs, *American Behavioral Scientist*, 2009, 53(3), 354~375.

Levi, M., Stoker, L. Political trust and trustworthiness. *Annual Review of Political Science*, 2000, 3(1), 475~507.

Levy, M.J. Jr. *In The Structure of Society*, Princeton, NJ: Princeton University Press, 1952.

Li, L. The politics of introducing direct township elections in China, *The China Quarterly*, 2002, (171), 704~723.

Li, L., O'Brien, K.J. Villagers and popular resistance in contemporary China, *Modern China*, 1996, 28~61.

Li, L., O'Brien, K.J. The struggle over village elections, In: M. Goldman & R. MacFarquhar, Eds. *The Paradox of China's Post-Mao Reforms*, Cambridge: Harvard University Press, 1999, 129~44.

Libecap, G.D. Distributional issues in contracting for property rights, *Journal of Institutional and Theoretical Economics*, 1989, 145(1), 6~24.

Libecap, G.D. State regulation of open-access, common-pool resources, in C. Menard, M.M. Shirley, Handbook of New Institutional Economics, Dordrecht: Springer, 2005, 545 - 572.

Lieberthal, K. *Governing China*, New York: Norton, 1995.

Lim, C. Social networks and political participation: How do networks matter? *Social Forces*, 2008, 87(2), 961~982.

Lin, J.Y., Ran, T., Mingxing, L. Decentralization and local governance in the context of China's transition, *Perspectives*, 2005, 6(2), 25~36.

Lin, N. Local market socialism: Local corporatism in action in rural China, *Theory and Society*, 1995, 24(3), 301~354.

Lin, T. Environmental NGOs and the anti-dam movements in China: a social movement with Chinese characteristics, *Issues and Studies (English Edition)*, 2007, 43(4), 149.

Liu, M., Wang, J. Tao, R., Murphy, R. The political economy of earmarked transfers in a state-designated poor county in western China: central policies and local responses, *The China Quarterly*, 2009, (200), 973~994.

Liu, M., Tao, Z., Su, F. Rural tax reform and the extractive capacity of local state in China, *China Economic Review*, 2012, 23(1), 190~203.

Liu, Y. Reform from below: The private economy and local politics in the rural industrialization of Wenzhou, *The China Quarterly*, 1992, (130), 293~316.

Lukes, S. *Power: A radical View*, New York: Palgrave Macmillan, 1976.

Ma, Q. The governance of NGOs in China since 1978: how much autonomy?, *Nonprofit and Voluntary Sector Quarterly*, 2002, 31(3), 305~328.

March, J.G., Olsen, J.P. *Rediscovering Institutions: The Organizational Basis of Politics*, New York: The Free Press, 1989.

March, J.G., Simon, H.A. *Organizations*, Oxford, England: Wiley-Blackwell, 1958.

Menard, C., Shirley, M.M. Introduction, in C. Menard, M.M. Shirley, Handbook of New Institutional Economics, Dordrecht: Springer, 2005, 1~18.

Meredith, W.C. The Developmental State, New York: Conell University Press, 1999.

Meyer, J.W., Rowan, B. Institutionalization organizations: Formal structures as myth and ceremony, *American Journal of Sociology*, 1977, 83(2), 340~363.

Migdal, J.S. *State in Society: Studying How States and Societies Transform and Constitute One Another*, Cambridge: Cambridge University Press, 2001.

Moe, T.M. The new economics of organization, *American Journal of Political Science*, 1984, 28(4), 739~777.

Moe, T.M. The politics of structural choice: toward a theory of public bureaucracy, In: O.E. Williamson, *Organization Theory: From Chester Barnard to the Present and Beyond*, New York: Oxford University Pres, 1995, 116~153.

Moe, T.M. Political institutions: the neglected side of the story, *Journal of Law, Economics, & Organization*, 1990, 06(Special Issue), 213~253.

Moe, T.M., Caldwell, M. The institutional foundations of democratic government: A comparison of presidential and parliamentary systems, *Journal of Institutional and Theoretical Economics*, 1994, 150(1), 171~195.

Moe, T.M. Power and political institutions, Perspective Politics, 2005, 3(2), 215~233.

Moszoro, M.W., Spiller, P.T. Coase and the Transaction Cost Approach to Regulation, Available at SSRN 2616404, 2015.

Montinola, G., Qian, Y., Weingast, B.R. Federalism, Chinese style: the political basis for economic success in China, *World Politics*, 1995,

48(1), 50~81.

Nannicini, T., Stella, A., Tabellini, G., Troiano, U. Social capital and political accountability, 2010, Fondazione Eni Enrico Mattei Working Papers, Paper 447.

Nee, V. "New institutionalism in economic and sociology." In: N.J. Smelser & R. Swedberg, *The Handbook of Economic Sociology (Second Edition)*, Peinceton: Princeton University Press, 2005.

Nee, V. The emergence of a market society: Changing mechanisms of stratification in China, *American Journal of Sociology*, 1996, 101(4), 908~949.

Nelson, J. Elections, democracy and social services, *Studies in Comparative International Development*, 2007, 41(4), 79~97.

Nevitt, C.E. Private Business associations in china: evidence of civil society or local state power?, *The China Journal*, 1996, (36), 1996, 25–43.

Nordlinger, E.A. *On the Autonomy of the Democracy State*, Cambridge: Harvard University Press, 1981.

North, D.C. *Structure and Change in Economic History*, New York: Norton, 1981.

North, D.C. Government and the cost of exchange in history. *The Journal of Economic History*, 1984, 44(2), 255~264.

North, D.C. A transaction cost theory of politics, *Journal of Theoretical Politics*, 1990, 2(4), 355~367.

North, D.C. Institutions and a transaction-cost theory of exchange, In: J.E. Alt, K.A. Shepsle, *Perspectives on Positive Political Economy*, Cambridge: Cambridge University Press, 1990, 194~207.

North, D.C. Institutions. *The Journal of Economic Perspectives*, 1991, 5(1), 97~112.

North. D.C. *Institutions, Institutional Change, and Economic Performance*, Cambridge: Cambridge University Press, 1990.

North, D.C. *Understanding the Process of Economic Change*, New Delhi: Academic Foundation, 2006.

North, D.C., Wallis, J.J. American government expenditures: A historical perspective, *The American Economic Review*, 1982, 72(2), 336~340.

North, D.C., Wallis, J.J., Weingast, B.R. *Violence and Social Orders: A Conceptual Framework for Interpreting Recorded Human History*, Cambridge: Cambridge University Press, 2009.

Nye, J.V. Thinking about the state: property rights, trade, and changing contractual arrangements in a world with coercion, In: J. Drobak and J. Nye, eds. *The Frontiers of the New Institutional Economics*. San Diego: Academic Press, 1997.

Nye, J.V. Institutions and the institutional environment, in E. Brousseau, J.M. Glachant, *New Institutional Economics: A Guidebook*, Cambridge, New York: Cambridge University Press, 2008, 67~80.

Nyqvist, F., et al. Structural and cognitive aspects of social capital and all-cause mortality: A meta-analysis of cohort studies, *Social Indicators Research*, 2014, 116(2), 545~566.

O'Brien, K. Implementing political reform in China's villages, *Australian Journal of Chinese Affairs*, 1994, (32), 33~60.

O'Brien, K. J. Rightful resistance, *World Politics*, 1996, 49(01), 31~55.

O'Brien, K. J., Li, L. Selective policy implementation in rural China, *Comparative Politics*, 1999, 31(2), 167~186.

O'Brien, K.J., Li, L. Accommodating "democracy" in a one-party state: Introducing village elections in China, *The China Quarterly*, 2000, (162), 465~489.

Oi, J.C. Fiscal reform and the economic foundations of local state corporatism in China, *World Politics*, 1992, 45(1), 99~126.

Oi, J. Economic development, stability and democratic village self-government, in M. Brosseau, S. Pepper, S. Tsang, *China Review*, Hong Kong: The Chinese University Press, 1996.

Oi, J. C., Babiarz, K.S., Zhang, L., Luo, R., Rozelle, S. Shifting fiscal control to limit cadre power in China's townships and villages, *The China Quarterly*, 2012(211), 649~675.

Oi, J.C., Rozelle, S. Elections and power: The locus of decision-making in Chinese villages, *The China Quarterly*, 2000, (162), 513–539

Oi, J.C., Zhao, S. Fiscal crisis in China's townships: causes and consequences, In: E.J. Perry, M. Goldman, Grassroots Political Reform in Contemporary China, 2007.

Olson, M. Dictatorship, democracy, and development, *The American Political Science Review*, 1993, 87(3), 567~576.

Olson, M. *Power and Prosperity: Outgrowing Communist and Capitalist Dictatorships*, New York: Basic Books, 2000.

Ostrom, E. *Governing the Commons: The Evolution of Institutions for Collective Action*, Cambridge: Cambridge University Press, 1990.

Ostrom, E. *Understanding Institutional Diversity*, Princeton: Princeton University Press, 2005.

Ostrom, E., Basurto, X. Crafting analytical tools to study institutional change, *Journal of Institutional Economics*, 2011, 7(3), 317~343.

Parisi, F. Political Coase theorem, *Public Choice*, 2003, 115(1-2), 1~36.

Patashnik, E.M. The contractual nature of budgeting: A transaction cost perspective on the design of budgeting institutions, *Policy Sciences*, 1996, 29(3), 189~212.

Pearson, M. The Janus face of business associations in China: Socialist corporatism in foreign enterprises, *The Australian Journal of Chinese Affairs*, 1994, (31), 25~46.

Pei, M. Chinese civic associations: An empirical analysis, *Modern China*, 1998, 24(3), 285~318.

Pejovich, S. The effects of the interaction of formal and informal institutions on social stability and economic development, *Journal of Markets & Morality*, 2012, 2(2), 164~181.

Perry, E.J. Trends in the study of Chinese politics: State-society relations, *The China Quarterly*, 1994, (139), 704~713.

Peters, B. G. *Institutional Theory in Political Science: The New Institutionalism*, New York: Bloomsbury Publishing, 2011.

Pierson, P. Path dependence, increasing returns and the study of politics. American Political Science Review, 2000, 94, 251~26.

Pierson, P. Politics in Time: History, Institutions, and Social Analysis, Princeton: Princeton University Press, 2004.

Pierson, P., Skocpol, T. Historical institutionalism in contemporary political science. In: I Katznelson and H.V. Milner, eds., *Political Science: The State of the Discipline*. New York: Norton, 2002.

Platteau, J.P. The causes of institutional inefficiency: A development perspective, in: E. Brousseau, J.M. Glachant, *New Institutional Economics: A Guidebook. Cambridge*, New York: Cambridge University

Press, 2008, 443-462.

Porta, R.L., et al. Trust in large organizations, No. w5864. National Bureau of Economic Research, 1996.

Powell, W.W., DiMaggio, P.J. *The New Institutionalism in Organizational Analysis*, Chicago: University of Chicago Press, 1991.

Putnam, R.D., Leonardi, R., Nanetti, R.Y. Making Democracy Work: Civic Traditions in Modern Italy, Princeton: Princeton University Press, 1994.

Pye, L.W. *Aspects of Political Development*, New Delhi: Amerind Publishing Co., 1966.

Rao, H., Monin, P., Durand, R. Institutional change in Toque Ville: Nouvelle Cuisine as an identity movement in French Gastronomy, *American Journal of Sociology*, 2003, 108(4), 795~843.

Richter, R. The new institutional economics: Its start, its meaning, its prospect. *European Business Organization Law Review*, 2005, 6, 161~200

Riggs, F. W. *Administration in Developing Countries: The Theory of Prismatic Society*, Boston: Houghton Mifflin, 1964.

Riley, D., Fernández, J.J. Beyond strong and weak: Rethinking postdictatorship civil societies, *American Journal of Sociology*, 2014, 120(2), 432~503.

Robinson, J., Acemoglu, D. Political losers as a barrier to economic development, *American Economic Review*, 2000, 90(2), 126~130.

Roland, G. *Privatization: Successes and Failures*, New York: Columbia University Press, 2008.

Root, H.L. Tying the King's hands credible commitments and royal fiscal policy during the old regime, *Rationality and Society*, 1989, 1(2), 240~258.

Rothstein, B. Trust, social dilemmas and collective memories, *Journal of Theoretical Politics*, 2000, 12(4), 477~501.

Rozelle, S. The economic behavior of village leaders in China's reform economy, PhD diss., New York: Cornell University, 1991.

Ruttan, V.W, Hayami, Y. Toward a theory of induced institutional innovation, *The Journal of Development Studies*, 1984, 20(4), 203~223.

Saich, T. Negotiating the state: The development of social organizations in China, *The China Quarterly*, 2000, (161), 124~141.

Salamon, L.M. *America.s Nonprofit Sector*, New York: The Foundation Center, 1992.

Salamon, L.M., Anheier, H.K. Social origins of civil society: Explaining the nonprofit sector cross-nationally, L.M. Salamon, H.K. Anheier, *Working Papers of the Johns Hopkins Comparative Nonprofit Sector Project*, no. 22, Baltimore: The Johns Hopkins Institute for Policy Studies, 1996.

Salmenkari, T. Searching for a Chinese civil society model, *China Information*, 2008, 22(3), 397~421.

Scartascini, C. The institutional determinants of political transactions, *Research Department Working paper series*, 580, Washington: Inter-American Development Bank, 2007.

Scartascini, C., Stein, E., Tommasi, M. Political institutions, intertemporal cooperation, and the quality of public policies, *Journal of Applied Economics*, 2013, 16(1), 1-32.

Schmid, A.A. *Property, Power, and public Choice: An Inquiry into Law and*

Economics, New York: Praeger Publishers, 1987.

Schubert, G. Democracy under one-party rule?, A fresh look at direct village and township elections in the PRC, *China Perspectives*, 2003, (46), 2~16.

Schubert, G., Ahlers, A.L. County and township cadres as a strategic group: 'Building a New Socialist Countryside' in three provinces, *China Journal*, 2012, (67), 67~86.

Scott, J. C. *Weapons of the Weak: Everyday Forms of Peasant Resistance*, New Haven: Yale University Press, 1985.

Scott, J.C. *Domination and the Arts of Resistance: Hidden Transcripts*, New Haven: Yale University Press, 1992.

Scott, W. R. The adolescence of institutional theory, *Administrative Science Quarterly*, 1987, 32(4), 493~511.

Scott, W. R. *Institutions and Organizations: Ideas and Interests (3rd ed.)*, New York: Sage Publications, Inc, 2008.

Seibel, W. "Government/third sector relationships in a comparative perspective: the cases of France and West Germany," *Voluntas: International Journal of Voluntary and Nonprofit Organizations*, 1990, 1(1), 42~60.

Shi, T. Economic development and village elections in rural China, *Journal of Contemporary China*, 1999, 8(22), 425~442.

Shirley, M.M. Institutions and development, in C. Menard, M.M. Shirley, *Handbook of New Institutional Economics*, Dordrecht: Springer, 2005, 611~638.

Shou, H. Between the Formal and Informal: Institutions and Village Governance in Rural China, *China: An International Journal*, 2015,

13(2), 24~44.

Shue, V. *The Reach of the State: Sketches of the Chinese Body Politics*, Stanford: Stanford University Press, 1988.

Simon, H. A. *Administrative Behavior*, New York: Free Press, 1965.

Simon, H.A. *The Sciences of the Artificial*, Cambridge: MIT Press, 1996.

So, A.Y. Peasant conflict and the local predatory state in the Chinese countryside, *The Journal of Peasant Studies*, 2007, 34(3-4), 560~581.

Spiller, P. T., An institutional theory of public contracts: Regulatory implications, *National Bureau of Economic Research Working Paper* , 2008, No. w14152.

Spiller, P. T. Transaction cost regulation, *Journal of Economic Behavior and Organization*, 2013, 89, 232~242.

Spiller, P.T., Tommasi, M. The institutional foundations of public policy: a transactions approach with application to Argentina. *Journal of Law, Economics and Organization*, 2003, 19(2), 281~306.

Spiller, P.T., Tommasi, M. The institutions of regulation: An application to public utilities, in C. Menard, M. M. Shirley, *Handbook of New Institutional Economics*, Dordrecht: Springer, 2005, 515~543.

Spires, A. *China's Un-Official Civil Society: The Development of Grassroots NGOs in an Authoritarian State*, Ph. D. Dissertation, Yale University, 2007.

Spires, A.J. Contingent symbiosis and civil society in an authoritarian state: Understanding the survival of China's grassroots NGOs, *American Journal of Sociology*, 2011, 117(1), 1~45.

Spulber, N. *Redefining the State*, Cambridge: Cambridge University Press, 1997.

Stasavage, D. Private investment and political institutions, *Economics &*

Politics, 2002, 14(1), 41~63.

Stein, E., Tommasi, M., Scartascini, C., Spiller, P., *Political Institutions, Policymaking, and Policy*, Redwood: Stanford University Press, 2007.

Steinberg, R. Economic theories of nonprofit organizations, in H.K. Anheier, A. Ben-Ner, *The Study of the Nonprofit Enterprise*, New York: Springer, 2003, 277~309.

Streeck, W. *European Citizenship Between National Legacies and Postnational Projects*, Cambridge: Oxford University Press, 2001.

Szreter, S. The state of social capital: Bringing back in power, politics, and history, *Theory and Society*, 2002, 31(5), 573~621.

Tao, R., Qin, P. How has rural tax reform affected farmers and local governance in China?. *China & World Economy*, 2007, 15(3), 19~32.

Tirole, J. The internal organization of government. *Oxford Economic Papers*, 46(1), 1-29.

Thelen, K. Historical institutionalism in comparative politics. Annual Review of Political Science, 1999, 2, 369~404.

Thelen, K., Steinmo, S. Historical institutionalism in comparative politics, In: S. Steinmo, A.L., ET, eds., *Structural Politics: Historical Institutionalism in Comparative Analysis*. Cambridge: Cambridge University Press, 1992.

Thelen, K. Historical institutionalism in comparative politics, *Annual Review of Political Science*, 1999, 2(1), 369~404.

Thelen, K. Institutional change in advanced political economies, *British Journal of Industrial Relations*, 2009, 47(3), 471~98.

Tilly, C. *Coercion, Capital, and European States, AD 990-1992*, Oxford:

Blackwell, 1992.

Tilly, C. Social movements as historically specific clusters of political performances, *Berkeley Journal of Sociology*, 1993, 38, 1~30.

Tilly, C. *Contention and democracy in Europe, 1650-2000*, Cambridge: Cambridge University Press, 2004.

Thompson, D., Lu, X. Evolving civil society: From environment to health, *China Environmental Series*, 2007, (6), 27~40.

Tsai, L.L. Cadres, temple and lineage institutions, and governance in rural China, *The China Journal*, 2002, (48), 1~27.

Tsai, L.L. Solidary groups, informal accountability, and local public goods provision in rural China, *American Political Science Review*, 2007, 101(2), 355~372.

Tsai, L.L. *Accountability without Democracy: Solidary Groups and Public Goods Provision in Rural China*, Cambridge: Cambridge University Press, 2007.

Tsai, K. S. *Back-Alley Banking: Private Entrepreneur in China*, New York: Cornell University Press, 2002.

Tsai, K. S. *Capitalism without Democracy: The Private Sector in Contemporary China*, New York: Cornell University Press, 2007.

Tsang, S. Consultative leninism: China's new political framework, *Journal of Contemporary China*, 2009, 18(62), 865~880.

Tsou, T. Revolution, reintegration, and crisis in communist China: a framwork for analysis, in P Ho, T. Tsou, *China in Crisis*, Chicago: University of Chicago Press, 1967, 277~364.

Twight. C. Political transaction-cost manipulation: an integrating theory. *Journal of Theoretical Politics*, 1994, 6(2), 189~216.

Unger, J. Bridges: Private business, the chinese government and the rise of new associations, *The China Quarterly*, 1996, (147), 795–819.

Unger, J., Chan, A. China, corporatism, and the East Asian model, *The Australian Journal of Chinese Affairs*, 1995, (33), 29~53.

Unger, J., Chan, A. "Associations in a Bind: The rise of political corporatism in China", in J. Unger, *Associations and the Chinese State: Contested Spaces*, Armonk, NY: M. E. Sharpe, 2008, 48~68.

Varshney, Ashutosh. "Ethnic conflict and civil society." *World Politics*, 2001, 53(3): 362–398.

Vira, B. The political Coase theorem: identifying differences between neoclassical and critical institutionalism. *Journal of Economic Issues*, 1997, 41(3), 761~779.

Walder, A. G. Local governments as industrial firms: An organizational analysis of China's transitional economy. *American Journal of Sociology*, 1995, 101(2), 263~301.

Waylen, G. Informal institutions, institutional change, and gender equality, *Political Research Quarterly*, 2014, 67(1), 212~223.

Wang, F. *Boundaries and Categories: Rising Inequality in Post-Socialist Urban China*. Stanford University Press, 2008.

Wang, G. *Tamed Village "Democracy"*, Springer-Verlag Berlin Heidelberg, 2014.

Wang, S. The rise of the regions: Fiscal reform and the decline of central state capacityin China, in A.G. Walder, *Waning of the Communist State*, Oakland: University of California Press, 1995.

Wang, S., Yao, Y. Grassroots democracy and local governance: Evidence from rural China. *World Development*, 2007, 35(10), 1635~1649.

Wang, X. Mutual empowerment of state and peasantry: Grassroots democracy in rural China. *World Development*, 1997, 25(9), 1431~1442.

Wank, D.L. Civil society in communist china? private business and political alliance, 1989, in J.A. Hall, *Civil Society: Theory, History, Comparison*, Cambridge: Polity Press, 1995.

Warner, T.J. Elections as concessions: Revenue, stability, and village self-governance in China, Diss., The University of Chicago, 2014.

Weingast, B.R., Marshall, W.J. The industrial organization of congress; or, why legislatures, like firms, are not organized as markets. *Journal of Political Economy*, 1988, 96(1), 132~163.

Weingast, B.R. The political institutions of representative government: legislatures. *Journal of Institutional and Theoretical Economics*, 1989, 145(4), 693~703.

Weingast, B.R. Constitutions as governance structures: the political foundations of secure markets. *Journal of Institutional and Theoretical Economics*, 1993, 149(1), 286~311.

Weingast, B.R. The economic role of political institutions: market-preserving federalism and economic development, *Journal of Law, Economics, and Organization*, 1995, 7(1), 1~31.

Weingast, B.R. Political institutions: rational choice perspectives, *A New Handbook Of Political Science*, 1996, 167~190.

Weingast, B.R. The political foundations of democracy and the rule of law, *American Political Science Review*, 1997, 91(2), 245~263.

White, G. Prospects for civil society in China: A case study of Xiaoshan city, *The Australian Journal of Chinese Affairs*, 1993, (29), 63~87.

White, G., Howell, J., Shang, X. *In Search of Civil Society: Market*

Reform and Social Change in Contemporary China, Oxford: Cambridge University Press, 1996.

Whyte, M.K. Urban china: A civil society in the making? In: A.L. Rosenbaum, *State & Society in China: The Consequence of Reform*, San Francisco: Oxford University Press, 1992.

Whiting, S. H., Kirby, W. *Power and Wealth in Rural China: The Political Economy of Institutional Change*. Cambridge: Cambridge University Press, 2006.

Williamson, O.E. *The Economic Institutions of Capitalism*, New York: Free Press, 1985.

Williamson, O.E. Political institutions: The neglected side of the story: comment. *Journal of Law, Economics, & Organization*, 1990, 6(Special Issue), 263~266.

Williamson, O.E. *The Mechanism of Governance*, Oxford: Oxford University Press, 1996.

Williamson, O.E. Public and private bureaucracies: a transaction cost economics perspective. *Journal Law and Economic Organization*, 1999, 15(1), 306~342.

Wilson, W. The study of administration. *Political Science Quarterly*, 1887, 2, 197~222.

Wolch, J.R. *The Shadow State: Government and Voluntary Sector in Transition*, New York: The Foundation Center, 1990.

Wood, B., Bohte, J. Political transaction costs and the politics of administrative design. *The Journal of Politics*, 2004, 66(1), 176~202.

Wu, F., Chan, K. Graduated control and beyond, *China Perspectives*, 2012, (3), 9~17.

Wuthnow, R. The foundations of trust, *Philosophy & Public Policy Quarterly*, 1998, 18(3), 3~8.

Xu, Y., Ngai, N.P. Moral resources and political capital: Theorizing the relationship between voluntary service organizations and the development of civil society in China, *Nonprofit and Voluntary Sector Quarterly*, 2011, 40(2), 247~269.

Xu, Y., Yao, Y. Informal institutions, collective action, and public investment in rural China, *American Political Science Review*, 2015, 109(2), 371~391

Yang, G. Environmental NGOs and institutional dynamics in China, *The China Quarterly*, 2005, (181), 46~66.

Yong, A., The razor's edge: Distortions and incremental reform in the People's Republic of China, *The Quarterly Journal of Economics*, 2000, 115 (4), 1091~1135.

Zhao, X. An analysis of unofficial social organizations in China: Their emergence and growth, *The Nonprpfit Review (Janpan)*, 2001, 1(2), 133~142.

Zheng, Y., Fewsmith., J. *China's Opening Society: Non-State Sector and Governance*, London & New York: Routledge, 2008.

Zhou, X. Unorganized interests and collective action in communist China, *American Sociological Review*, 1993, 58(1), 54~73.

Zweig, D. *Democratic Values, Political Structures, and Alternative Politics in Greater China*. US Institute of Peace, 2002.

图书在版编目（CIP）数据

政府职能转变的制度逻辑：基于交易成本政治学视角／蔡长昆著. -- 北京：社会科学文献出版社，2018.10

（中国政府管理与政策研究丛书）

ISBN 978 - 7 - 5201 - 3691 - 4

Ⅰ.①政… Ⅱ.①蔡… Ⅲ.①政府职能 - 职能转变 - 研究 - 中国 Ⅳ.①D630.1

中国版本图书馆 CIP 数据核字（2018）第 236415 号

中国政府管理与政策研究丛书

政府职能转变的制度逻辑
—— 基于交易成本政治学视角

著　者／蔡长昆

出 版 人／谢寿光
项目统筹／谢蕊芬
责任编辑／隋嘉滨

出　　版／社会科学文献出版社 · 社会政法分社（010）59367156
　　　　　　地址：北京市北三环中路甲 29 号院华龙大厦　邮编：100029
　　　　　　网址：www.ssap.com.cn
发　　行／市场营销中心（010）59367081　59367083
印　　装／三河市尚艺印装有限公司

规　　格／开 本：787mm × 1092mm　1/16
　　　　　　印 张：21.5　字 数：316 千字
版　　次／2018 年 10 月第 1 版　2018 年 10 月第 1 次印刷
书　　号／ISBN 978 - 7 - 5201 - 3691 - 4
定　　价／99.00 元

本书如有印装质量问题，请与读者服务中心（010 - 59367028）联系